1 MONTH OF
FREE
READING

at

www.ForgottenBooks.com

By purchasing this book you are eligible for one month membership to ForgottenBooks.com, giving you unlimited access to our entire collection of over 700,000 titles via our web site and mobile apps.

To claim your free month visit:

www.forgottenbooks.com/free615803

ISBN 978-0-666-00870-1
PIBN 10615803

BíBLIOTECA AYACUCHO
O LA DIRECCIÓN DE DON RUFINO BLANCO-FOMB

JOAQUIN POSADA GUTIERREZ

MEMORIAS HISTÓRICO-POLÍTICAS

TIMOS DÍAS DE LA GRAN COLOMB Y DEL LIBERTADOR

TOMO I

EDITORIAL-AMÉRICA

MADRID

1920

ADVERTENCIA

El general Posada Gutiérrez, por su talento, por su valor, por su actuación como político y como soldado, por sus grandes virtudes públicas e íntimas, es uno de los hombres expectables que produjo la Revolución americana en los postrimeros períodos del combatir y el triunfo. Figuró en grande escala desde entonces. Era la época en que empezaban a organizarse los nuevos Estados, a ensayarse, ya en paz, las nuevas instituciones, y a crearse y combatirse dentro de cada flamante nacionalidad, antagónicos partidos políticos. Teniente en 1821, el año de Carabobo y de la primera ocupación de Lima; capitán en 1822, el año de Rombona y Pichincha, era ya coronel en 1826, fecha de la ocupación del Callao, época en que empiezan sus Memorias.

El general Posada Gutiérrez resalta como figura eminente dentro de un país como el suyo que produjo entonces figuras tan excelsas y que es la zona de América donde suelen equilibrarse mejor, en las figuras descollantes, la inteligencia y la voluntad. A estas virtudes añadía el general Posada Gutiérrez una hombría de bien a carta cabal, una buena fe a toda prueba y un amor de la verdad tan grande y tan valiente que jamás le hizo incurrir en encubrimientos y menos en falsedades, así corriese riesgo, en los azares y pasiones de la política, la tranquilidad del prócer. Raro ejemplo el de este hombre verídico, puro de toda insinceridad, aun cuando ac-

*tuaba en un hervidero de pasiones. Aunque mo-
vido él mismo por pasiones políticas, su voz, que
se mantuvo clara y enérgica, tuvo siempre entre
los suyos, amigos y adversarios, una resonan-
cia inmensa.*

Ya en la vejez escribió sus Memorias. «Me
*creo competente para hablar y con derecho a ser
creído», dice allí, en la* Introducción, *orgullosa-
mente, con la conciencia de que habrá que oírse-
le y creérsele. Escribe, dice, «con la energía que
da la rectitud de la intención, con la que debe
aclararse la verdad», con «la que conviene al
triunfo moral de la justicia», con la conciencia
del que va—añade—acercándose «al descanso
eterno de la tumba, en la que todas las pasiones
se extinguen, en la que todas las vanidades se
ahogan... Estas últimas palabras de mi vejez,
este libro mío escrito sin pretensión y con buena
fe, lo dirijo a la juventud...»*

*Tanta es la autoridad de este hombre y de
este libro que los enemigos de Posada Gutiérrez,
no pudiendo contradecirlo con éxito, han tratado de destruirlo. Hoy son rarísimos los ejemplares que quedan. La* BIBLIOTECA AYACUCHO,
*fiel a su programa de circunscribir sus publi-
caciones al ciclo boliviano de la revolución
(1783-1830), sin salirse apenas de él, recoge de
esta joya bibliográfica e histórica la parte donde trata de la disolución de la Gran Colombia.
Se prescinde del período posterior a 1830. ¿Por
qué? Porque entonces cesa la actuación de Posada Gutiérrez como cofundador de nacionalida-
des para entrar en la ya turbia marejada de los
partidos que luchan por el poder, en el período
post-boliviano. Lo mismo se hizo con las Memorias del general venezolano José Antonio Páez
y las del general argentino José María Paz.*

En la presente edición se sustituye con esta

Advertencia la Introducción *de seis páginas que el general Posada Gutiérrez puso a la anterior, cuando apareció el primer tomo en Bogotá, en diciembre de 1865. Esa Introducción transparenta la amargura del anciano que mira triunfantes, por medios violentos, hombres e ideas que le son adversos. El estado de ánimo del prócer lo traslucen dos versos de Voltaire que cita:*

Sous le fer du méchant le juste est abattu.

....

Mais tout est passager, le crime et le malheur.

EDITORIAL - AMERICA

PREFACIO

Hace cerca de dos años que anuncié la publicación de la obra cuyo primer tomo doy ahora a luz.

Cuando empecé mi trabajo en febrero de 1863, estaba muy lejos de imaginar el cúmulo de dificultades que habían de presentárseme para su impresión. Dominado por la idea de la utilidad de mi obra, he luchado sin desmayar con los inconvenientes, y he podido vencerlos.

En enero de 1864 estaba terminado este tomo y como lo anuncié al público, pensé hacerlo imprimir en los Estados Unidos de América o en París; pero la falta de recursos me lo impidió, y hube de resignarme a hacer la edición en esta ciudad, con lentitud, a grandes costos, y reduciéndola a la cuarta parte de lo que me había propuesto.

No busque el lector en este libro la rígida corrección propia de una obra didáctica, ni la florida elocuencia de aquellas que se escriben por hombres competentes para entretenimiento y solaz. Yo no soy literato, ni pretendo ser un erudito consumado. No soy más que un viejo soldado que después de haber gastado mi vida en servicio de mi patria, creo poderle ser útil todavía, escribiendo lo que ví y lo que supe antes, y lo que vea y lo que sepa hasta que llegue para mi el momento afortunado en que cesan los dolores de la vida.

Escrito este libro con las impresiones que me afectaban en 1863, no he querido alterarlo en una sola palabra, aunque al hacer las correcciones en la imprenta he notado algunas repeticiones. A los que se fijen en ellas, les diré con Bitoubé, en sus reflexiones sobre la traducción de la Ilíada: *Je ne sais si, indépendamment des inadvertances inévitables dans un ouvrage de si longue haleine la profession méme de fidélité que je fais n'armera pas contre moi la sévérité de certains censeurs qui aimen á éplucher les mots, qui lisent*

bien moins pour lire que pour critiquer, et qui condamnent tout un
livre sur quelques phrases... Ne leur demandez point si l'auteur est
parvenu au but qu'il s'était proposé et qui était utile: ne suffit-il
pasque tels mots soient répétés, que tels tours, dans un livre assez
long soient douteux?........

De los lectores concienzudos espero que se fijen más en el con-
texto que en las palabras, y que sean indulgentes con un trabajo
tan largo y penoso como el que les presento, el que mas de una vez
hubiera abandonado, sin la persuasión que tengo de que será útil.

La impresión del segundo tomo se hará tan luego como haya
reunido la cantidad necesaria para verificarla. Contiene la historia
de los sucesos más notables, y de las revoluciones de la Nueva Granada desde la disolución de Colombia hasta 1863. Si Dios dispone
de mí antes de que esté concluída la publicación, mis hijos la com-
pletarán.

Bogotá, 1.º de diciembre de 1865.

J. P. G.

MEMORIAS HISTÓRICO-POLÍTICAS

,DEL

GENERAL JOAQUIN POSADA GUTIÉRREZ

CAPITULO PRIMERO

I

Colombia, *la famosa*, apareció después de una lucha larga y sangrienta, digna de entrar con honor en la sociedad de las naciones independientes; y llevando su estandarte victorioso desde los pantanos de Guayana hasta la cima del argentoso Potosí, llenó el mundo con su fama.

Mil batallas gloriosas habían hecho resonar en el universo entero el nombre augusto del gran caudillo de los libertadores, y bajo el reflejo de su radiante aureola, brillaban los de otros guerreros de eterna y honrosa recordación: Páez, el Abd-el-kader del Apure; Súcre, Nariño, Urdaneta, Santander, Bermúdez, Monágas, Soublette, Montilla, Córdova, Padilla, Flores, y cien otros más, dando renombre a su patria con hazañas inmortales, se habían hecho dignos de pasar a la posteridad, en el libro de oro de la guerra heroica.

Colombia, hija de la victoria, presagiaba, pues, una larga vida de paz y de dicha, cuando la fatalidad que pesa con mano de hierro sobre estas repúblicas hispano-americanas, vino a burlar tantas esperanzas halagüeñas, a hacer infructuosos tantos sacrificios, iniciando la era de las olimpiadas revolucionarias, que celebramos nadando en lagos de sangre, y que celebrarán nuestros nietos; porque escrito está que «las culpas de los padres las pagarán los hijos hasta la quinta generación.»

Fué el 30 de abril de 1826 cuando el general José Antonio Páez, mal aconsejado y excitado por hombres malévolos, remeció el coloso con las actas tumultuarias de Valencia y Caracas, separando una parte de Venezuela de la obediencia del gobierno nacional y pronunciando por primera vez la palabra fatídica «Reformas» que entre nosotros arrastra en pos de sí, la desolación, la muerte. Y ¿por qué causa se lanzó el general Páez en tan escabroso camino? Por una acusación apasionadamente exagerada que el intendente del departamento de Venezuela y la municipalidad de Caracas elevaron contra él a la Cámara de Representantes, que la acogió llevándola a la del Senado con sobra de precipitación y de imprudencia. Hacía dos años que la guerra de la independencia había terminado, los temores de que el gobierno español la renovase se debilitaban: empezaba, pues, la ingratitud republicana a manifestarse de todas maneras, y la acusación, por trivial que fuera, de un general ilustre, tenía que ser admitida. Se habló de Caton, de César, de Catilina, de Cicerón; la elocuencia parlamentaria lució con otras citas de la historia griega, de la historia romana y de Napoleón: el general Páez fué, por tanto, llamado a responder de su conducta ante el Senado, sin embargo, de la oposición del general Santander, Vicepresidente de la República, que dijo terminantemente al Congreso, que no prestaba mérito para ello una queja de tan poca monta; siendo los senadores y los representantes de Caracas, los que más se exaltaron y los que más influyeron en la resolución que se dictó.

¡Ah! Si el general Páez hubiera obedecido! Su marcha habría sido una marcha triunfal; las poblaciones enteras habrían salido a regar flores en su camino; esta capital habría engalanado sus balcones y ventanas para recibirle; todas las campanas habrían repicado en señal de contento, y la población en masa se habría precipitado a encontrar al ilustre campeón de tan retumbante nombradía!

Dando el general Páez esta muestra de respecto a la representación nacional, con sólo haberse presentado y explicado en pocas palabras los hechos, es fuera de toda duda que el

Senado le habría absuelto por aclamación. Y el invicto guerrero se habría ceñido una corona cívica de encina, como obdiente a la ley, de más valor a los ojos del patriotismo, que las de laurel o de ciprés que se siegan en los campos homicidas. Con tan excelso ejemplo las instituciones se habrían afianzado de una manera irresistible; Colombia, la *verdadera*, probablemente existiría libre, respetable y respetada; el Libertador no se habría extraviado, y los escándalos subsiguientes no habrían quizás aparecido.

II

Desde que se aprobó por el Congreso constituyente de 1821 en Cúcuta, la unión de los pueblos del antiguo vireinato de Nueva Granada y de la capitanía general de Venezuela en una república que llevara el nombre de Colombia, la municipalidad de Caracas protestó contra tal unión. y se formó en dicha ciudad un partido que pretendía separar de nuevo a Venezuela y constituirla en una república independiente. El Congreso de Angostura (hoy ciuadad de Bolívar), había decretado esta unión en 17 de diciembre de 1819, sin la concurrencia de los representantes de los pueblos de Nueva Granada; de modo que el Congreso de Cúcuta, donde ya los hubo, no hizo más que ratificarla. Los periódicos de Caracas, predicaban la disolución, o cuando menos, que se adoptase el sistema federativo, a pesar de la oposición del Libertador y de otros venezolanos de juicio y patriotismo, que temblaban al solo nombre de un sistema que tantos estragos había causado en los primeros años de la Revolución. en que fué adoptado, abriendo la puerta la reconquista después de haber inundado en sangre el suelo de la patria en guerras civiles.

Los celos, la rivalidad, la emulación contra Bogotá (llamada entonces Santafé), que por su situación central, por su grandeza, salubridad de su clima e ilustración, fué designada por capital de la nueva gran República, no se disimulaban: se ridiculizaba a los granadinos, y las censuras más amargas e infundadaban abundan contra el gobierno colombiano, por la doble razón de ejercerlo un granadino (el general Santander como vicepresidente encargado del P. E.) y de residir en Bogotá: buscóse, pues, desde entonces una ocasión de romper abiertamente, y esta se presentó con la acusación del general Páez. Veamos en que se fundó esta acusación.

El Gobierno había expedido en 21 de agosto de 1824 un decreto en ejecución de una ley del Congreso de Cúcuta, previniendo el aislamiento general de los colombianos *libres* desde la edad de diez y seis hasta cincuenta años, para organizar la milicia nacional. En la mayor parte de la República se cumplió con lo dispuesto en el decreto sin oposición; pero los periódicos de Caracas lo atacaron como inconstitucional e ilegal, porque en todo tiempo la argucia demagógica encuentra inconstitucionalidad, e ilegalidad donde quiera tomando de ello pretexto para realizar planes criminales.

Mas de un año estuvo el general Páez contemporizando con lo que se llama prudencia y yo llamo debilidad, alejando el cumplimiento del decreto; pero en diciembre de 1825, le informó el comandante de armas de Caracas que se habían descubierto en aquella ciudad proyectos de una revolución *de mal carácter*; que se inquiría judicialmente para descubrir lo que hubiese de cierto; que en consecuencia era probable que hubiera muchos presos que custodiar en circunstancias en que no tenía tropas para ello y para auxiliar a los pueblos que pudieran necesitarlas. Alarmado el general Páez con estos informes y temiendo comprometer su responsabilidad, resolvió verificar el alistamiento y organizar la milicia, y dió las órdenes consiguientes, al comandante de armas de Caracas.

Participóse esta noticia al general Juan Escalona, intendente gobernador del departamento, quien la consideró arreglada y útil, y contestó que estaba pronto a cooperar en cuanto necesario fuese a llevarla a efecto.

Dos veces fueron convocados los ciudadanos de Caracas para concurrir a alistarse, y se reían y no iban. Palpando el general Páez lo infructuoso de estas excitaciones y la burla que se hacía de ellas, hizo un tercero y último llamamiento a los ciudadanos para la mañana del 6 de enero, resuelto a hacerse respetar, y se asegura que dijo: «haría sentir todo el peso de su autoridad.» Como tampoco se hiciera caso de aquel llamamiento, habiendo concurrido a él poquísimas personas, mandó salir algunas patrullas, a que llevasen al cuartel a cuantos hombres encontrasen por las calles. En la ejecución de esta medida, que por fuerte que fuera se hacía necesaria, se cometieron por los oficiales que mandaban las patrullas, algunas violencias con los que oponían resistencia, y esto produjo una alarma que pronto se generalizó por toda la ciudad: unos corrían a refugiarse en sus casas o en las de sus amigos; las puertas se cerraban con estrépito; las mujeres gritaban; y sin saber el motivo de la alarma, suponían algunos que se estaba efectuando una gran revolución, cuyo objeto no alcanzaban.

Pocos fueron los hombres que condujeron las patrullas al cuartel, cuando intervino el general Escalona ofreciendo al general Páez que él se encargaba de hacer que los ciudadanos concurrieran al alistamiento, en cuya virtud se mandaron retirar las patrullas, e inscribiendo a los que habían ido voluntariamente, y a los conducidos por la fuerza, se les dejó volver tranquilamente a sus casas. Tres días después se verificó el alistamiento general, en virtud de un bando publicado por el intendente gobernador, o más bien, es de creerse, porque ya se vió claro, que la autoridad militar, a la que entonces estaba cometido este negociado, había resuelto hacerse obedecer.

Este fué el hecho que en la acusación se pintó con los colores más sombríos por la municipalidad y por el mismo intendente Escalona. ¿Qué dirían en Caracas si vieran cómo se hacen en los tiempos que corren, estas cosas por acá entre nosotros? Mas es probable que lo mismo suceda por allá, por el progreso que allá como acá ha hecho la *libertad*.

III

El general Francisco de P. Santander gobernaba la República como vicepresidente, en ausencia del Libertador presidente: el general Carlos Soublette era secretario de guerra: yo había tenido el honor de servir en Venezuela a las órdenes de este general, y llamado por él, hacía pocos días que había llegado de Cartagena, a ocupar el puesto de jefe de la sección central de aquella secretaría, y fuí testígo de la tribulación, de la angustia, del desconcierto que causó en el gobierno y en el público la infausta noticia; y por mi sección pasaron las más de las órdenes, instrucciones, etc., a ella consiguientes.

La memoria del general Santander es respetable para mí; pero al tomar la pluma para escribir este libro, me resolví a hablar en todo la verdad sin consideraciones personales de ninguna clase: esto sentado, empiezo por decir que el general Santander, débil y tímido en aquella ocasión solemne, faltó a su deber como jefe del Gobierno nacional, y que esta timidez y esta debilidad perdieron la República.

La Constitución le mandaba conservar el orden público, restablecerlo cuando fuera turbado, y emplear para ello la fuerza armada si era necesario: esto, pues, debió hacer levantando la nación en masa; y lo que hizo fué, después de muchos días de vacilaciones, llamar al Libertador que estaba en el Perú, hechizado y embriagado con el incienso de la admiración y también con el de la adulación.

En la nota que el general Santander le pasó el 29 de junio comunicándole la noticia de aquellos sucesos (que él había recibido el 1), explicaba con exactitud los antecedentes y pretextos de la deplorable defección del general Páez, y de los Cuerpos militares que le sostenían; de los males que seguirían de que una facción militar continuase, como en Venezuela, promoviendo tumultos para romper la Constitución; que él (Bolívar) como el presidente de la República, como su libertador, como el padre de la patria, como el soldado de la libertad, como el primer súbdito de la nación, *tomase el partido que creyese más conveniente a nuestra salud y a la causa de la América.* Es decir, que no le llamaba a sostener la Constitución y a establecer su imperio en los departamentos en que había sido turbado, sino que le invitaba a hacer lo que le pareciera conveniente. «Colombia—decía—ha nacido porque V. E. lo concibió; se ha educado bajo la dirección de vuesencia, y debía robustecerse bajo el suave influjo de la Constitución y de V. E. mismo. Hoy está atacada en su infancia con gran peligro de perecer, y V. E. es el único que debe salvarla.»

En esta nota, pues, declaraba el general Santander que las instituciones nacionales no tenían más apoyo que el que les daba el prestigio de un hombre, lo que era lo mismo que anunciar que no tendría más duración que lo que durara la vida de aquel hombre. ¡Herida mortal fué ésta, dada la fuerza moral de la ley y de la Union Calombiana!

Los generales de más nombradía de Venezuela, dignos rivales del general Páez, por su mérito eminente y por el lustre que les daban sus servicios y su rango en el ejército, se pronunciaron contra el movimiento subversivo de Valencia y Caracas, manteniendo los departamentos de Oriente, el del Zulia y parte del de Apure en la obediencia del Gobierno nacional, y levantaban fuerzas para obrar contra la revolución, que quedó circunscrita a las provincias de Caracas y Carabobo, y parte de la de Apure.

En el entretanto en Bogotá se reunían consejos, se escribían manifiestos, se daban proclamas, y se enervaba la energía de los generales fieles, que obraban en Venezuela, previniéndoseles que se opusieran al progreso de la rebelión por cuantos medios les fuera posible, *«aunque sin romper hostilidadades ni comprometer una guerra civil.»*

La oposición de tantos generales de influencia a la revolución, la impopularidad que por todas partes se manifestó a no dejar duda, inspiraron confianza al general Santander; y a los cincuenta días de recibida la primera noticia de aquelos sucesos, como arrepentido de lo que dijo a Bolívar en su nota oficial de 9 de junio, le escribió otra carta (19 de julio), en la que entre varias cosas le decía: «Respeto a la venida de usted, permítame que le diga mi opinión: usted no debe venir al gobierno, porque este gobierno, rodeado de tantas leyes, amarradas las manos y envuelto en mil dificultades, expondría a usted a muchos disgustos y le granjearía enemigos.

Una vez que uno solo de ellos tuviera osadía para levantar la voz, toda su fuerza moral recibiría un golpe terrible, y sin esta fuerza, ¡adiós, Colombia, orden y gloria! Cuando hablo así, sólo tengo presente el bien público y de ninguna manera el mío. Yo estoy, como he dicho, loco, porque ya me faltan fuerzas para resistir tanto golpe y ojos para llorar los males de la patria; por lo mismo bailaría de contento el día en que usted tomase el gobierno... Su puesto, pues, que no debe usted venir a desempeñar el gobierno, éste debe autorizarlo para que siga a Venezuela con un ejército a arreglar todo aquello.»

En esta carta descubría el general Santander su deseo de continuar en el ejercicio del poder ejecutivo nacional, reduciendo al Libertador a simple general de operaciones en Venezuela; por consiguiente bajo sus órdenes, lo que era algo fuerte. También descubrió aversión al sistema legal establecido, haciendo de él censura amarga. Baralt y Díaz dicen sobre esta carta del general Santander, lo siguiente: «Así, la parte delicada del negocio quería el general Santander encargarla a Bolívar, mientras él se quedaba en Bogotá a la cabeza del gobierno, intención poco generosa, por decir de ella lo menos, y en la cual entraban a un tiempo el miedo y la ambición.»

IV

Antes de los acontecimientos que quedan referidos, había seguido al Perú el señor Antonio L. Guzmán en comisión cerca del Libertador, llevándole una carta del general Páez y otras de personas notables de Venezuela, en las que se le proponía que imitando a Napoleón se ciñese una corona imperial, estableciendo una monarquía en Colombia. Bolívar, con fecha 6 de marzo (1826), contestó la carta a Páez con la siguiente:

«He recibido la muy importante de usted de 19 de diciembre del año próximo pasado, que me envió usted por medio del señor Guzmán, a quien he visto y oído, no sin sorpresa, pues su misión es extraordinaria. Usted me dice que la situación de Colombia es semejante a la de Francia cuando Napoleón se encontraba en Egipto, y que yo debía decir con él: «los intrigantes van a perder la patria; ¡vamos a salvarla!» Ciertamente, casi toda la carta de usted está escrita por el buril de la verdad; mas no basta la verdad sola para que un plan logre su efecto. Usted no ha juzgado, me parece, bastante imparcialmente del estado de las cosas y de los hombres. Ni Colombia es Francia, ni yo Napoleón. En Francia se piensa mucho y se sabe todavía más; la población es homogénea, y ademas, la anarquía la ponía al borde del precipicio: no había otra república más grande que la de Francia, y la Francia había sido siempre un reino. El gobierno republicano se había desacreditado y abatido hasta entrar en un abismo de execración. Los mónstruos que dirigían la Francia eran igualmente crueles e ineptos. Napoleón era grande, único, y además sumamente ambicioso. Aquí no hay nada de eso. Yo no soy Napoleón, ni quiero serlo: tampoco quiero imitar a César, menos aún a Iturbide. Tales ejemplos me parecen indignos de mi gloria: el título de Libertador es superior a todos los que ha recibido el orgullo humano: por tanto, me es imposible degradarlo.

Por otra parte nuestra población no es de franceses en nada, nada, nada. La República ha levantado el país a la gloria y a la prosperidad dándole leyes y libertad. Los magistrados de Colombia no son Robespierre ni Marat. El peligro ha cesado cuando las esperanzas empiezan. Por lo mismo nada urge para semejante medida. Son repúblicas las que rodean a Colombia, y Colombia jamás ha sido un reino. Un trono espantaría tanto por su altura como por su brillo. La igualdad sería rota, y los *colores* temerían perder sus derechos por una nueva aristocracia. En fin, amigo, yo no puedo persuadirme de que el proyecto que Guzmán me ha comunicado sea sensato, y creo también que los que lo han sugerido son hombres semejantes a los que elevaron a Napoleón y a Iturbide, para después abandonarlos en el peligro; o si la buena fe los ha guiado, crea usted que son unos aturdidos o partidarios de opiniones exageradas bajo cualquiera forma o principios que sean. Diré a usted con toda franqueza que este proyecto no conviene ni a usted, ni a mí, ni al país. Sin embargo, creo que en el próximo período señalado para la reforma de la Constitución se pueden hacer en ella notables mutaciones en favor de los buenos principios conservadores, y sin violar una sola de las reglas republicanas. Yo enviaré a usted un proyecto de constitución que he formado para la república boliviana: en él se encuentran reunidas todas las garantías de permanencia y de libertad, de igualdad y de orden. Si usted y sus amigos quisiesen apoyar este proyecto, sería muy conveniente que se escribiese sobre él y se recomendase a la opinión del pueblo. Este es el servicio que podemos hacer a la patria, servicio que será admitido por todos los partidos que no sean exagerados, o por mejor decir, que quieran la verdadera libertad con la verdadera utilidad. Por lo demás, yo no aconsejo a usted que haga para sí lo que no aconsejo para mí; mas si el pueblo lo quiere y usted acepta el voto nacional, mi espada y mi autoridad se emplearán con infinito gozo en sostener y defender los decretos de la soberanía popular. Esta protesta es tan sincera como el corazón de su invariable amigo.—*Bolívar*.

V

Aquí debo recordar que después de la batalla de Ayacucho, fundada la república de Bolivia, dió el Libertador a esta su hija predilecta, como él la llamaba, una constitución calcada por la de la república de Haití; que el Perú por grado o por fuerza adoptó esta constitución, y nombró presidente al Libertador, quien manifestó *el deseo* de que Colombia la adoptase, cuando terminado el período de duración fijado por la Constitución, pudiera hacerse legalmente, formándose entonces una confederación de las tres repúblicas, con un gobierno federal, análogo al de cada una de ellas.

Desde el Congreso de Angostura en 1819, tuvo el Libertador estas ideas, declarándolas lealmente en un discurso, en el que proponía un Senado hereditario; porque le atormentaba el temor de las perturbaciones, de las borrascas, que por lo regular terminan en guerras civiles asoladoras, que preveía habían de causar las frecuentes elecciones populares, principalmente las de los altos mandatarios. Lo que está pasando en todas partes, ¿no disculpará, a lo menos, la rectitud de las intenciones del Libertador, o mejor dicho, su luminosa previsión?

El señor Leocadio Guzmán escribió en Lima una apología de la constitución boliviana, en la que trató la conveniencia de que se adoptasen en Colombia aquellos principios, y tanto la una como la otra se circularon con profusión; pero la opinión pública en todas partes y sin excepción de personas, se pronunció contró semejante innovación, tan contraria a las ideas políticas proclamadas desde 1810 por los próceres de la Independencia, y arraigadas ya en los pueblos.

En el Perú, país que tiene algunos elementos monárquihubo por aquel tiempo «un partido bastante numeroso y compuesto de hombres influentes por su saber, por su posición social y sus riquezas, que había concebido, y adelantaba el proyecto de hacerle (a Bolívar) Emperador de los Andes, o sea de Bolivia, Perú y Colombia, poniéndose príncipes que bajo su dependencia gobernaran el territorio de estas Repúblicas». (1)

Conocido este proyecto por el Libertador, se apresuró a improbarlo, principalmente en el discurso con que presentó al Congreso de Bolivia su proyecto de constitución mencionado.

Desmintió, pues, el Libertador en todo tiempo, en todas ocasiones, de todas maneras, la inculpación que las malas pasiones le hicieran, aún después de dormir el sueño del sepulcro, de que había pretendido hacerse rey o emperador en Colombia, y aun del Perú y Bolivia. En conversaciones puramente amistosas, tratándose en abstracto de formas de gobierno, había manifestado algunas veces su opinión de que acaso hubiera convenido a las nuevas naciones formadas en las antiguas colonias españolas, adoptar el sistema monárquico constitucional, llamándose al trono príncipes de las familias reinantes en las grandes potencias europeas; y es seguro que muchos tendrán hoy esta opinión. El general Santander también tuvo ideas monárquicas en un tiempo. Sabido es de todos, el brindis que pronunció en un banquete siendo vicepresidente de Cundinamarca, en favor de la monarquía, y de que se coronase el Libertador. Los que no lo sepan o lo hayan olvidado, pueden consultar el examen crítico del general Mosquera, página 221. (2)

_____

(1) Restrepo. *Historia de Colombia*.

(2) Si Carlos III hubiera seguido el consejo de su ministro el célebre conde de Aranda, de separar de la corona de España sus colonias del continente americano, constituyendo en ellas monarquías moderadas, les habría hecho un gran servicio, y lo habría hecho a España misma. Desde que ayudó en unión de la Francia a las colonias Anglo-americanas del Norte, en su guerra de independencia con Inglaterra, no hubo en España un solo hombre de Estado que no viera, como consecuencia del ejemplo, perdidas para ella sus colonias americanas. Pero ni la corte ni el pueblo español estaban

VI

Al mismo tiempo que el Gobierno nacional se dirigía al Libertador en los términos que hemos visto, el general Páez, por su parte, le enviaba dos comisionados llamándole por nota oficial y carta particular, en las que atribuía los movimientos de Venezuela, que le había conferido el título y poder de jefe superior civil y militar, a la política parcial e insidiosa del general Santander, quien decía había promovido y atizado su acusación, cuando, como he dicho, se opuso a ella enérgicamente.

No pudiendo, pues, el Libertador resistir sin desdoro a las exigencias de la situación, resolvió venirse, y lo avisó al Gobierno de Colombia, enviando a Guayaquil de *precursor* al ya citado señor Leocadio Guzmán con cartas para diferentes personas constituídas en autoridad en el país, recomendándo el Código boliviano como el único remedio que podía salvar a Colombia, y refiriéndose a las indicaciones verbales que les haría Guzmán.

Pero la constitución colombiana era inviolable por diez años, y por consiguiente no podía ser alterada en una línea hasta el año de 1831: el Libertador había jurado sostenerla, tenía el deber de hacerlo, y esto era lo que todos esperábamos. En desear, pues, sustituirle otra, por buena que fuera, y mafestar ese deseo, cometió Bolívar un grande error, aunque no un delito. Delitos son y serán siempre los que se cometan sobreponiéndose a la Constitución y a las leyes, o destruyendo por la fuerza el gobierno establecido por ellas; y los que tal hagan son y serán en todo tiempo, a los ojos de la moral y del honor, rebeldes criminales. Pero Bolívar no hizo esto: él estaba convencido de que las instituciones adoptadas eran

---

a la altura del conde de Aranda ni de los hombres que adoptaron su idea, que fué mirada como una casi traición. Pensar en monarquía, cuando la República había creado interés y despertado y puesto en agitación todas las ambiciones, era un delirio. Yo me extenderé después sobre este particular, tan importante en la actualidad.

malas, pensaba de buena fe que su proyecto encerraba las bases seguras de prosperidad y dicha para su patria, tenía pleno derecho para defenderlo y promover su adopción, y esto fué lo que hizo. Su error político consistió en adelantar-se, aprovechando la criminal revolución de Venezuela, para *proponerlo.*

Llegó por fin el Libertador a Guayaquil sin conocer, sino muy vagamente, el estado de las cosas en Colombia; sin tener la menor idea de la exaltación de la opinión pública en favor de la Constitución existente; creyendo los movimientos de Venezuela de mayor trascendencia de la que realmente tenían, en fin, enteramente a oscuras de lo que pasaba; y si en Guayaquil se le hubiesen dado informes verídidicos de la situación, es de creerse, es seguro que habría obrado de otro modo de como obró. Pero no oyó sino los que le dió el teniente coronel Tomás Cipriano Mosquera, intendente gobernador de aquel departamento.

VII

Desde que el señor Guzmán llegó a Guayaquil tuvo varias conferencias con los principales personajes de la ciudad y particularmente con el comandante Mosquera: comienzan las reuniones, los conciliábulos; y todo indicaba que planes siniestros se tramaban o estaban ya acordados. Esto produjo una alarma general que llegó hasta Bogotá. «Mas en breve se disipan las dudas, pues el intendente Tomás C. Mosquera convoca una junta popular. De esta resulta que el pueblo de Guayaquil reviste, ilegalmente y sin autoridad para dar este paso, de facultades dictatoriales al Libertador por todo el tiempo que *éste* las juzgara necesarias. Autorizábasele además por dicha acta para convocar la gran convención (1).

Sobre el general Mosquera pesa, pues, ante la historia, la responsabilidad de este delito de infidencia que repitiéndo-

---

(1) Restrepo *Historia de Colombia.*

se en los pueblos del Sur, disminuyó en toda Colombia el benéfico prestigio del Libertador y aumentó terriblemente la gravedad de las circunstancias: quizá esas actas que desconcertaron más y más al Gobierno, que produjeron el encono de los republicanos contra el Libertador, quizá esas actas, digo, fueron las que principalmente causaron la catástrofe que dió muerte a Colombia.

El general Mosquera, ya en 1843, cuando la opinión pública y el juicio del mundo habían calificado como merecían aquellos sucesos ominosos, trató de justificarse diciendo que tuvo que ceder a las circunstancias: que los militares de la guarnición estaban por aquel cambio; que él no mandaba la fuerza armada; que los principales sujetos de Guayaquil le suplicaban que no los abandonase, etc. (1).

¡Tristes y menguadas disculpas para un alto mandatario, que tiene deberes escritos y morales que cumplir, y su dignidad y su honor que salvar!

El mismo general Mosquera en aquel libro escribió en Chile contra el general Obando, en el que este general no era tratado sino de montero, de asesino, de malvado, no obstante que últimamente, según el mismo Mosquera, fué aquel un ciudadano ilustre, de altos merecimientos; en ese libro dice el general Mosquera, que cuando iba para Guayaquil en julio de 1826 a encargarse de intendencia, al llegar a Daule supo que el general Juan Páez del Castillo se había pronunciado el día 6 en Guayaquil con las tropas de la guarnición en favor de la federación: que en consecuencia se desembarcó y se fué a la ciudad sin que nadie lo supiera, y llegó el 10; que en ella había un gran tumulto y gritaban por las calles: «Muera el Gobierno: muera el Congreso y el Intendente nombrado»: que entonces... Pero oigámosle a él mismo: «Vestí, dice, mi uniforme mi-

(1) Véase el *Examen crítico* del general Mosquera sobre los *Apuntamientos para la Historia* que el general Jose María Obando publicó en Lima.

litar, ceñí la espada y me dirigí a casa del comandante general en medio del tumulto. Nadie me conoció, y cuando llegué donde estaba dicho comandante general, encontré allí muchos jefes y oficiales. Me recibieron friamente;
pero luego que me oyeron, y les hablé de la patria y de
aquella rebelión, convinieron en que su deber era prescindir de las asonadas del pueblo, y obedecer a la autoridad constitucional.»

Pues si un teniente coronel de poca nombradía, pudo con
sólo vestir su uniforme, ceñir la espada y pronunciar un discurso, hacer entrar en su deber a un general *venezolano*, de
fama e influencia, y a los jefes y oficiales de la guarnición,
deshaciendo con sólo la fuerza de su elocuencia una rebelión
consumada, ¿cómo el primer magistrado civil del departamento, ya en ejercicio de su autoridad, a quien por las leyes
estaban subordinadas las tropas en todo lo relativo a orden
público, no pudo evitar el que apenas unos síntomas alar-
mantes tomasen cuerpo? Todo lo que había en realidad no
era sino vacilación, dudas, temores sobre las dificultades que
presentaba la situación, y sobre cuál fuera su remedio; pero
si hubiera habido reuniones o asonadas ¿por qué el comandante Mosquera no volvió a vestir su uniforme, ceñir la espada y pronunciar otra arenga, cuando la experiencia había
demostrado que aquello bastaba para que todo quedara concluído en cinco minutos?

En esto y en todo lo que yo digo y diga, no hago acriminaciones, no hago censuras: analizo los hechos, los califico,
escribo historia.

VIII

Tan luego como el acta proditoria estuvo acordada, fir-
mada en la reunión de padres de familia que convocó el intendente Mosquera, y autorizada con su firma, se embarcó
dicho intendente y salió al mar a buscar al Libertador, y
afortunada o desgraciadamente, a pesar del inminente riesgo

que había de extraviarse en la inmensidad del Océano Pacifi-
co, le encontró cerca de la isla de Santa Clara y trasbordán-
dose al bergantín «Congreso» en que venía, le presentó el
acta dictatorial (1).

El Libertador, que conocía la funesta influencia que tienen ciertas palabras, manifestó su desagrado de que se indicara en el acta la idea de *dictadura*, y contestó al intendente
que reservase la presentación oficial de aquel documento,
hasta que desembarcado en Guayaquil, lo hiciese cuando le
felicitase públicamente por su llegada a Colombia, en presencia de todos los que asistieran a aquella ceremonia; y así
se hizo.

Cuál sería la oficiosidad del intendente Mosquera en aquel
triste drama, puede deducirse de un hecho muy significati-
vo, y es que, en el momento de desembarcar el Libertador
en Guayaquil, le ascendió a coronel efectivo, con infracción
de la Constitución, que no permitía hacerlo sino al Gobierno, con el previo consentimiento del Senado; y el Libertador
no venía ni podía venir sino como un simple general sin
mando; siendo este el primer acto que ejerció en uso del poder dictatorial. En esto sí cometió Bolívar una falta gravísima, porque por semejante acto demostraba aceptar el hecho criminoso del comandante Mosquera, a quien por su
propio decoro y para acallar justas inculpaciones, hubiera debido hacer juzgar y castigar.

IX

Desde que se supo en Bogotá que el Libertador salía del
Perú para Colombia, el entusiasmo que tal noticia produjo
no puede describirse con palabras. La capital se disponía a
hacerle un recibimiento digno de ella y del hombre de quien
se esperaba la salvación de la patria, el restablecimiento del
imperio de la Constitución por sólo el prestigio inmenso de

(1) Véase el *Examen crítico* citado.

su nombre, y también que salvára al general Páez por algún arreglo honroso por el Gobierno, o por una amnistía generosa, *sin condiciones humillantes*, que es el término obligado de todas las guerras civiles, y que los merecimientos del héroe del Apure hacían necesario, con aplauso general.

Mas poco tiempo después llegaron las noticias de los sucesos de Guayaquil, repetidos en Cuenca, Quito y otros pueblos del Sur, y que como toda mala nueva, se trasmitían de boca en boca con la rapidez del telégrafo eléctrico, derramando por todas partes la consternación y el desaliento; y la susceptibilidad republicana se alarmó, y el deseo ardiente, inconmensurable de ver a Bolívar entrar a la capital a encargarse del Gobierno conforme a la Constitución, y la apoteosis que se le preparaba, se cambiaron en frialdad, en quietud, en zozobra.

X

En Guayaquil y en el tránsito se previno el ánimo del Libertador contra el vicepresidente Santander, haciéndosele creer que el mal Gobierno de éste había originado la revolución de Venezuela; que la acusación del general Páez había sido obra de Santander; que el empréstito colombiano de 1824 se había disipado como el humo, y no había servido sino para enriquecerle a él y a sus parciales, con otras acriminaciones malignas, calumniosas, que produjeron al fin sus consecuencias: el rompimiento unas veces público, otras disimulado, de los dos magistrados eminentes de la República; y otra más trascendental, más desastrosa y de naturaleza permanente: la división funesta de los ciudadanos, engalanandose los unos con el título de *liberales*, y tratando a los otros de *serviles*. De entonces acá la primera de estas calificaciones ha variado por intervalos, unas veces en *progresistas*, otras en *radicales*, subdividiéndose a veces en *gólgotas*, en *draconianos*; otras en *democráticos*, en *federalistas*, y últimamente en *Mosqueristas*.

La segunda calificación, *servil*, como se recibía del partido adversario, ha venido variando como a él le ha parecido que sería más injuriosa, ya en *beatos, rabilargos, fanáticos, romanistas, papistas;* ya en *retrógrados, centralistas,* y últimamente en *godos,* que parece será el apodo que prevalecerá por haber sido importado por los revolucionarios de Venezuela que se han desbordado sobre nuestra pobre patria, para que no quede ninguna calamidad que no la aflija.

Y estos epítetos absurdos, que apenas podrían oírse sin empacho en la boca inmunda de la plebe, hombres decentes y de posición social raspetable no temen ensuciar sus labios repitiéndolos!

CAPÍTULO II

I

Por infundadas que fueran esas inculpaciones de peculado de criminal inversión de los fondos del empréstito en beneficio propio, o de sus parciales, que la ponzoñosa maledicencia hacia al general Santander, se propalaron por todas partes, tomando cierta consistencia, y el Libertador, franco en demasía como era, soltó en su tránsito algunas palabras amenazantes, que pronto se supieron y crearon la animadversión recíproca de dos grandes hombres, amigos antes, que se estimaban, y de cuya buena armonía la patria habría recibido algún consuelo. Y los partidos que empezaban ya a formarse, adictos al uno o al otro según los principios que creían que el uno o el otro representaban, exaltándose a su vez, quedaron completamente demarcados y en pugna abierta. *Liberal* era sinónimo de Santanderista; *Servil* era sinónimo de Boliviano.

Lo particular es que el mayor número de los que entonces eran llamados *serviles* resultan ahora *liberales*, y muchísimos de los que éramos considerados *liberales*, hemos venido a encontrarnos calificados de *godos*, como se llamaba en los primeros días de la revolución a los enemigos de la independencia. De qué manera se haya podido verificar esta metamórfosis en los nombres, sin que se haya cambiado la naturaleza de las cosas, es lo que nadie podrá explicar.

El general Santander, más hombre de estado que militar, de eminentes dotes gubernativas, puede ser acusado por la Historia, de violento en sus pasiones políticas, de demasiado

severo o de cruel si se quiere, pero nunca de mal administrador, ni por hechos bajos de mala ley. Habiendo gobernado la República como vicepresidente encargado del Poder
Ejecutivo desde 1821 hasta 1827, con 18.000 pesos fuertes
de sueldo anual, y antes como vicepresidente de la Nueva
Granada; habiendo recibido una hacienda de las mejores de
la sabana, por su haber militar, dejó a su muerte una fortuna menor de lo que pudiera, honrosamente, con sus ahorros.

Los señores Francisco Montoya y Manuel Antonio Arrubla, negociadores del empréstito, eran comerciantes de crédito y de capital, y de reputación honrosa antes de obtener
aquel encargo; recibieron en Inglaterra la comisión que les
correspondía, conforme a su contrato con el gobierno, que
aunque módica, en veinte millones de pesos, hacia una
suma considerable. Con ella, pues, pudiéron legítimamente
dar ensanche a sus negocios, y de aquí la envidia que se les
tuvo. El señor Montoya, uno de los comerciantes más honorables y benéficos que ha tenido el país, murió ¿y cómo murió? ¿qué dejó? El quebranto que tuvo en sus negocios es
conocido en sus últimos pormenores. El señor Arrubla vive:
¿qué tiene? ¿Dónde está, pues, la inmensa riqueza que se suponía habían adquirido por el empréstito? (1)

El señor Manuel José Hurtado, cumplido caballero, de
gran fortuna heredada y aumentada por el comercio, honorablemente considerado y de bien merecida reputación, era
ministro plenipontenciario de la República en Inglaterra, y
como tal, administrador de los fondos del empréstito, conforme a las órdenes que recibía del gobierno. Los negociadores Montoya y Arrubla no tuvieron en esto la menor intervención. El señor Hurtado murió: ¿qué fortuna dejó?
¿dónde están los millones de pesos que la malignidad huma-

---

(1) El señor Arrubla, después de escrito esto, ha muerto en una
pobreza cercana a la indigencia. Hombre de costumbres arregladas,
religioso, sin vicios, con su muerte en semejante situación, así
como sucedió al señor Montoya, ha contestado a sus calumniadores, más que con cuanto yo pudiera decir.

na le suponía? Quizá dejó menos de lo que tenía antes de ir a Inglaterra, que era mucho, como puede juzgarse por el cuantioso caudal qne dejó su hermano y socio el señor Marcelino Hurtado de Popayan. El señor José María Castillo Rada, de venerable memoria, lustre de la infeliz Cartagena, su patria y la mía, era secretario de hacienda en aquella época, y por su despacho se giraban las libranzas y se satisfacían las deudas, cancelándose los documentos que las leyes declaran pagaderos de los fondos del empréstito. El señor Castillo murió: ¿qué dejó? Una casa y una quinta que ya tenía desde mucho antes de aquella negociación. Su respetable viuda vive en la estrechez. A estas pruebas, que son concluyentes, ¿qué puede responderse? Nada. Contra la lógica de los hechos no hay calumnias que prevalezcan (1).

¿Qué se hicieron, se dirá acaso, los veinte millones de pesos fuertes del empréstito? Esto es otra cosa.. Al gobierno de Colombia le sucedió con aquel caudal lo que a un niño que nunca tuvo más que uno u otro ochavo, y de repente se encuentra con una onza de oro, y ufano empieza a gastar, sin previsión, como si la onza fuera inagotable.

¡Veinte millones de pesos! Una miseria para una nación: en la actual guerra de los Estados Unidos angloamericanos se gastan en ocho días, ¡y nosotros creíamos que nunca se acabarían! En fin, veamos lo que se hicieron aquellos veinte millones de pesos.

II

Terminada la guerra de la Independencia con la gloriosa batalla de Ayacucho y la rendición de Puerto Cabello, dejando la paz un ejército incomparable de 25 a 30.000 hombres disponibles, pensó el gobierno en una expedición a las islas de Cuba y Puerto Rico, después de auxiliar al gobierno de Méjico para rendir el castillo de San Juan de Ulúa en el

---

(1) La viuda del señor Castillo también ha muerto en pobreza.

puerto de Veracruz, debiendo Méjico coadyuvar con tropas a la expedición sobre las dos grandes islas mencionadas.

Para esto se necesitaba de una marina respetable y superior a la que España tenía en aquellas islas; más difícil si no imposible era que Colombia y Méjico pudieran poner una marina ni siquiera igual. Sin embargo, esto no se previó, haciéndose esfuerzos extraordinarios, inútiles y ruinosos para conseguirlo; y a pesar de ellos no pudo reunirse en Cartagena una escuadra que llegase a la mitad de la española. Solo los que saben lo que estas cosas cuestan, podrán calcular las ingentes sumas que en dicha marina, para nosotros excesiva se invertirían, o mejor dicho, se despilfarrarían.

En Cartagena había un general, comandante general del apostadero; un general, comandante general de la escuadra; un general, comandante general del departamento, teniendo cada uno su correspondiente plana mayor, fuera del tren militar de la plaza con una numerosa guarnición. Por lo que sucede hoy se podrá calcular lo que aquel tren dispendioso costaría.

Trescientos mil pesos se destinaron y se invirtieron en reparar en varios departamentos las fortificaciones de nuestras plazas militares, que sin medios de defensa iguales a los de ataque que hoy tienen las demás naciones, no pueden ni podrán en ciento o doscientos o mil años, impedir la invasión o las humillaciones extranjeras, y que no sirven sino de guarida y baluarte a los facciosos que se apoderan de ellas. Yo que estoy convencido de su inutilidad, cuando se habló en uno de nuestros Congresos de demoler las fortificaciones de Cartagena, aunque me reí, no me irrité como otros, porque la operación no podía llevarse a cabo con menos de cinco millones de pesos, que se habrían regado en el país fecundándolo; pero no fuimos tan afortunados que se lograse la benéfica demolición. La incuria y el tiempo lo harán sin provecho de nadie.

Los buques de la escuadra no tenían la mitad de la tripulación que necesitaban, ni podían conseguirse marineros;

pero tenían comandantes, oficiales y demás empleados subalternos, gozando de sueldo, gratificación y ración de armada a la española; es decir, el doble o más del prest y paga de las clases equivalentes en el ejército. Planas mayores nunca faltan entre nosotros y siempre son *mayores* de lo que en rigor se necesitaría. Sobre el particular no hay desacuerdo en los partidos políticos que nos dividen.

Todos los sueldos civiles y militares, todos los salarios de las numerosas maestranzas de artillería, de ingenieros y de marina, se pagaban puntualmente con las onzas y los pesos columnarios del empréstito; el dinero circulaba cual nunca se viera, ni en los mejores tiempos cuando Cartagena era el único puerto de importancia en la Nueva Granada y absorbía ella sola todos los productos de la Aduana y el situado anual de Méjico y el Perú. Y la sangre de los pueblos y de las generaciones futuras corría a torrentes en las mesas de monte y de dado y en la ruleta. Yo lo ví.

De Inglaterra venían grandes cocinas de hierro, cadenas y enormes anclas para navíos de línea, carronadas para los buques, balas de cañón de calibres desconocidos en cantidad suficiente para sufrir tres sitios como el de Sebastopol; jarcias de diferentes calidades, alquitrán, armas, municiones, vestuarios, efectos de equipo y menajes, etc., con espantosa profusión. En el entretanto las dificultades para la disparatada expedición, iban tocándose de bulto; su insuficiencia era evidente, la imposibilidad de llevarla a efecto era tangible; no se sabía qué hacer, rendido ya el castillo de San Juan de Ulúa, cuando el gobierno de la Gran Bretaña y el de los Estados Unidos anglo-americanos, simultáneamente, vinieron a salvar a Colombia de ser la rechifla del universo, manifestándose opuestos a la expedición. Y todo, todo se perdió.

Todavía en los años de 1847 y 48, siendo yo gobernador de Cartagena, se hacia el gasto de botar la escoria de 20.000 fusiles y el polvo de otros elementos del parque, por no haberse hecho antes el de cuidarlos.

III

Otros 300.000 pesos (de los cuales 200.000 en onzas de oro) se enviaron a Venezuela para fomento de la agricultura, con el doctor Miguel Peña, quien los entregó en moneda macuquina, ganándose con perjuicio de la República 25.000 pesos en aquel cambio fraudulento.

A varios comerciantes se dieron libranzas pagaderas en Inglaterra, cuyo valor debían satisfacer aquí en dinero, y lo hicieron en documentos de los mandados pagar por las leyes, con los fondos del empréstito; y con esos negocios medraron algunos hombres que yo conozco.

Por órdenes del gobierno se satisficieron varias deudas, cancelándose los documentos que la ley declaró pagaderos dichos fondos, en lo que indudablemente habría una que otra preferencia.

Una brillante división como de cuatro mil hombres a las órdenes del general Valero, brigadier mejicano, recién llegado y admitido al servicio de Colombia, se organizó en 1824, y equipó de un todo, y siguió para Guayaquil por la via de Panamá, con destino al Perú, donde ya no se necesitaba. Más de la mitad de aquellos infelices, si no las dos terceras partes murieron en la isla de la Puná de fiebre amarilla. En fin; despilfarros, errores, desaciertos se cometieron como siempre; desgracias sucedieron: mas no hubo delitos de peculado, no hubo estafas.

En la casa contratista del empréstito quedaron en depósito más de dos millones de pesos para pago de los primeros dividendos; y para acelerar nuestra ruina quebró la casa, muriendo de pesar su jefe, y se perdieron los dos millones y pico depositados en ella. No se pagaron, pues, los dividendos vencidos; los bonos colombianos cayeron en el último demérito para no levantarse más, y cayó el crédito para siempre. Puede ser que nuestros descendientes, si Dios mejora sus horas, lo recobren dentro de unos doscientos o trescientos años. Mu_ cho será que evitemos en el entretanto que se emplee la vía ejecutiva, cumpliendo religiosamente con lo estipulado en el convenio celebrado con los acreedores, en el que la última administración conservadora ha hecho un servicio inmenso al país, que por las inicuas pasiones de la época no se le ha agradecido.

«La nación inglesa, aun antes de que su gobierno se hubiese pronunciado por el reconocimiento de nuestra independencia, había entrado en especulaciones de importancia con Colombia. Realizáronse en Londres dos empréstitos a favor de aqueste Estado, los cuales, si bien dieron de pronto algún auxilio al erario de la República, exhausto por tan dilatada guerra, por nuestras antiguas deudas, por nuestras necesidades y por la insuficiencia de las rentas para subvenir a tantas atenciones, no tardaron, sin embargo, en sumergirnos en grandes embarazos. Esto era de esperarse, porque así como todo empréstito negociado dentro de un país produce incalculables ventajas a la comunidad, impidiendo que se agolpen los impuestos, aumentando la circulación, dando actividad a los trabajos y movimiento a todas las especulaciones, esparciendo la abundancia y la comodidad y uniendo en intereses al gobierno y a los gobernados, así, por el contrario, todo empréstito que se contrata en el extranjero, degrada al Estado que lo levanta, haciéndole tributario del prestamista, y además lo empobrece, por cuanto se extraen de él las sumas necesarias para pagar los intereses y la amortización, se disminuye el numerario circulante, se paralizan todas las empresas y con la miseria se fomento el descontento de los pueblos.

»Si los empréstitos contratados en Inglaterra fueron ruinosos a Colombia bajo estos aspectos, no sucedió así con el comercio, que cada día tomó más incremento entre ambos países, ni con los capitales que aquel pueblo emprendedor invirtió en el laboreo de nuestras minas, y en varias especulaciones agrícolas.

»Con la entrada de numerosas sumas en numerario y en efectos mercantiles, con la inmigración de extranjeros, tomaron valor las propiedades, hizo adelantos la minería, el pueblo contrajo nuevos gustos, encontró mayor facilidad para proveer a su subsistencia, para satisfacer sus necesidades y expender sus frutos; y hasta el aspecto mismo de la sociedad se mejoró considerablemente con los progresos de la ilustración, del lujo, etc.» (1)

IV

Aunque se habla de treinta millones de pesos cuando se trata del empréstito, se olvida que diez millones fueron contratados por el señor Francisco A. Cea tres años antes, y estaban ya consumidos en 1824 cuando se contrató por los señores Arrubla y Montoya el segundo empréstito; pero como se acumuló el primero al sagundo, reconocido aquél por el Gobierno, se expidieron bonos iguales por ambos, y la ignorancia o más bien la malignidad, los confundió para dar más fuerza a la censura y a la acriminación.

Además de los cuantiosos valores que se perdieron por incuria y culpable abandono en los almacenes, otros *se perdieron por otras causas*, pues con las revoluciones, las guerras frecuentes, cambios de empleados a cada transformación política, lo que faltaba en los inventarios, no podía averiguarse qué se había hecho, o se daba por consumido, o *devorado por el comején*.

Las inmensas existencias de elementos de marina, como fogones, cadenas, anclas para navíos de línea, la artillería de fierro, los proyectiles de diferentes calibres, ya oxidado todo, se vendieron por lo que ofrecieron, para lastre de buques mercantes.

Todavía fué más ruinosa la pérdida que se hizo en la marina. Las magníficas fragatas «Colombia» y «Cundinamar-

---

(1) García del Río.

ca», costaron en los Estados Unidos de América 1.680.845 pesos fuertes. La «Colombia» se incendió con todo lo que contenía, en la ría de Guayaquil, adonde fué destinada en 1829, cuando la guerra con el Perú, y llegó después de hecha la paz: tal desgracia tenía precisamente que sucederle a la «Colombia» llevando este nombre. La «Cundinamarca» se vendió en Portocabello por una cantidad insignificante en vales de la deuda flotante que casi no tenían valor. Doce cañoneras construídas también en los Estados Unidos, para artillería de grueso calibre, no sirvieron para nada ni podían servir: se cometió el disparate de mandar los diseños con descripción de dimensiones. delineado todo, y prescrito en nuestra Secretaría de marina, y así salió ello: después de mucho tiempo de estar estos buques arrumbados en Portocabello pudriéndose, habiendo costado en astillero 174.444 pesos, se vendieron sin haber servido un solo día, en una miserable cantidad en vales de la deuda venezolana. El navío «Libertador», de 74 cañones, que costó en Europa 80.000 pesos, lo que bastaba para indicar que ya estaba inútil, se vendió en 4565 pesos, sin haber prestado el menor servicio. El bergantín «Independencia», de 20 cañones, que costó 18.000 pesos, a los cinco años de servicio se vendió en 2.661 pesos. La corbeta «Bolívar», de 22 cañones, que costó 154.519 pesos, se vendió en los Estados Unidos, sin haber servido tres años, en 5.454 pesos, que deducidos los gastos de comisiones, corretaje, venduta, y todos los que espantan en las cuentas de ventas de aquel país, vinieron a quedar reducidos a 1.500, y todavía de este residuo se perdió parte, porque uno de los compradores hizo bancarrota. De toda la marina, en fin, no quedaron sino unas pocas goletas que con grandes gastos se empleaban en el servicio de guardacostas, dizque para celar el contrabando, que no se hace entre nosotros por las costas. Estas goletas se iban reponiendo, y para ellas había comandante general de marina, de apostadero, maestranza, etc. El general Mosquera como presidente en 1845.

suspendió todo esto en Cartagena, y mandó vender las goletas que quedaban, que resultaron inútiles, medida que alivió al tesoro público de un gasto de unos 120.000 pesos anuales, y mereció alabanza de los hombres imparciales, aunque en Cartagena, como era natural, se le censuró agriamente.

Sobre tan enormes pérdidas hay que considerar que por la administración rutinera en las oficinas de Hacienda, las rentas nacionales de toda Colombia, no pasaban de 6.000.000 de pesos y los gastos anuales, el año en que menos eran de 15.000.000, que en su mayor parte se consumían en la marina y en el ejército. Con semejante *déficit*, ¿cuánto tiempo debería durar el empréstito, aun sin contar aquellas pérdidas? ¡No! no hubo peculado, lo repito, no hubo estafa, no hubo robo, a lo menos *de parte del alto Gobierno;* pero sí imprevisión, despilfarros, desaciertos que pueden llamarse disparates. El ánimo del patriota se contrista al pensar en estas cosas: ¡qué legado de ruinas, de humillaciones, de sacrificios dejamos a nuestros hijos!

Para mí, lo peor que tuvo el empréstito de 1824 fué que se contrató cuando ya no habia urgencia, pues la guerra de la independencia concluyó en aquel año.

Pero ¡qué terrible reflexión! En toda esa feroz y asoladora guerra de la Independencia, los sacrificios, la profusión, los errores los despilfarros, que ciertamente han dejado un peso enorme sobre la generación presente y sobre las futuras, no llegan ni con mucho, a la bancarrota oprobiosa y sin remedio, a la postración física y moral que les legamos nosotros por las revoluciones y guerras civiles posteriores, excediendo la última en ruina, en destrucción, a *todas* las anteriores. Y falta todavía!...

He debido extenderme en este asunto un poco más de lo que conviniera al objeto de mi escrito, porque la vocinglería que sobre él se levantó en aquella época, contribuyó a enconar los partidos incipientes, cuyo encono creciendo con los acontecimientos posteriores, ha empujado el país en el pleno inclinado en que va rodando, Dios sabe hasta dónde!

V

El Libertador venía acercándose, precedido de una proclama que dió en Guayaquil diciendo que no quería saber quienes eran culpables, pues que todos éramos hermanos; que nos traía una rama de olivo: que sólo había un culpable que era él, por no haber venido a tiempo; que cesara el delito de la desunión entre granadinos y venezolanos; que todos fuéramos colombianos, para que la desolación y la muerte no ocuparan los desiertos que dejara la anarquía.

Esta proclama causó un malísimo efecto, cuando todos esperábamos otra energica contra la revolución venezolana, y el ofrecimiento de su espada para sostener la Constitución y restablecer su imperio con mano fuerte.

Aunque no aceptara el Libertador la dictadura que le diera el acta de Guayaquil y las de Cuenca y Quito, y mandara que continuase el régimen constitucional, en el hecho venía ejerciendo por todo el tránsito el poder dictatorial en su plenitud, expidiendo decretos de naturaleza legislativa o de las atribuciones del gobierno que ejercía en el capital el Vicepresidente; «concediendo ascensos y recompensas a los que eran más adictos a su persona, *especialmente a los que habían promovido las actas de dictadura;* anulando sentencias judiciales: conmutando en otra la pena de muerte: él en fin, mandó pasar por las armas en Pasto, a reos cuyo proceso no se había terminado.» (1) Estos reos eran tres famosos criminales, guerrilleros realistas que tenían pena de muerte. El abuso estuvo en no esperar la sentencia. Bolívar se excusó diciendo que no habiendo guarnición en Pasto, ni cárcel segura, aquellos malhechores se fugarían y seguirían causando graves daños.

---

(1) Restrepo. *Historia de Colombia.*

Tales hechos no dejaban ya duda, y por ellos la división de los ciudadanos tomó un incremento desconsolador.

Para los unos ya no era el grande hombre, el padre de la Patria el que llegaba; era el usurpador, era el tirano, era César pasando el Rubicón; sus amigos eran esbirros, pretorianos, genízaros; y estos a su vez trataban a los otros de facciosos, demagogos, anarquistas, ladrones del empréstito, ingratos.

Esta exaltación de los partidos deslindándolos completamente era tal, que no se necesitaba de mucha perspicacia para prever que tarde o temprano harían correr la sangre de los pueblos en los campos de batalla; y más cuando la discordia sacudiendo las serpientes de su cabellera, sobre tantos antagonismos políticos que nacían y tantas pasiones que se exaltaban, añadió un combustible más al incendio que se preparaba, atizando la rivalidad sorda que existía entre granadinos y venezolanos, que al fin estalló de diferentes maneras, como se irá viendo por el curso de los hechos que se sucederán en este escrito.

Yo tenía por el Libertador veneración religiosa; no aceptaba la irritación que contra él se manifestaba; esperaba que llegado que hubiera a Bogotá, rodeado de otros hombres, viendo más claro y más lejos el horizonte político, volvería sobre sí. Pero también, aunque tuviera la Constitución defectos notables, era constitucional por respecto al principio de legalidad, y como tal manifestaba mis sentimientos con energía y franqueza, discutía con calor y sostenía la necesidad de que a todo trance se salvasen los principios y la integridad de la República. Y, por tanto, a pesar de mi conocida adhesión personal al Libertador, me vi naturalmente enrolado en el partido constitucional, que para desgracia del país cambió su expresivo nombre por el de *liberal*. Este epíteto aplicado a un partido me ha repugnado siempre, aun desde aquellos tiempos en que se significaba *algo plausible;* y me ha repugnado porque él solo, envuelve un sarcasmo, una injuria, un ultraje a los adversarios, y porque los que le adoptaron y los que lo conservan, no tuvieron ni tienen otra mira que esa al adoptarlo y conservarlo.

Llegó el Libertador a Popayan, y allí habló con los principales ciudadanos, todos constitucionales, pero admiradores y amigos suyos. El horizonte se les despejó, conoció cuál era la verdadera opinión de los granadinos sobre la ardua cuestión que se ventilaba, recibió cartas de Lima en que se le anunciaba que los peruanos también hablaban alto en el mismo sentido, leyó las publicaciones de la prensa bogotana; y esto bastó para desengañarlo. Inmediatamente pasó una expresiva nota al general Santa Cruz, presidente del Consejo de Gobierno de Perú, y escribió a los ministros y a todos sus amigos, que desistía de la idea de confederación de las tres Repúblicas, Colombia, Perú y Bolivia; que les aconsejaba que se pusiesen a la cabeza de la oposición, para no ser sacrifieados como amigos suyos, y que *el Perù se constituyese con entera libertad como quisiese;* que escribieran esto mismo al gran mariscal de Ayacucho a Bolivia, que si las tropas colombianas acantonadas en el Perú, embarazaban o perjudican, se enviasen inmediatamente a Colombia, pagándoles una parte de sus sueldos, y si no, que las mandasen *sin pagarles;* pues los colombianos no habían ido a buscar al Perú sino fraternidad y gloria.

En la capital, sin embargo, ignorábase cuáles serían las ideas del Libertador, si se sometería al régimen constitucional, sosteniéndolo con decisión, si insistiría en que se adoptara la Constitución boliviana. Se sabía que tanto él como su comitiva, blasfemaban con apasionada acrimonia contra el Vicepresidente, dando la razón al general Páez y atribuyendo todos los males al Gobierno; que hablaban de dilapidaciones y malos manejos en la inversión del empréstito. Eran ya conocidos todos los actos que probaban, a no dejar duda, que el Libertador venía en plena dictadura, prevenido y animado contra los que decía le calumniaban, y que eran sus

ingratos enemigos. Fácil es, pues, concebir que todo esto
aumentaba el alarma, la zozobra, el temor que las primeras
noticias de las sucesos de Guayaquil produjeron: hombres
hubo, principalmente de los escritores públicos, que se ocultaron mientras pasaba la turbonada y se aclaraba la atmósfera; y cada acto, cada incidente de estos aumentaba la ci-
sión entre los partidos, y afilaba el puñal con que atravesa-
rían algún día el corazón de la Patria, hiriéndose entre sí en
lucha mortal.

VI

Por fin súpose la llegada del Libertador a Neiva y que seguía su marcha sin detenerse. El vicepresidente, con dos de
los secretarios del despacho, salió a encontrarle, y en efecto
le encontró en Tocaima, donde tuvieron largas conferencias
que produjeron un resultado satisfactorio. La buena armonía entre los dos magistrados pareció restablecida; el Libertador convino en que debía sostenerse la Constitución, pero
dijo que tenía que revestirse de las facultades extraordinarias
de su artículo 128 para restablecer el orden. cuya necesidad
era evidente; y que después, dentro de uno o dos años, *deseaba* que se adoptase la constitución boliviana, con un presidente y un senado vitalicios, para dar al Gobierno probabilidades de duración, con medios para mantener la paz, sin
lo cual la libertad nunca se afianzaría.

Desde los primeros días de la Revolución tuvo el Libertador estas ideas, y siempre las manifestó con noble franqueza,
persuadido como estaba de la dificultad de consolidar entre
nosotros una república exageradamente democrática, con
multiplicadas elecciones periódicas, y temiendo que ninguno
de estos Gobiernos de cimientos deleznables, combatidos por
las oleadas electorales, sin poner ningún límite a la ambición, pudiera sostenerse; de lo que resultaría que cada bam-
boleo del poder público traería la guerra civil, que es la peor
de todas las calamidades sociales, y tras ella la tiranía en

nombre de la libertad. La América española entera se ha empeñado en justificar aquellas previsiones del grande hombre.

El general Santander regresó con sus secretarios contento y animado, y su llegada calmó la agitación y la ansiedad de de todos los partidos que le aguardaban.

Pronto, en alas del viento, voló la voz: «Ya está el Libertador en la sabana; ya viene!»; y la excitación fué general (14 de noviembre). El intendente-gobernador del departamento, los empleados municipales, diputaciones de diferentes corporaciones, algunos jefes militares y empleados nacionales y muchos ciudadanos particulares fuimos a recibirle a Fontibon. Allí el intendente, coronel José María Ortega (después general), se preparó a arengarle al frente de las autoridades, de los militares y de los ciudadanos que le habíamos acompañado. El Libertador, rodeado de su comitiva, se dispuso a oirle. El intendente, algún tanto cortado, tomó por fin la palabra, y sin ningún preámbulo calmante, empezó a hablar del respeto debido a la ley fundamental de la República, diciéndole que contara con la obediencia de los cundinamarqueses *al Gobierno que habían jurado*, y con su adhesión a la Constitución y a las leyes.

El Libertador, que desde las primeras frases del discurso se inmutó de una manera notable, le interrumpió con enojo, y le dijo que él esperaba que se le hubiese felicitado por su llegada a la capital, que aquel era día de celebrar las glorias del ejército, y no de hablarle de obediencia a la Constitución, de violación de leyes causada por la iniquidad de algunas de ellas; y en el acto partió para esta capital. Todos le seguimos más o menos distantes, y del séquito del intendente se lanzaron algunos a escape a divulgar con exageración la noticia. Los demás discursos que iban preparados se omitieron; muchos vivas al intendente y a la Constitución se dieron, y muy pocos al Libertador, que se adelantó a gran distancia, casi solo, hasta que llegó a la aduanilla de San Victorino, donde se detuvo.

Aquello me causó, y causó a muchos, una impresión pe-
nosísima. Yo creo que el Libertador tuvo razón para considerarse ofendido; en el estado a que las cosas habían llegado,
todo lo que pareciera una reconvención, o un consejo que
indicara desconfianza, o una excitación que pareciera un
apercibimiento, era inoportuno y debía necesariamente herirle; pero aquel su arrebato brusco no puede de ninguna
manera disculparse. Habría sido de desearse que el Libertador, después de concluir el coronel Ortega, en una respuesta
corta y digna como aquellas que él sabía dar, hubiese manifestado lo mismo que dijo, aunque en términos más mode-
rados, y que él participaba de los sentimientos del intendente, y cumpliría con su deber como presidente constitucional
sin necesidad de excitaciones Esto le habría conservado su
popularidad, tan necesaria en aquellos momentos, y no que
del modo como habló y como se condujo, dió pávulo y hasta cierto punto justo motivo para que sus enemigos le cen-
surasen cruelmente, como lo hicieron.

Las tropas de la guarnición, las milicias de la capital, formaban en toda la carrera desde San Victorino hasta el palacio del Gobierno; los balcones y ventanas estaban colgados,
pero entusiasmo no había. En los arcos triunfales, en las
puertas de los edificios públicos, cuarteles, colegios, etc., se
leían letreros de «¡Viva la Constitución!» siendo en aquella
ocasión cada letrero una saeta emponzoñada, dirigida al ojo
derecho de Filipo.

En el corto rato que el Libertador se detuvo en la alame-
da de San Victorino, se calmó, y procuraba de todas maneras disipar las malas impresiones que su arrebato de Fontibon hubiera producido; dirigía la palabra afectuosamente a
los que íbamos llegando; al coronel Ortega, que, aunque
constitucional, era su amigo y a quien él estimaba, le trató
con la mayor deferencia; a la entrada en la ciudad, a los *vivas* que le daban algunos grupos y de algunos balcones, con-
testaba con fervor: «¡Viva la República! ¡Viva su digno vice-

presidente! ¡Viva la Constitución de Colombia!» ¡Qué efecto
tan saludable no hubiera causado el haber hecho esto desde
Fontibon!

VII

El vicepresidente, de grande uniforme, le recibió en el sa-
lón de honor de palacio, rodeado de los secretarios del despacho, del presidente del Senado, de los ministros de la
Corte suprema y del Tribunal superior, de los generales y
oficiales superiores del ejército que había en la capital, y de
gran número de ciudadanos particulares.

El general Santander, con la dignidad que correspondía
al acto, y visiblemente conmovido, le dirigió la palabra en
los términos más adecuados, felicitándole por su arribo a la
capital en medio del gozo universal de todos los pueblos,
cuyos males cesarían con su presencia. Recordó los esplén-
didos triunfos del ejército libertador y de su digno caudillo,
manifestando por último, que sería esclavo de la constitución y de las leyes, aunque siempre admirador, constante y
leal amigo del Libertador.

No se respiraba, no se oía más que el latido de los corazones, mientras que el Libertador se recogió por un momento dentro de sí mismo. De repente, irguiéndose y chispeán-
dole el rostro de animación, contestó al vicepresidente en un
discurso sublime, incomparable, aprobando la conducta del
gobierno; elogiando con entusiasmo al ejército que había
dado la independencia a mitad de la América; manifestándose respetuoso a la Constitución; y al concluir con un apos-
trofe a los colombianos, excitándolos a la concordia y a la
reconciliación, tendió la mano al vicepresidente, y se enter-
neció de manera que comunicó su emoción a cuantos le
oían. Toda mala pasión se sofocó, todos los corazones saltaban queriendo romper el pecho, todos los ojos se humede-
cieron, y un grito espontáneo, inmenso de «¡Viva el Liber-

tador!» sacudió el edificio y retumbó por todo el ámbito de
la capital.

En la comitiva del Libertador venía un joven de veinti-
séis años hijo de Bogotá, miembro de una familia extensa y
respetable, con el lustre que da el valor militar comprobado
por su distinguido comportamiento en las batallas de Pichincha, Junin y Ayacucho. Este joven se llamaba Pedro
Alcántara Herrán, coronel de caballería, quien, por equivocación o por malignidad, fué víctima de un rumor que se
levantó de que había despedazado *él mismo* con su sable, la
tabla que sobre la puerta del cuartel de húsares se había
puesto con el letrero punzante de «Viva la Constitución.»
El hecho no es cierto: el coronel Herrán mandó quitar la tabla, diciendo que las cuestiones políticas no debían invadir
los cuarteles, y los soldados que la bajaron, la rompieron para
leña. Sin embargo, esta calumnia, que tomó incremento,
atrajo sobre el coronel Herrán una animadversión inmereci-
da. He debido dar a conocer desde ahora al coronel Herrán,
hoy general, por la parte activa y trascendental que ha tenido en los más graves acontecimientos que se han sucedido
desde aquella época en este pobre país.

CAPÍTULO III

I

El señor Leocadio Guzmán, que había seguido para Caracas, no llegó a aquella ciudad sino a principios de noviembre, llevando al general Páez otra carta del Libertador, de la
que debo copiar aquí los trozos siguientes:

«Usted me envió ahora meses al señor Guzmán para que
me informara del estado de Venezuela, y usted mismo me
escribió una hermosa carta que decía las cosas como eran.
Desde esta época todo ha marchado con una celeridad extraordinaria: los elementos del mal se han desarrollado visiblemente. Diez y seis años de amontonar combustibles van a
producir el incendio que quizás devorará nuestras victorias,
nuestras glorias, la dicha del pueblo, y la libertad de todos.
Yo creo que bien pronto no tendremos más que cenizas de
lo que hemos hecho.

«Algunos de los del Congreso han pagado la libertad con
negras ingratitudes, y han pretendido destruir a sus libertadores. El celo indiscreto con que usted cumplía las leyes y
sostenía la autoridad pública, debía ser castigado con oprobio y quizás con pena. La imprenta, órgano de la calumnia,
ha desgarrado las opiniones y los servicios de los beneméritos. Además ha introducido el espíritu de aislamiento en
cada individuo; porque predicando el escándalo de todos,
ha destruido la confianza de todos.

«El Ejecutivo, guiado por esta tribuna engañosa, ha marchado en busca de una perfección prematura, y nos ha aho-
gado en un piélago de leyes y de instituciones, buenas, pero
superfluas por ahora. El espíritu militar ha sufrido más de

nuestros civiles que de nuestros enemigos; se les ha querido destruir hasta el orgullo...

«Las provincias se han desenvuelto en medio de ese caos: cada una tira para sí la autoridad y el poder; cada una debería ser el centro de la nación. No hablaremos de los demócratas y de los fanáticos; tampoco diremos nada *de los colores*, porque al entrar en el hondo abismo de estas cuestiones, el genio de la razón iría a sepultarse en él como en la mansión de la muerte ¿Qué no deberemos temer de un choque tan violento y desordenado de pasiones, de derechos, de necesidades y de principios? El caos es menos espantoso que su tremendo cuadro y aunque apartemos la vista de él, no por eso dejará de perseguirnos con toda la saña de su naturaleza. Crea usted, mi querido general, que un inmenso volcán está a nuestros pies, cuyos síntomas no son poéticos, sino físicos y harto verdaderos. Nada me persuade que podamos franquear la suma prodigiosa de dificultades que se nos ofrecen...

«Considere usted, mi querido general, quién reunirá más los espíritus. Los odios apagados entre las diferentes secciones volverán a galope como todas las cosas violentas y comprimidas. Cada pensamiento querrá ser soberano; cada mano empuñará el bastón; la toga la vestirá el más turbulento; los gritos de sedición resonarán por todas partes, y lo que todavía es más horrible que todo esto, es que cuanto digo es la verdad. Me preguntará usted, ¿qué partido tomaremos? ¿En qué arca nos salvaremos? Mi respuesta es muy sencilla. *Mirad el mar que vais a surcar en una frágil barca cuyo piloto es tan inexperto...*

»Pienso que si la Europa entera se empeñase en calmar nuestras tempestades, no haría quizás mas que consumar nuestras calamidades (1). El Congreso de Panamá, institu-

---

(1) Yo pienso como Bolívar. Por otra parte, a las potencias europeas les conviene dejarnos como estamos. La historia antigua nos enseña que los espartanos, para que sus hijos viesen los espantosos

ción que debiera ser admirable si tuviera más eficacia, no es otra cosa que aquel loco griego que pretendía dirigir desde una roca los buques que navegaban. Su poder será una sombra, y sus decretos meros consejos nada más...

»Se me ha escrito que muchos pensadores desean un príncipe con una constitución federal; pero, ¿dónde está el príncipe? ¿Y qué división política producirá armonía? Todo es ideal y absurdo. Usted dirá que de menos utilidad es mi pobre delirio legislativo que encierra todos los males. Lo conozco; pero algo he de decir para no quedarme mudo en medio de este conflicto...

»Yo *deseara* que con algunas ligeras modificaciones se acomodara el Código boliviano a estados pequeños enclavados en una vasta confederación, aplicando la parte que pertenece al ejecutivo, al gobierno general, y el poder electoral a los estados particulares. Pudiera ser que se obtuviesen algunas ventajas de más o menos duración, según el espíritu que nos guiara en tal laberinto...

»En fin, mi querido general, el señor Guzmán dirá a usted todo lo que omito aquí, por no halagarme demasiado en un papel que se queda escrito aunque varíen mil veces los hechos.

»Hace cien días que ha tenido lugar en Venezuela el pri-

---

efectos de la crápula y la mirasen con horror, obligaban a los infelicísimos ilotas a embriagarse. Las repúblicas americanas, si siguen como van ¿no producirían el mismo efecto en los pueblos europeos que la vista de los ilotas embriagados debía producir en los hijos de los espartanos? Nosotros nos estamos debatiendo para resolver un problema social de la más alta importancia, y es saber si en las repúblicas modernas se podrá afianzar el orden sin encadenar la libertad. Bien considerado, estas dos palabras son rigurosamente sinónimas: libertad y orden son una misma cosa: sin orden no hay libertad, porque no hay seguridad; sin libertad no hay orden, porque el sometimiento forzado al poder arbitrario es pusilanimidad, es abyección, es ignominia, no es orden. Y para el caso, lo mismo es que el opresor se llama sultán, emperador, rey, dictador, presidente o partido liberal. Es, pues, de un interés universal que se nos abandone a nuestra propia suerte a ver en qué paramos. Yo temo mucho, muchísimo que la solución de este problema no nos sea favorable si el partido conservador no tiene valor y energía para decir: ¡Alto ahí! ¡Dios salve la república!

mer suceso de que ahora nos lamentamos, y todavía no sabemos lo que usted ha hecho y lo que ha ocurrido en ese país: parece que está encantado.

»Confieso a usted francamente que tengo muy pocas esperanzas de ver restablecido el orden en Colombia, tanto más que yo me hallo sumamente disgustado de los acontecimientos y de las pasiones de los hombres. Es un verdadero horror al mando y aun al mundo el que se ha apoderado de mí. Yo no sé qué remedio pueda tener un mal tan extenso y tan complicado.

»A mis ojos la ruina de Colombia está consumada desde el día en que usted fué llamado por el Congreso... —*Bolívar*.»

Esta carta es clara. El Libertador viendo alterado tan gravemente el orden público, creyendo quizá con razón que el mal nacía de las instituciones, se ofuscó y cometió el error indisculpable de ofrecer su Código político como el arca de salvación, sin esperar la época en que, constitucionalmente, podia hacerlo con esperanzas fundadas en los hechos. Otro mal produjo la carta, y fué que con dar terminantemente la razón al general Páez, contra el gobierno, agrió al general Santander, y le dejó la defensa del principio constitucional, con lo que se hizo más fuerte que Bolívar.

Verbalmente se esforzaba el señor Guzmán en conseguir que las actas de dictadura de Guayaquil se reprodujeran en Venezuela. «Pero ni las cartas, ni el mensajero, ni la misión fueron recibidas con benevolencia en Caracas...» «Tampoco tuvo aceptación ninguna el proyecto de Constitución boliviana, cuya adopción se proponía» (1).

Por el contrario, lo que resultó de estas diligencias, que desalentaban a las constitucionales, fué que la revolución se fortificase y extendiese a las provincias que se habían mantenido fieles hasta entonces.

_____

(1) Restrepo, *Historia de Colombia*.

II

Ya se ha visto el efecto benéfico que causo en el público el discurso del Libertador, en respuesta al del vicepresidente. Los partidos, pues, dormitaron; sólo la rivalidad entre los granadinos y venezolanos iba en aumento, pero sin romper abiertamente, sino preparando la mina, hasta que llegase el día de prender la mecha.

El Libertador se declaró, como presidente de la República, en ejercicio del Poder ejecutivo constitucional, y en el de las facultades extraordinarias del artículo 128 de la Constitución, que le autorizaba a dictar todas aquellas medidas que fueran indispensables, y que no estuvieran en la esfera de las atribuciones legales del gobierno, convocando el Congreso, si no estuviese reunido, para proceder con su acuerdo, o consultándole previamente, si lo estuviese, y dichas facultades no debían ejercerse sino en el tiempo y lugares absolutamente necesarios. (Decreto de 23 de noviembre).

Algunos escritores de nota, y recientemente el señor Ezequiel Rojas, cuyos talentos yo respeto, se han esforzado en restringir estas facultades considerando sólo su espíritu y no su letra. Casi todas, o mejor dicho, todas nuestras numerosas constituciones, y nuestras innumerables leyes, tienen una ambigüedad en sus disposiciones y en su lenguaje, que da lugar a interpretaciones, si bien alguna vez lógicas, otras erróneas o malignas.

Desde que el jefe de gobierno es el *único* que, no estando reunido el Congreso, se halla autorizado por dicho artículo para decidir cuáles son las medidas extraordinarias que considere indispensables para llenar el objeto de las facultades que se le confieren, y cuáles los lugares y tiempos donde las ha de ejercer, es claro que todo argumento de restricción tiene que encallar en el juicio que haga el *único* que está autorizado para formarlo y para obrar según él. He aquí, pues, la dictadura completa conferida por dicho artículo constitucional al gobierno en su caso, quizá contra la intención del legislador.

Según la ley que designaba la ciudad de Bogotá por capital de la República, no podía el presidente o sus subrogantes ejercer el poder ejecutivo en otra parte. Esta disposición no era obligatoria, sino cuando el orden público no hubiese sido turbado y no estuviera el Gobierno en el ejercicio de las facultades del artículo 128 citado. Si el presidente en uso de esas facultades creía indispensable dictar la medida extraordinaria de trasladarse fuera de la capital en ejercicio del Poder ejecutivo, sin lo cual sería frustráneo el acto, siempre alarmante, de haberse declarado en el caso de ejercerlas, ¿podría decirse que había faltado? ¿que había infringido la Constitución? Consecuencia legal fué por aquel decreto, la de cesar el vicepresidente en el ejercicio del Poder ejecutivo desde el día en que se dictó; y si el presidente pudo, sin infringir la Constitución, trasladarse a *los lugares donde era indispensablemente necesario* el uso de las facultades de que constitucionalmente se revistió, es claro que el vicepresidente, que ya no estaba encargado del Poder ejecutivo, no podía ejercer ninguna autoridad, sino la que el presidente le delegara, como una *medida extraordinaria,* cuya necesidad, *él y sólo él,* estaba autorizado para graduar.

Este decreto, como todos los muchos e importantes que dictó el Libertador en los once días que estuvo en Bogotá, fueron acordados en Consejo de Gobierno, con asistencia y aprobación del vicepresidente y de todos los secretarios del despacho. El vicepresidente no hizo la menor objeción a que se reservase el presidente el ejercicio exclusivo del Poder ejecutivo, en uso de sus facultades extraordinarias, en los departamentos de Venezuela, ni a que las delegase al vicepresidente en el resto de la República: luego si hubo delito en esto, como tanto se ha declamado, fueron el vicepresidente y todo el Consejo cómplices de él; y es injusto y apasionado hacer recaer toda la responsabilidad sobre el presidente, que resolvió como le consultaba su Consejo. Yo pregunto:

¿Era indispensable que el Libertador marchara a Venezuela?

¿Podía ni debía ir sin autoridad suficiente para llenar el objeto de su marcha?

¿Podía gobernar toda la República desde allá, y entender debidamente en los diferentes y complicados negocios de la administración general?

¿Tenía potestad para delegar las facultades extraordinarias de que se había revestido al vicepresidente, o a cualquiera otra autoridad, para que las ejerciera donde él no podía?

Seamos imparciales: el decreto era constitucional, era imprescindible, era útil en todo el rigor de la palabra.

No faltó para cubrir el expediente sino convocar el Congreso sin la menor demora. Pero el Congreso estaba convocado para sesiones ordinarias; debía reunirse el 2 de enero; hasta ridículo, pues, habría sido hacer una nueva convocatoria el 23 de noviembre, cuando por ella no podía verificarse la reunión extraordinaria, antes del día señalado para la ordinaria.

He debido tratar este asunto con alguna detención, porque él ha sido el argumento de que más se ha usado, no para disculpar, sino para justificar la conspiración del 25 de septiembre de 1828 contra la vida del Libertador y fundador de la República. ¡Suceso infausto y terrible que llevó el encono de los partidos y el odio entre granadinos y venezolanos, al último grado de exacerbación! En su debido lugar me ocuparé de él, con la extensión que requiere.

En esos once días en que el Libertador permaneció en esta capital, restablecido aparentemente el orden constitucional, el general Santander y todos sus amigos se manifestaron contentos y satisfechos.

El doctor Vicente Azuero había escrito con fuerza de lógica irresistibles, una larga representación, enérgica en el fondo, moderada en la forma, que debía elevarse al Libertador, manifestándole los males que para él y para la patria seguirían, si no se sacaba la Constitución incólume en aquella crisis. Muchos ciudadanos se apresuraron a firmarla: mas no se le elevó, porque se dijo que ya no era necesaria; pero se publicó y circuló profusamente- De esta manera se le hirió sin resultado plausible para la causa constitucional. No habría sido así, habiéndosela presentado en forma: entonces habría tenido que dictar una resolución razonada en la que los principios que se controvertían habrían sido desenvueltos de manera que el público hubiera sabido a qué atenerse.

III

Acercándose el día de la partida del Libertador para Venezuela, adonde su deber le llamaba con urgencia, un acto tristemente vergonzoso tuvo lugar. El general Santander manifestó al Libertador que habiendo sido uno y otro reelegidos para la presidencia y vicepresidencia, no podían tomar posesión sino prestando el juramento constitucional ante el Congreso que debía reunirse el 2 de enero; pero que siendo seguro que el Congreso no se reuniría el día prefijado, concluido el período anterior, tendrían que cesar uno y otro en el ejercicio de sus funciones, y debería encargarse del Poder ejecutivo el presidente del Senado, señor Luis Baralt; que el único medio de allanar este inconveniente era que el Libertador le autorizase, en virtud de sus facultades extraordinarias, para que, si no se reunía el Congreso, continuara él (Santander) desempeñando el Poder ejecutivo, en virtud de su reelección de vicepresidente (1). «El Libertador convino

(1) Por la Constitución de 1821, era permitida la reelección inmediata del presidente y vicepresidente de la República, lo que se ha prohibido en las posteriores, erróneamente en mi concepto. Nosotros hacemos bastardear el sistema federativo de los Estados Unidos Anglo-Americanos. Tomamos de él todo lo que tiene de peligroso y difícil, ya que no de pernicioso, y desechamos todo lo que tiene de útil.

en esta providencia, pues no le parecía entonces que debiera hacerse variación en la persona encargada del Poder ejecutivo colombiano. Firmó, pues, un oficio, *redactado por el mismo Santander*, y como escrito en la villa del Rosario de Cúcuta, en 12 de diciembre, y sin intervención de ninguno de los secretarios de Estado, que ignoraron este paso, concediendo la autorización que se pedía. Mas a causa de la avenida de un rio, se fué Bolívar en derechura a la villa de San José de Cúcuta sin tocar en la del Rosario, quedando por consiguiente la orden con una fecha falsa» (1).

Cuando ya el 21 de diciembre juzgó el general Santander que había tiempo para que la supuesta nota del Rosario de Cúcuta hubiera llegado, la dió a conocer como recibida, con una contestación tan humilde, que cualquiera otro que la hubiera escrito habría sido calificado de servil. «En todas circunstancias (decía Santander) la opinión de V. E. es una egida formidable contra la maledicencia; pero hoy que la tierra entera se ocupa en admirar a V. E. y después de las proclamaciones y muestras de confianza que le acaban de dar los pueblos de la República, ¿cuál no será la fuerza de esta opinión? Me atrevo a repetir lo que en cierta ocasión dijo a V. E. el virtuoso presidente de la Nueva Granada: (2) *Un rasgo de V. E. impone más en la opinión pública que todas las declamaciones envenenadas de los calumniadores.* Señor, las circunstancias en que se halla V. E. colocado me inspiran confianza para someterme a sus DESIGNIOS respecto mi continuación en el Gobierno. V. E. está encargado de la salud pública, *y puede en su beneficio, dictar las medidas que en su sabiduría estime convenientes.* V. E. quiere que no me separe del Gobierno, y yo debo hacerme el honor de pensar que V. E. estima este paso conveniente a la salud pública...»

¡Qué lenguaje en el vicepresidente de la República! ¿No es exacta la calificación que di a esta nota? En ella el general

(1) Restrepo. *Historia de Colombia.*
(1) El doctor Camilo Torres.

Santander reconoce las actas de dictadura como pruebas de ilimitada confianza que daban los pueblos a Bolívar; le concede el ejercicio legítimo del poder omnímodo, pues que le dice que, encargado de la salud pública, puede en su beneficio, dictar *todas las medidas* que en su sabiduría estime convenientes. Hé aquí, pues, la más absoluta dictadura proclamada por el general Santander.

Hay que observar que esta nota solo era posterior en diez y ocho días a la carta que escribió al general Santacruz ofreciéndole cooperar con todas sus fuerzas a la confederación de Colombia, el Perú y Bolivia y a la presidencia vitalicia. Si estos documentos no fueran históricos, auténticos, sería imposible creer tan inexplicables contradicciones en el hombre que aparecía, y que sus parciales quieren que todavía aparezca, como el defensor incansable de la Constitución, como el mártir de la libertad.

Pero lo que asombra más en todo este menguado episodio de la historia de aquella época fatal, es que al día siguiente pasase el mismo general Santander, otra nota al presidente del Senado, poniendo en su noticia la resolución del Libertador, dictada de la manera irregular que hemos visto, y anunciándole que el 2 de enero de 1827 le entregaría el mando: «Ciertamente—decía—que me veo en el más penoso conflicto: de un lado mi ciega y firme adhesión a las leyes constitucionales me dicta la separación del destino actual, y de otro mis deseos de cooperar con el Libertador presidente a cuando en el actual estado de cosas crea conveniente al bien común, me aconsejan no contrariar aquella determinación. Si el Libertado r no estuviera revestido de la autoridad que ha declarado tener, y si los pueblos no hubieran mostrado tanta y tan absoluta e ilimitada confianza en S. E., no vacilaría un instante en tomar el partido que conviene a mi carácter y principios.» Hé aquí reconocida otra vez la validez de las actas populares de la manera más terminante, y hé aquí reconocido por el mismo general Santander que no debía continuar en la vicepresidencia después del 2 de enero.

El presidente del Senado contestó rehusando tomar el mando. Santander se dió por convencido, y lo consérvó *sin tomar el partido «que convenía a su carácter y principios»*, o más bien, digo yo, que era de su deber.

Todo este sainete desde su principio hasta el fin ¿no tiene mucho de vergonzoso?

En esto sí que se infringió la Constitución evidentemente: tanto el Libertador como el general Santander, terminado el período de su elección, dejaban de ser el uno presidente y el otro vicepresidente, y solo prestando el juramento constitucional podrían entrar en el goce de los derechos que la nueva elección les daba; por consiguiente, las facultades extraordinarias que la Constitución concedía al jefe del gobierno, cuando ejercía el poder legalmente, cesaban desde que el presidente cesaba en el derecho de ejercerlo, y en el mismo caso se encontraba el vicepresidente que las obtuvo como tal, por delegación del presidente, porque también cesaba de ser vicepresidente.

Esta grave herida dada a los principios constitucionales por la mano del hombre que, según se pretendía, era su sostén y su personificación, produjo un cisma debilitante en el partido constitucional.

Desde aquel día perdió el general Santander el derecho a ser llamado *el hombre de las leyes*, calificación que le dió el Libertador en contraposición al general Sucre, cuando se trataba de nombrar un general para el ejército del Sur, e indicado el general Santander, lo rechazó Bolívar, diciendo que se necesitaba *hombre de guerra*, y que Santander era un hombre de leyes.

Asegurado ya Santander en el mando, volvió a romper con el Libertador haciéndole la guerra de descrédito, con sus amigos, abiertamente. Dice el señor Restrepo que censuraba y anatematizaba todas las medidas de Bolívar, aun aquellas que él (Santander) había aprobado y había contribuído con su voto en el Consejo: menos, digo yo, debe suponerse, a la irrita por la que continuaba en el mando.

A mediados de mayo, reunido el Congreso prestó Santander el juramento constitucional; es decir que por cuatro meses y medio ejerció un mando ilegal, que él mismo había solicitado del hombre a quien minaba. ¿Es posible que seamos tan desgraciados que no se salve ninguna reputación de los embrollos de esta nuestra política tan ruín y tan rastrera?

Estas inconsecuencias de Santander desalentaban a muchos constitucionales, y todo concurría a que fueran los partidos perdiendo su carácter político y haciéndose más y más personales, lo que desconsolaba a los hombres desapasionados e imparciales.

CAPITULO IV

I

El Libertador salió de Bogotá el día 25 de noviembre, y por todo el tránsito no oyó sino quejas contra la administración del general Santander, que, justas o infundadas, las trasmitía a este general en notas oficiales, con demasiada acritud: en una de ellas le decía el Secretario general que la pena que sentía el Libertador excedía toda ponderación, pues el clamor y descontento de los pueblos era más general y más vehemente que el que había contra los españoles en 1819. La historia dice que el general Santander, resentido de esta amarga censura contra su administración, contestó la nota a que me refiero, con sólidos fundamentos. En otra carta le escribió el Libertador reprochándole sus concesiones de intereses a algunas personas de Bogotá, aludiendo a las cancelaciones hechas de documentos pagaderos de los fondos del empréstito, y el haber admitido en cancelación de las libranzas giradas contra dichos fondos, documentos en lugar de dinero; de lo que ya he hablado. Estas reconvenciones severas que a nada conducían, pues se trataba de hechos pasados que con ellas no se remediaban irritaron al general Santander, y todos veíamos claro que no tardaría el rompimiento decisivo, entre ambos, sin miramientos ni disimulo.

El estado en que se encontraba Venezuela, los preparativos que hacía el general Páez, las complicaciones que la funesta misión del señor Guzmán había producido en aquel país, haciendo dar pasos avanzados a la revolución, todo exigía que el Libertador requiriese tropas y dinero para do-

minar la situación por la fuerza si no podía de otra manera,
y pidió ambas cosas al Gobierno residente en Bogotá; pero
bien pronto vió que ya no debía contar con ninguna cooperación de dicho Gobierno, y conoció que había dejado atrás
un enemigo implacable, a quien había irritado con expresiones y notas irreflexivas. dejándolo en aptitud de dañarle.

Sabía por las cartas de sus amigos y por las publicaciones
de la prensa, que ya se repetían por acá las palabras sacra-
mentales de todos los revolucionarios, «Convención, reformas, federación», pronunciadas en Venezuela; que se ha-
biaba también de separación e independencia de la Nueva
Granada, y que esta idea tenía muchos prosélitos. Ya no pensó, pues, en otra cosa que en concluir con la revolución de
aquellos departamentos a todo trance, aunque fuera transi-
giendo con ella, y aceleradamente se dirigió a Maracaibo.

Los pormenores de los acontecimientos que por allá tuvieron lugar en aquel tiempo, son del dominio de la historia
general de Colombia; por tanto, sólo diré de ellos lo condu-
cente al fin que me he propuesto en este escrito.

II

Llegado el Libertador a Maracaibo, pasó a Coro inmedia-
mente y se encontró allí con una proclama del general Páez,
en que no se le reconocía como autoridad, y en que se decía iba como un ciudadano ilustre; y añadía Páez: «Él viene
para nuestra dicha, no para destruir la autoridad civil y militar que he recibido de los pueblos, sino para ayudarnos
con sus consejos, con su sabiduría y consumada experiencia, a perfeccionar la obra de las reformas.»

El Libertador se irritó sobre manera con la lectura de este
documento, en que terminantemente se desconocía su autoridad, y escribió al general Páez una larga y bellísima carta,
de la que trascribiré algunos párrafos.

—Yo me estremezco—decía Bolívar—, cuando pienso, y
siempre estoy pensando, en la horrorosa calamidad que

amaga a Colombia. Veo destruída nuestra obra, y las maldiciones de los siglos caer sobre nuestras cabezas como autores perversos de tan lamentabl's mutaciones.

Muchas veces manifestó después el Libertador ideas como esta, que indicaban arrepentimiento por haber dado la independencia a estos países. Yo también he dudado, yo también he pensado en si no habrá sido un paso prematuro, para el que no estábamos preparados. Pero no: la independencia es una grande adquisición, a pesar de los desastres que nuestras locuras atraen casi periódicamente sobre la patria: sólo la extinción de la esclavitud es un bien tan inestimable, que basta a compensar los males que sufrimos y que podamos sufrir todavía.

—La proclama de usted—continuaba el Libertador—, dice que vengo como ciudadano. ¿Y qué podré yo hacer como ciudadano? ¿Cómo podré yo apartarme de los deberes de magistrado? ¿Quién ha disuelto a Colombia con respecto a mí, y con respecto a las leyes? El voto nacional ha sido uno sólo: *Reformas y Bolívar*. Nadie me ha recusado; nadie me ha degradado: ¿quién, pues, me arrancará las riendas del mando? ¿Los amigos de usted? ¿usted mismo? La infamia sería mil veces más grande por la ingratitud que por la traición.

Esta carta la acompañaba un decreto que había expedido en Maracaibo, en el que declaraba que los departamentos de Maturín, Venezuela, Orinoco y Zulia, quedaban sujetos a sus órdenes inmediatas y exclusivas, y mandaba que cesaran en todos los puntos, las hostilidades entre los partidos (1).

Esto bastó. A pesar de las complicaciones producidas por la misión del señor Guzmán, por la idea de plantear la Constitución Boliviana en Colombia, por la odiosa palabra DICTA-

---

(1) En aquella época estaba dividida la antigua capitanía general de Venezuela en cuatro grandes departamentos, a saber: Maturín, Orinoco, Venezuela y Zulia; los que formaron después y constituyen hoy la República de Venezuela.

DURA; la voz de Bolívar omnipotente todavía, lo atrajo todo a su llamamiento.

Las tropas, las ciudades, las aldeas se pronunciaban en su favor por todas partes, quedando la autoridad del general Páez reducida a la ciudad de Valencia con un batallón de Infantería y dos escuadrones de caballería, y algunos pequeños cuerpos que obraban por otras partes, que se iban sucesivamente pronunciando y uniéndose a los que ya lo habían hecho en favor del Libertador.

El general Páez estaba en Valencia desconcertado y debilitado con estas defecciones, cuando el Libertador llegó por mar a Portocabello, ciudad que con su numerosa guarnición fué de las primeras que le reconocieron. «Hallábanse, pues, frente a frente estos dos hombres ilustres, acompañado el uno de su gran nombre, a que daba nuevo y más noble realce la reciente libertad de dos repúblicas, y con un poder que la ley hacía inmenso, la razón irresistible; querido del pueblo, amado del ejército; fuerte el otro con su propio valor, rodeado de falaces y artificiosos amigos, de un corto número de descontentos y de algunos cuerpos de tropa que la fortuna había reunido a su rededor. Esperaban todos ansiosamente el desenlace de este drama complicado en que se iba a decidir la suerte de la patria» (1)

III

Apenas desembarcado Bolívar y pensando siempre en Bogotá, expidió un decreto (1 de enero de 1827) otorgando una amnistía por todos los actos, discursos u opiniones ejecutados o emitidos por causa de la revolución, y garantizando los bienes y empleos de todos los comprometidos en ella; mandando que el general Páez continuara ejerciendo la autoridad civil y militar en sólo el departamento de Venezuela; que al general Marino (revolucionario) se le reconociera

(1) Baral y Díaz. *Historia de Venezuela*

como intendente y comandante general del de Maturín; que inmediatamente después de notificado el decreto se reconociera su autoridad como presidente de la República, y que todo acto de hostilidad posterior sería juzgado como delito de Estado y castigado como tal.

El Libertador no tenía necesidad de hacer tantas concesiones para ser obedecido: el general Páez estaba ya en impotencia de resistirle y se habría sometido con sólo que se le prometiera el olvido de lo pasado, y se le tratara, personalmente, con las consideraciones que en realidad merecía por su empleo militar y por sus servicios distinguidos en la guerra de la independencia; pero el Libertador tenía la vista fija en Bogotá, y no pensaba sino en prepararse para hacer frente a su mayor enemigo. Este fué el verdadero motivo de que se apresurara a cortar la revolución de Venezuela, de la manera que le pareció que no se renovaría, y que la paz quedaría, bajo su autoridad, asegurada en los eventos que temía surgieran en los departamentos del centro de la República.

Recibido que fué en Valencia dicho decreto, se apresuró el general Páez a expedir otro diciendo quedar sometido a aquél y reconocida en consecuencia la autoridad del Libertador como presidente de la República; y todos se sometieron sin contradicción, lo que causó al Libertador tal alborozo que lo manifestó en una proclama entusiasta, patriótica en su objeto, pero llegando hasta la hipérbole, llamando al general Páez el salvador de lapatria. «¡Colombianos—decía—, el orden y la ley han reintegrado su imperio celestial en todos los ángulos de la República. La asquerosa y sanguinaria serpiente de la victoria, huye espantada del iris de Colombia. Ya no hay más enemigos domésticos; abrazos, ósculos, lágrimas de gozo, los gritos de una alegría delirante llenan el corazón de la patria. Hoy es el triunfo de la paz. ¡Granadinos! Vuestros hermanos de Venezuela son los mismos de siempre. ¡Conciudadanos, compañeros de armas, hijos de la misma suerte, hermanos en Cúcuta, Niquitao, Tinaquillo,

Bárbula, Las Trincheras, San Mateo, La Victoria, Carabobo!... Ahoguemos en los abismos del tiempo el año de 1826...
Yo no he sabido lo que ha pasado».

¡Ah! El año de 1826 no se ahogó en los abismos del tiempo: en él se sembró la semilla venenosa cuyos mortíferos frutos estamos recogiendo!

IV

Inmediatamente (4 de enero), salió el Libertador para Valencia, y el general Páez salió del mismo punto a encontrarle al camino, y se encontraron en efecto al pie del cerro llamado «La Cumbre», en la sabaneta de Nagua-nagua, en el
que yo como capitán de Tiradores en 1822, tuve el honor de
batirme, con aplauso, con las tropas realistas, cuando los
más de los que hoy me llaman *godo*, no habían nacido. Al
verse, echó pie a tierra el general Páez y toda su comitiva; lo
mismo hizo el Libertador en correspondencia y los que le
acompañaban, y habiendo Bolívar abierto los brazos, se precipitó Páez en ellos con notable y tierna conmoción, que se
comunicó a los jefes y oficiales, antiguos conmilitones y amigos, que acompañaban a uno y otro. De allí siguieron ya
unidos a Valencia, donde todas las clases de sus habitantes
manifestaron el mayor entusiasmo, siendo aquella ciudad la
residencia del general Páez, y su baluarte.

La marcha de Bolívar de Valencia a Caracas fué un triunfo continuado: las poblaciones enteras se precipitaban a su
encuentro; los arcos triunfales, las banderas, las guirnaldas
de flores, se veían por todas partes, y las demostraciones de
júbilo y amor, en que los semblantes y las lágrimas revela-
ban la sinceridad, le hicieron muchas veces llevar el pañuelo
a sus ojos. A la entrada a la bella y culta capital, ya no podían andar los caballos, obstruídas las calles por las masas
que se sucedían de ancianos y jóvenes, de mujeres y niños
de todas clases y colores. Ningún grande de la tierra ha tenido jamás un triunfo igual; triunfo de amor, de entusiasmo

espontáneo, no mandado. De balcones y ventanas ricamente colgadas y atestadas de lo más elegante de la ciudad, caían lluvias de flores sobre el caraqueño ilustre que tanto esplendor diera a su patria. ¿Qué es el aura popular? Flúido volátil. Pocos días después aquella misma Caracas maldijo de¹ más grande de sus hijos, a quien esperaba en otra parte el puñal parricida acechando su sueño.

Y así terminó la primera revolución de Venezuela. Y todo esto prueba que si al pisar las playas de Colombia, sin haber mandado anticipadamente al señor Guzmán con su subversiva misión, hubiera el Libertador manifestado su propósito de mantener la inviolabilidad de la Constitución que respetaban y querían los pueblos; si hubiera ofrecido desenvainar su espada vencedora para restablecer el orden; si en caso de resistencia hubiera llamado a los leales soldados de la Independencia, sus antiguos compañeros que le adoraban, es indudable que la revolución habría terminado sin que se disparase un solo tiro de fusil; *el principio sagrado de la legalidad*, se habría mantenido con gloria; el respeto a la palabra veneranda *Gobierno legítimo*, se habría robustecido consolidando la República; el general Páez que se habría precisamente sometido, se hubiera salvado sin desdoro, y estrechándole el Libertador en sus brazos, le habría puesto a cubierto de toda censura y responsabilidad; y la gloria radiante del más ilustre de los suramericanos, que era la gloria de la patria, no habría sufrido menoscabo. El Libertador pues, pudo hacer el bien: no lo hizo. Esta es la única responsabilidad que pesa sobre su memoria ante la Historia y la posteridad.

CAPÍTULO V

I

Una de las demostraciones con que el Libertador distinguiera al general Páez, fué regalarle públicamente la rica espada que el Perú le había dado como una muestra de gratitud. Dominado siempre por la idea de que el odio del general Santander contra él, que cada día se manifestaba más a las claras, le obligaba a atraerse los jefes y oficiales comprometidos en los movimientos de Venezuela, no se contentó con los halagos que hiciera al general Páez, sino que dando ascensos y empleos a los hombres civiles y militares que más decididamente habían tomado parte en aquellos movimientos, lastimó con ello a los que se habían mantenido fieles al Gobierno constitucional. Este error fatal debía, como todos los errores, producir sus consecuencias sin ganarse a los unos resfrió a los otros; y de ésto resultó una confusión más entre los partidos que dividían a Colombia. De semejante conducta deducían sus apasionados adversarios, que el Libertador insistía en su proyecto de echar por tierra la Constitución y suplantarla de una manera irregular con la que había dado a Bolivia; y sin examinar los verdaderos motivos, o negándolos, tomaban de ello pretexto para herirle más gravemente.

La Gaceta de Colombia tenía una gran parte «no oficial», y los artículos más importantes que en ella aparecían eran escritos por el general Santander. Un periódico titulado *El Conductor*, cuyo principal redactor era el doctor Vicente Azuero, y otras hojas sueltas junto con la Gaceta, atacaban agriamente todas las medidas del Libertador; y su conducta en Venezuela con el general Páez y sus cómplices, era censurada, no ya con algunos miramientos, sino con enconada exageración.

Cansado el Libertador con tantas contrariedades, y creyendo que la reunión del Congreso tendría lugar en los primeros días de enero, le dirigió una renuncia expresiva y sincera. Después de hablar de su viaje a Caracas y de los importantes decretos expedidos hasta entonces, recordaba que desde el Perú se había denegado a admirir la primera magistratura de Colombia; que en la actualidad no existía peligro ninguno exterior, y la paz doméstica reinaba en toda la República; así que rodeándole por todas partes las sospechas de una usurpación tiránica, y no sabiendo los celosos republicanos considerarle sin un secreto espanto, era llegado el caso de admitirle su dimisión. «Yo jimo—añadía—entre las agonías de mis compatriotas y los fallos que me esperan de la posteridad. Yo mismo no me siento inocente de ambición, y por tanto me quiero arrancar de las garras de esta furia para librar a mis conciudadanos de inquietudes, y para asegurasme después de mi suerte una memoria que merezca de la Libertad. Con tales sentimientos renuncio una y mil millones de veces la presidencia de la República. El Congreso y el pueblo deben ver esta renuncia como irrevocable. Nada será capaz de obligarme a continuar en el servicio público, después de haber empleado en él mi vida entera. Ya que el triunfo de la Libertad ha puesto a todos en uso de tan sublime derecho, ¿sólo yo estaré privado de esta prerrogativa? ¡No! El Congreso y el pueblo colombiano son justos: no querrán condenarme a la ignominia de la decepción. Pocos días me restan ya: más de dos tercios de mi vida han pasado; que se me permita, pues, esperar una muerte oscura en el silencio del hogar paterno. Mi espada y mi corazón siempre serán, sin embargo, de Colombia, y mis últimos suspiros pedirán al cielo su felicidad. Yo imploro del Congreso y del pueblo la gracia de siempre de ser ciudadano.»

II

· La oposición que el general Santander en la parte *no
oficial* de la *Gaceta*, y los papeles que se publicaban, principalmente *El Conductor*, hacían al Libertador, no era ya
puramente personal, ni a las ideas emitidas en la Constitución boliviana ni sostenido la Constitución de 1821
y la integridad de la República; era al contrario, una guerra abierta a los principios *conservadores* de esta Constitución; ya se proponía, o la maldecida federación, o que del
todo se separase la Nueva Granada, de Venezuela y del
Ecuador; idea que cundía halagando como halagaba las aspiraciones de las mediocridades ambiciosas. Cualquiera de
las dos proposiciones aseguraba el mando, sin competencia
posible, al general Santander en la Nueva Granada; así era
que de sus parciales, unos se manifestaban ardientes partidarios de la disolución que se proponía, y los más modera-
dos, de la federación. Para que la propaganda fuera más
eficaz, se suscribió el general Santander a *El Conductor* por
150 ejemplares por cuenta del gobierno, pagados de los fondos nacionales, para circularlos semioficialmente por toda la
República, acompañádolos a la gaceta oficial; siendo este el
único ejemplo de semejante abuso que en Colombia y Nueva Granada se hubiera dado, hasta estos vergonzosos tiempos en que el general Mosquera paga un periódico de las
rentas públicas, *El Colombiano*, solo para que le adule, y
propague las doctrinas antisociales, y antireligiosas que en
su rebelión ha proclamado y plantea con violencia nunca
vista entre nosotros (1). Los constitúcionales, acérrimos sos-
tenedores de la integridad nacional, bajo el régimen *conservador* central, de la Constitución, rechazando tanto la federación como la separación absoluta, quedamos ya en minoría
y en una posición en extremo difícil, como sucede y sucede-

_____

(1) Téngase presente que esto se escribía en 1863.

rá siempre, en épocas de exaltación de los partidos extremos
a los que se coloquen en el terreno de la fría razón, sin apa-
sionarse ni dejarse arrastrar por afecto u odio a determina-
das personas. El partido santanderista empezaba a mirarnos
como sospechosos de bolivianismo, y el partido boliviano
como sospechosos de santanderismo. Para el partido santanderista exaltado, ser uno constitucional era ya un pecado:
para el boliviano, ser imparcial y no blasfemar contra el general Santander era ser facioso. Desde aquella época empecé
yo a sufrir por no haberme nunca dejado arrastrar ciegamen-
te por la pasión política a la exageración.

III

La renuncia del Libertador tan decidida produjo dos efectos contrarios: los santanderistas la calificaban de hipocresía
para encubrir mejor los proyectos que se le atribuían; decían
a voz en cuello, que en el tirano, como ya lo llamaban, no
había sinceridad en nada. Sus amigos por el contrario, sabían que su resolución de separarse de los negocios públicos
era indudablemente decidida, y el mismo Libertador se lo
repetía en sus cartas particulares; y temblaban temiendo
quedar expuestos a la venganza del general Santander y de
sus frenéticos amigos, reclamando por consiguiente del Libertador aquel abandono que hacía de ellos. En esta situación de expectativa, mientras el Libertador permanecía en
Venezuela, procurando calmar las pasiones que los movimientos apenas terminados, habían escandecido; dictando
decretos para reorganizar los ramos de la administración
pública que la revolución había desarreglado; esforzándose
en disipar las impresiones que sus antiguas ideas de cambiar
la Constitución por la Boliviana habían producido y tanto le
perjudicaban; un suceso imprevisto y de la más grande trascendencia vino a complicar las dificultades de la situación,
y a precipitar los acontecimientos que al fin produjeron la
guerra civil y la disolución de la República. La 3.ª división

del ejército colombiano auxiliar del Perú estacionada en Lima, fuerte de 2.700 hombres, se insurreccionó, reduciendo a prisión a los jefes y oficiales de los cuerpos y a algunos oficiales venezolanos, y poniéndolos presos a bordo de un buque en Callao, los mandaron para Colombia. El jefe del E. M. de la división, coronel graduado José Bustamante (socorrano), y los oficiales granadinos, que lo eran casi todos los capitanes y subalternos, fueron los cabecillas del movimiento (26 de enero de 1827). El mismo dia el coronel Bustamente y 86 oficiales granadinos firmaron una acta en en la que decían «que se habían reunido para declarar que permanecían enteramente sumisos a la Constitución y leyes de Colombia; que profesarían el mayor respeto al Libertador presidente; pero que nunca alterarían de manera alguna su propósito de sostener a todo trance la Constitución, contra los infaustos y violentos ataques que le hacían en diferentes lugares de la República; ni consentirían en que se nombrara un dictador, o que se adoptara un código extraño; que hacían esta declaración para dar a conocer sus sentimientos al gobierno colombiano, el que podría disponer de sus servicios para sostenerse contra las pretensiones de los innovadores, a cuyo efecto se le daría cuenta remitiéndole copia del acta por medio de su nuevo comandante.»

Indudablemente, por más que se haya pretendido negarlo, aquel motín subversivo de toda disciplina y subordinación militar, fué protegido por el gobierno peruano que presidía el gran mariscal don José Santa Cruz; pues que inmediatamente convocó el Congreso constituyente para que decidiese cuál era la constitución que había de regir, y nombrara los altos magistrados de aquella república; declarándose en un tumulto popular, en Lima, que había sido ilegítima la elección del Libertador para presidente, y nula la sanción de las leyes fundamentales por haber sido obra de la coacción; conducta alevosa, cuando para salir de los colombia-

nos que eran mal vistos, porque ya no eran necesarios, y
constituirse el Perú como quisiera, no era menester dar
aquel escándalo ni denigrar al hombre ausente que poco antes
tes incensaban, estando el general Santacruz autorizando
para ello, y excitado por la nota que el Libertador le pasó de
Popayan.

Tres días después de comunicado el hecho de que trato,
salieron del Callao, con pliegos del coronel Bustamante y
del general Santacruz, el capitán granadino José Ramón Bravo, y el teniente peruano Lezzundi, custodiando al mismo
tiempo a los generales, jefes y oficiales presos, que des-
embarcaron en el puerto de la Buenaventura, y dejándolos
allí siguieron para esta capital, adonde llegaron el 9 de
marzo.

Tan luego como fué conocida su comisión, sin más examen algunos jefes y oficiales sacaron música por las calles, se
repicaron las campanas, se quemaron cohetes, y yo fuí de los
primeros en unirme a los celebrantes, y no fuí de los que
menos victorearon el suceso que llamábamos fausto. En
aquella imprudente algazara fraternizamos completamente
los santanderistas federalistas o separatistas, con los centralistas constitucionales puros. Los primeros gritaban: «¡Viva
la libertad!» los segundos gritábamos: «¡Viva la Constitución!»

El general Santander se nos unió en la calle, y nos acompañó un gran rato, mostrando en su semblante, en sus arengas y en sus vivas a la libertad, el intenso placer que le dominaba, auque alguna que otra vez no dejara de notársele
una inquietud que se esforzaba en disimular. Yo, incauto,
no sólo no me detuve en el error cometido, sino que cometí
otro mayor: escribí por el correo inmediato a los oficiales de
Tiradores, mis antiguos compañeros, a Cartagena, comuni-
cándoles con el mayor entusiasmo la noticia que habíamos
celebrado; y el único oficial venezolano a quien lo hice, presentó mi carta al general Montilla, la que se consideró sub-

versiva, e hizo sospechosos a los oficiales que no presentaron las suyas (1).

El general Santander aprobó explícitamente aquella revolución militar que destruyó la moralidad del ejército y sirvió de modelo a las que se han sucedido. En el oficio redactado por él mismo, y firmado por el Secretario de guerra, decia que siendo prohibido a la fuerza armada deliberar, deberia improbar la separación de sus destinos y la prisión de los jefes de la 3.ª división; pero que atendiendo a las circunstancias, y halla en su conciencia que el honor de un oficial ligado con juramento solemne a las leyes de la Patria y penetrado del fuego santo de la libertad, el temor de ver perdida para la República en esta época de disturbios una fuerza tan preciosa, y la distancia que la separaba del Gobierno colom-

---

(1) En Cartagena el general Mariano Montilla, comandante general del departamento, informó al Libertador, a su regreso de Venezuela, de este incidente que lo predispuso contra mí, y no me olvidó a su llegada a esta capital, ordenando al general Soublette que me destituyese. El general Soublette, que me estimaba, me aconsejó que renunciase, lo que hice. El Libertador, pensó también en que se me siguiera causa, considerando mi imprudencia como un delito de sedición militar; pero el general Soublette me evitó este sufrimieuto, informándole favorablemente sobre mí. Admitida mi renuncia, me nombró el director del crédito público, jefe de sección en su oficina, en la que el Poder ejecutivo no tenía intervención, dependiendo exclusivamente del Congreso.

Antes que el Libertador llegase, había pedido yo mi retiro del servicio mihtar, porque veia acercarse la era indefinida de las guerras civiles, a las que siempre he tenido horror; pero dos años después, el general Urdaneta (Rafael) me habló instándome para que volviera al servicio: hube de ceder, y fuí nombrado gobernador y comandante de armas de la provincia de Mariquita. Era yo teniente coronel entonces. Al regreso del Libertador de los departamentos del Sur en 1830, volví a estar en relaciones con él, en mi calidad de diputado al Congreso de aquel año; me convidó varias veces a su mesa, le merecí alguna confianza y jamás me hizo la menor indicación sobre el incidente de que he hablado. Era claro que toda prevención que tuviera contra mí se había disipado, y yo conocía por su modo de tratarme, que procuraba destruir cualquiera aprensión que yo pudiera tener. Bolívar no guardaba rencor, se olvidaba de los agravios y nunca de los servicios: poseyendo en alto grado el don de conocer a los hombres, bien pronto sabía calificar sus acciones y distinguir lo que procedía de mala índole o de ligereza e irreflexión. Por otra parte se lisonjeaba y complacía en desarmar a los que creía sus enemigos procurando convencerlos de la rectitud de sus intenciones.

biano, eran estímulos muy poderosos para emitir sus opiniones y dar un día de consuelo a esta misma Patria, afligida en extremo por los sucesos que han lamentado, junto con el Gobierno, todos los buenos patriotas.»

Usando de este lenguaje aparentemente ambiguo y de generalidades en aquel largo oficio, lo cierto es que se elogiaba el hecho de la manera más expresiva, diciendo también en él que los autores del movimiento merecían una corona cívica.

En la nota del mariscal Santacruz, pedía un oficial general que marchase inmediatamente a encargarse de aquella tropa, y en tal virtud fué destinado el coronel Antonio Obando, ascendiéndole a general quien llevaba el despacho de coronel efectivo para el graduado Bustamante, y autorización para conceder el ascenso inmediato a los demás jefes y oficiales. No podía aprobarse más terminantemente el hecho por el general Santander.

IV

Estas noticias terribles para Bolívar se le comunicaron oficialmente, y cuando hubo concluído la lectura de las notas que circunstanciadamente las expresaban, no manifestó alteración ninguna. «Empero lo que no pudo sufrir Bolívar sin a indignación más profunda fué la fiesta hecha en Bogotá con motivo de los sucesos de Lima de 25 de enero, y la concurrencia en ella del Vicepresidente de la República. A tan justo sentimiento se añadió el asombro, al recibir la contestación a Bustamante arriba mencionada. No podía concebir cómo el jefe del Gobierno se dejara arrastrar a tal exceso por sus pasiones, que santificara la más escandalosa violación de la disciplina militar, sin la cual jamás puede haber orden ni tranquilidad en los Estados» (1).

(1) Restrepo *Historia de Colombia.*

Bajo estas impresiones fué la respuesta del secretario general del Libertador al secretario de guerra, enérgicamente sentida y lógicamente razonada. Toda esta esperanza, pues, de reconciliación desapareció: el rompimiento entre ambos magistrados, absoluto, irreconciliable, estalló sin miramientos· «Es cierto que el primero, Bolívar, después de dar el mencionado ataque oficial, no lo volvió a repetir. El alma grande y franca del Libertador se desdeñaba de ocuparse en escribir artículos de periódicos, que era el elemento del ganeral Santander» (1).

A qué extremo, pues, de exacerbación llegaría la efervescencia de los partidos, ya enteramente personales, fácil es calcularlo.

El motín de la 3.ª división fué el acontecimiento más funesto de cuantos tuvieron lugar en aquélla época deplorable. Sin él, restablecido el orden, bien o mal, en los departamentos del norte de la República; aproximándose la reunión del Congreso; habiendo el Libertador, como en efecto había, desistido de llevar a cima sus ideas de gobierno en Colombia, por más que sus enemigos encarnizados lo hayan negado y lo nieguen todavía; admitida su renuncia por el Congreso, lo que hubiera producido la admisión de la que hizo el general Santander y el encargarse el presidente del Senado del Poder ejecutivo; las pasiones habrían calmado completamente; la República habría continuado su marcha tranquila convaleciendo de los pasados quebrantos; una elección en hombres civiles, habría apagado las rivalidades militares; el principio constitucional se habría salvado, *sin lo que nada podrá nunca estatuirse duradero y repetable;* y la palabra ominosa «Federación» que el infierno inventó para la ruina de Hispano-América, quizá se habría olvidado. Veamos los resultados que produjo aquel motín que tan irreflexiva e inocentemente aplaudimos los constitucionales.

_____

(1) Restrepo. *Historia de Colombia.*

Apenas la 3.ª división hubo consumado su defección, la prensa peruana se desató de la manera más virulenta contra el Libertador y contra los colombianos, y ya no se pensó sino en salir de los que se habían pronunciado, sirviéndose al mismo tiempo de ellos. Al efecto, todo indica que se ganaron al coronel Bustamente y a otros jefes para que entraran a su patria hostilmente, sin aguardar las órdenes del Gobierno, a quien habían ocurrido, ni al oficial general pedido para que tomase el mando de aquellas tropas.

A fin de que esta medida de tanta trascendencia no se supiese en los departamentos del sur de Colombia, se cerró el puerto del Callao, para que ni nuestro agente en Lima, ni ningún jefe o ciudadado pudieran avisarlo, hasta que la noche de la víspera de zarpar la división a fuerza de reclamaciones y protestas enérgicas de nuestro agente, se permitió (el 18 de marzo) la salida de un buque conduciendo un oficial con pliegos para las autoridades de Guayaquil y para el Gobierno. Y esto se permitió porque se calculó que el intermedio entre la llegada de aquel buque y los que conducían las tropas sería tan corto, que no podrían tomarse medidas defensivas eficaces.

Hay datos suficientes y vehementes probalidades para conjeturar, casi para asegurar, que el coronel Bustamante y otros jefes hicieron traición vendiéndose al Gobierno del Perú, para emplear las armas que su patria les había confiado, en desmembrarla, separando de Colombia los departamentos del Sur y la provincia de Pasto para unirlos al Perú, o cuando esto no se pudiera, a lo menos realizarlo con el departamento de Guayaquil. Sobre aquel departamento tuvo siempre el Perú sus pretensiones, y en Guayaquil no faltó nunca un partido que las apoyase.

Para obtener el éxito de tamaño atentado, debía Bustamante deponer a todas las autoridades, nombrar otras, hacer salir del país a los jefes, oficiales y empleados que hicieran oposición a aquellos actos; y luego convocar un Congreso que los *legitimase*, como se dice siempre, y declarase la unión al Perú.

Lo particular es que todo aquello debía hacerse bajo el pretexto de sostener la Constitución colombiana y las libertades públicas, lo que no debe olvidarse por la analogía que tiene con otros atentados posteriores, y porque demuestra que no de ahora sino de mucho tiempo atrás, se ha proclamado y se proclama la defensa de la Constitución para violarla, para despedazarla, para hacerla trizas.

Los subalternos y la tropa no tenían la menor idea de estas negociaciones: se les había dicho que el pronunciamiento no tenía más objeto que el de regresar a su patria a sostener el régimen legal, alterado por las actas de dictadura promovidas por el coronel Mosquera en los departamentos del Sur: así fué que antes de marchar prestaron, con el mayor entusiasmo, ante el agente de Colombia, el juramento de sostener la Constitución y someterse a su Gobierno. Es indudable que si hubieran tenido noticia de los manejos de sus jefes, la contrarrevolución habría tenido lugar en el Perú mismo.

IV

Por fin salió la división del Callao el 19 de marzo con una fuerza de 1.800 hombres, teniendo por consiguiente 900 hombres menos que el día del pronunciamiento, bajas que provenían de haber tenido el coronel Bustamante que devolver algunos peruanos, que conforme a los tratados se habían dado de reemplazo, y también de los enfermos en hospital y de numerosas deserciones que la desmoralización produce siempre en las tropas.

El Gobierno peruano franqueó los transportes necesarios a su costa, convoyados por dos buques de guerra de su marina; pagó una parte del haber que se debía a las tropas, en lo que se invirtieron más de 200.000 pesos; las municionó superabundantemente, como para hacer una campaña, y tenían ya diez días de navegación cuando se supo en Guayaquil su salida y la amenaza que con ellas venía.

La alarma consiguiente fué extraordinaria: en ninguno de los tres departamentos del Sur había fuerzas que oponer a aquellos veteranos vencedores en Junin y Ayacucho. En Guayaquil apenas había 350 hombres de artillería, caballería e infantería, la primera sin piezas montadas, la segunda sin caballos. Los buques de guerra con poca tripulación; no había lanchas cañoneras, que son las que constituyen la verdadera defensa de aquella ría; en fin todo estaba como están siempre nuestras cosas.

Existían en la ciudad el jefe superior de los tres departamentos, a quien estaban subordinadas sus autoridadas, varios generales y jefes y oficiales sueltos, y el intendente gobernador coronel Tomás C. Mosquera. El jefe superior declaró los departamentos en asamblea y dictó otras medidas del momento, y el intendente Mosquera, como primera autoridad civil local, tomó otras varias providencias de su resorte, para procurar repeler la fuerza con la fuerza, si era posible, esmerándose en armar lanchas, en tripular los buques, en aumentar los cuerpos y armar las milicias; pero los invasores habían desembarcado ya en dos columnas, una sobre el departamento de Asaui y otra sobre Guayaquil, y no había tiempo para preparar una defensa seria.

En consecuencia, acordóse que el general de brigada Juan José Florez, que estaba en Guayaquil, siguiera a Quito a levantar fuerzas, como lo hizo, en el departamente del Ecuador; y esta medida fué la que salvó aquellos departamentos de la guerra civil más desastrosa, y allanó muchas dificultades terribles en toda la República.

En el entretanto, la revolución avanzaba contagiando a Guayaquil; en la noche del 15 al 16 de abril, los Cuerpos de la guarnición se revolucionaron, y el intendente Mosquera hubo de trasladarse inmediatamente el primero a los buques de guerra (dos bergantines y una goleta, y logró mantenerlos en su obediencia; a ellos, pues, pudieron acogerse el jefe superior y otros jefes y oficiales, salvándose así por el primer momento, que en semejantes casos es el más peligro.

Mucho se censuró entonces a Mosquera este paso, que se miró como un abandono cobarde de su puesto; yo no me atrevo a calificarlo porque las circunstancias eran realmente difíciles, y para él, personalmente, terribles como el más comprometido, habiendo sido el primero que, proclamando la dictadura, rompió la Constitución en la Nueva Granada.

V

En la mañana del 16 se reunió la Municipalidad, que convocó para el mismo día una asamblea del pueblo, a estilo democrático, en la cual se acordó *que habiendo las autoridades abandonado la ciudad dejándola acéfala*, era indispensable que la corporación procediese a nombrar un jefe de la administración que reuniendo el poder civil y militar, proveyese a la conservación del orden público. Por lo pronto, la junta popular concedió algunos ascensos, hasta los de coronel y general para los que, como antes he dicho, se necesitaba el consentimiento previo del Senado. Es demasiado sabido, que uno de los *grandes resultados* de las revoluciones americanas es aumentar el número de generales y coroneles, lo que es natural, pues algún objeto han de tener, y éste, entre otros de más deshonra y provecho, no es el que menos balaga; por consiguiente, no debe extrañarse que en Guayaquil se hiciera esto.

La eleción popular de jefe civil y militar recayó en el general don Josè de Lamar, colombiano de nacimiento, pero gran mariscal del Perú, diputado al Congreso y pocos días después elegido presidente de dicha República. Este es un indicio más del verdadero objeto de aquellos movimientos, apoyados en las tropas colombianas que del Perú venían; y, sin embargo, todo se hacía como se había convenido en nombre de la Constitución que se violaba. Mas, para salvar las apa-

riencias, se ponían notas de reconocimiento al Gobierno de
Bogotá (el general Santander), que las aceptaba porque los invasores decían que venían a obligar al Libertador a que como
simple ciudadano se presentase al Congreso a dar cuenta de
su conducta *en el Perú;* y el general Santander aceptaba y
aplaudía cuanto contra Bolívar se hiciese, sabiendo que la
caída de las cabezas más altas hace ver las más bajas.

El coronel Mosquera, estando ya a bordo del bergantín de
guerra «Colombia», recibió oficio del coronel Francisco Eli-
zalde, guayaquileño, comandante de una de las dos columnas invasoras, en la que protestaba que los Cuerpos que mandaba guardarían la más ciega obediencia a la Constitución y
a las leyes, y que su conducta no sería la de una facción
como se quería figurar. ¡Siempre, antes y ahora, el mismo
lenguaje! No parece sino que los revolucionarios de todas las
épocas tienen un catecismo que aprenden de memoria.

Seguro ya el coronel Mosquera a bordo, se puso a escribir
varias notas de que quiero ocuparme, pidiendo al lector seria
atención. Al coronel Bustamante le pasó una muy expresiva
y enérgica, que por demasiado larga no inserto aquí íntegra,
en la que, en su lenguaje, establecía las doctrinas más *conservadoras* de los principios más *conservadores* de la sociedad.
Entre otras cosas, le decía: «Los jefes de armas en la aptitud
de defensa que se hallan, no permitirán que usted falte a los
deberes de ciudadano. Usted responderá a la posteridad de
las terribles consecuencias que puedan seguirse a su obstinación. Nosotros no dispararemos el primer tiro en esta guerra
civil, pero de ningún modo dejaremos hollar la Constitución
y las leyes, ni vejar la autoridad con que estamos investidos
los jefes de este departamento...»

«¿Cómo es posible que los que tantas veces combatiendo
por la patria hemos escapado del cuchillo español, vayamos
ahora a derramar fratricidamente—así está—la sangre republicana que no debe rociar los campos sino para afirmar el
pabellón dichoso que ha sido testigo de nuestro triunfo y de

nuestra gloria?» (1) En esta nota resaltan dos cosas: primera, que tanto los que invadían como los invadidos decían que obraban por no dejar hollar la Constitución y las leyes; y segunda, que el coronel Mosquera profesaba a su juventud la doctrina de que la sangre republicana no debía [derramarse *fratricidamente.*»

Al juez de Hacienda le dijo de oficio: «Después que sido destituído tumultuariamente por *la facción* dol coronel Elisalde, usía es la autoridad llamada por la ley para tomar el mando del departamento.» Y le prevenía que en caso de seguirse infringiendo las leyes, protestase y suspendiese el ejercicio de su ministerio.

Al tesorero de Hacienda, le dijo: «*Usted sabe que no hay autoridad que la ejerce que funcione por la ley;*» y le prevenia que todas las órdenes de pago que cubriese, *sin protestar contra la fuerza,* serian de su cargo.

Al jefe político de Guayaquil le dijo: «usted debe insistir en el cumplimiento de las leyes... *El Gobierno que hoy existe (en Guayaquil) es un gobierno revolucionario y de hecho, al que ustedes no pueden obedecer sin violar las leyes...* Proteste usted, y si su autoridad ni la del juez de hacienda se reconocen, han cesado sus funciones por las reglas del derecho (2).»

Estos párrafos me parecen bastante interesantes para que yo me detenga un poco en analizarlos. Se ve que el coronel Mosquera llama *facción* al movimiento subversivo de la Constitución y de las leyes, aunque los revolucionario: protestasen, como frecuentemente lo hacen los revolucionarios, que obraban en su defensa; y por consiguiente debe entense que a juicio del coronel Mosquera son facciosos todos los que en cualquiera época obran de la misma manera, porque la diferencia de tiempos, no cambia la naturaleza de las co-

(1) Rociar, no. Empapar, inundar, eso sí puede.
(2) Véase el Exámen crítico (Apéndice) pág. 232 a 234.

sas. Se ve que el coronel Mosquera profesaba el principio, *conservador*, de que «no hay más autoridad que la que ejerce funciones por la ley», lo que quiere decir terminantemen. te que cualquiera que ejerza autoridad que la ley no le ha conferido, o se *alce* con ella, es un usurpador criminal merecedor de severo castigo.

Se ve «que a un gobierno revolucionario y de hecho no puede obecerse sin violar las leyes:» es decir, el derecho escrito, la moral, el deber, el honor. Se ve, en fin, que mandaba a todos que protestasen contra la violencia: la protesta significa la reserva del derecho para mejores días; la resistencia moral, la resistencia inerme, a la fuerza material; y supone, por tanto que en la obediencia voluntaria a los gobiernos revolucionarios de hecho, o más claro a los facciosos afortunados, se acepta la complicidad en el delito; y supone en fin terminantemente, que contra tales gobiernos de hecho, engendrados siempre por rebeliones criminales, se conserva derecho perfecto de oponer la resistencia armada, cuando se pueda; aunque con cabildos, comicios populares, asambleas, congresos, convenciones, actas, etc., de origen revolucionario, es decir nulos, se pretenda el absurdo de que se puedan revindicar las leyes violadas, la moral ultrajada, en fin hacer legítimo lo que es ilegítimo. Tales son las deducciones lógicas que se desprenden de las notas del coronel Mosquera de aquellos tiempos.

VI

Los tres buques de guerra fondeados en la ría, hubieran debido hacerse a la mar sin que pudieran impedírselo, y no se sabe por qué se entró en relaciones con los revolucionarios de Guayaquil, y se les entregaron dichos buques, en cambio de que pusieran en libertad a los jefes y oficiales que tuvieran presos en la ciudad. En consecuencia se fué el jefe superior para Quito, y el coronel Mosquera vino a Bogotá a dar cuenta de todo al Gobierno.

En el término de la distancia llegó el general Antonio Obando a Guayaquil, después de haberse avistado con el ge; neral Flórez en el Asuay y de haber sido reconocido por él - y también fué reconocido como jefe de las tropas de aquella ciudad en virtud del nombramiento que en él había hecho el gobierno (el general Santander); pero nadie en el fondo hacia caso de él, ni se le obedecía.

En pasar notas, y contranotas, en reconocer al general Lamar, y desconocer la autoridad del jefe superior, en dar uno tras otro insignificantes partes al gobierno, únicas funciones que se le dejaban, empleó dicho general algunos meses hasta que los acontecimientos, complicándose, le obligaron a volverse al fln, sin haber hecho nada que mereciera la pena. El general Antonio Obando era un militar valiente y honrado, pero nada más, y llevó instrucciones directas del general Santander.

Llegado el coronel Mosquera a Bogotá, dió cuenta circunstanciada de todos aquellos sucesos y mereció del gobierno (general Santander) la aprobacion de su conducta, previniéndosele regresara a continuar ejerciendo las funciones de intendente gobernador de Guayaquil. Esta aprobación era la improbación de los hechos contrarios, por el mismo que los había aprobado y aplaudido.

Al regreso del capitán Bravo y del teniente Lerzundi, de esta capital para Guayaquil, el general Flórez, con quien hubieron de tocar, se atrajo al capitán Bravo instruyéndole de las verdaderas miras de los nuevos jefes de la división, probándoselas con relación y análisis de los hechos, y con documentos informativos de lo que pasó en Lima para enviar clandestinamente la división, después de la salida de Lima de dicho oficial.

Bravo, sorprendido, ofreció al general Flórez su cooperación, prometiéndole someterle los cuerpos que estaban en Cuenca, luego que se hubiese convencido de la verdad de lo que el general le informaba; y en efecto lo cumplió, hacien -

do se contrapronunciara el batallón Rifles, al que siguieron los demás cuerpos, reduciendo a prisión al coronel Busta mente y a los jefes y oficiales sospechosos, que entregó al general Flórez.

Encontróse, pues, este general con tropas suficientes para mantener la tranquilidad de los departamentos de Asuay y Ecuador, y para obrar sobre el de Guayaquil. Antes de hacerlo por medio de la fuerza, probó a lograrlo ganándose al coronel Bustamente, como lo había hecho con el capitán Bravo. Bustamante convino en todo, fué puesto en libertad, marchó para Guayaquil, y no cumplió nada de lo que ofreció. Por el contrario, habiendo el general Lamar entregándole el mando de las tropas restantes de la tercera división, opuso con ellas, hasta el fin, una resistencia tenaz a todo sometimiento pacífico. Esto dice más de lo que yo pudiera sobre su lealtad.

VII

El pronunciamiento de la tercera división en Lima, su salida para Colombia, las miras, ya públicas, que traía, las intrigas del Consejo de gobierno peruano para insurreccionar las tropas colombianas en Bolvia, todo esto ponía al gran mariscal de Ayacucho en una situación penosa y arriesgada. El general Sucre había sido elegido presidente vitalicio de Bolivia por casi la unanimidad de los colegios electorales de la nueva república; pero, hombre en extremo modesto, de talento y recto juicio, conocía muy bien que la presidencia vitalicia, chocando con las ideas que los Estados Unidos angloamericanos habían generalizado en Sur América, no podía ser una institución duradera; y tanto por estas razones, como porque deseaba volverse a Colombia y fijar su residencia en Quito, se negó resuelta e irrevocablemente a aceptar el honor que se le hacía, y sólo admitió la presidencia hasta la reunión del primer Congreso, manifestando que debía elegirse un presidente boliviano de nacimiento. Ni las excitaciones de los pueblos, de las corporaciones públicas, y del mismo Libertador pudieron hacerle variar de resolución, cuyo desprendimiento por un lado, y del otro el amor y respeto que los pueblos le profesaban lo mantuvieron firme, entre tanta agitación, y pudo por algún tiempo conservar el orden en aquella república.

Sin embargo, no pudo impedir que la desmoralización cundiese en las tropas colombianas. Un escuadrón de cerca de 200 hombres del regimiento de granaderos montados, seducido por un simple teniente venezolano, de apellido Matute, se sublevó, y se pasó a la provincia de Salta, en la República Argentina, y allí, a la manera de los *condottieri* de Italia en el siglo xv, fué prestando mano fuerte, ya a un partido, ya a otro, hasta que habiendo caído prisionero fué fusilado, y casi toda la tropa se extinguió, muriendo los más en las acciones de guerra o en el banquillo, y algunos de enfermedades contraídas en tan penosa vida.

La 2.ª división colombiana al mando del general José María Córdova (antioqueño), se insurreccionó contra su general, a quien calificaban, no sin razón, de déspota insufrible; y aunque el motín fué sofocado sin grandes consecuencias, se hizo preciso que el general Córdova se separase del mando (1).

VIII

Habiendo marchado el general Flórez para Guayaquil con 1.300 hombres, perdido que hubo la esperanza de que Bustamante correspondiera a su confianza, al llegar al pueblo de Babahoyo, propuso al general Lamar que se restableciese el orden constitucional, reconociéndose las autoridades nom-

---

(1) El general Córdova, antes de marchar a la campaña de nuestros departamentos del Sur y del Perú, mató en Popayan con su propia mano de una estocada a un joven sargento, no en función de armas, no en ningún acto del servicio... Se le abrió en consecuencia causa criminal, la que se paralizó por su ausencia.

Con este motivo pidió al general Sucre su separación de la división para venir a esta capital a responder al juicio a que había sido

bradas por el Poder ejecutivo (el general Santander) que habían sido reemplazadas por otras intrusas; que se pusiese al general Antonio Obando, que aún permanecía en la ciudad, en posesión del mando militar del departamento que el jefe superior del Sur le había conferido; que admitiese de guarnición en la plaza la tropa que él (Flórez) llevaba, y que la que existía en la ciudad se mandase a Panamá y a Pasto, mientras el Poder ejecutivo (el general Santander) disponía lo conveniente. Todo fué negado; pero lo particular es que el general Antonio Obando fuese el más acaloradamente opuesto a que el general Flórez ocupara la ciudad; lo que dice mucho, sabiéndose que el general Obando era ciego partidario del general Santander; y sus principales argumentos eran que en la ciudad y en el departamento regía la Constitución, y que el general Lamar, nombrado por las municipalidades, tenía más derecho a mandar que él, habiendo él sido nombrado para el mando militar local por el jefe superior, pues el Gobierno sólo le había conferido el de la tercera división. Todo esto es triste ciertamente; pero lo es más que el general Santander lo aprobara; lo que significa que admitía otra y otra vez la validez de las actas y pronunciamientos inconstitucionales que en otro sentido rechazara como nulos y subversivos. Esto ha sucedido siempre: las doctrinas de los hombres de partido varían según varían los intereses de su partido; y en el que en Nueva Granada se llama *liberal*, es esta una práctica ya establecida.

Cuando menos lo esperaba, recibió el general Flórez orden del Gobierno (Santander) para no ocupar a Guayaquil

---

llamado. Vino en efecto, y fué absuelto por la Corte suprema marcial; pero el doctor Félix Restrepo, su paisano, ministro de otra Corte le condenó. Los que conocieron al doctor Félix Restrepo sabrán apreciar el inmenso valor de este voto; los que no le conocieron ni tienen noticia de él, podrán juzgar lo que era aquel varón eminente, sabiendo que era nuestro canciller L'Hopital. Es seguro que este nombre sí les será conocido, porque en nuestro país se sabe más lo que ha pasado en Francia desde la creación del mundo, que lo que ha sucedido entre nosotros de medio siglo acá.

por la fuerza, y para que regresara al departamento del Ecuador con las tropas de su mando; y pocos días después declaró el mismo Gobierno debían cesar en los departamentos del
Sur las facultades extraordinarias, con lo que quedaba suprimida la jefatura superior. Se deduce, pues, de esto que el general Santander quería que triunfara aquella revolución.

Antes de regresar el general Flórez, pasó solo a la ciudad,
en la que el aciago clamor de «Reformas, Convención, Federación» había tenido eco, y se repetía con furor; pero con
la circunstancia agravante de que los tres departamentos
constituídos separadamente, bajo la forma federal, debían
formar unidos *un Estado independiente*. La prensa de Guayaquil denunció al general Flórez como aceptante de aquella
idea, que daba un golpe mortal a la Constitución y a la integridad de la República, y la noticia de semejante proyecto,
divulgada por todas partes, produjo una confusión más en
los partidos: los bolivianos se indígnaron; los santanderistas
aplaudieron, tomando cuerpo el proyecto, en embrión, de
independizar la Nueva Granada; los federalistas colombianos
se desconcertaron, pues las cosas tomaban un rumbo que
ellos no querían seguir; y los constitucionales nos contrista-
mos, perdiendo la esperanza de que se conservase intacta la
Constitución, cuya inviolabilidad fué el clamor de todos al
principio.

CAPITULO VI

I

Habían corrido cerca de cuatro meses sin que se reuniera el *quorum* constitucional, para que el Congreso colombiano pudiera abrir sus sesiones: faltaba un senador y el más cercano estaba gravemente enfermo en Tunja. Pensóse, pues, en que los senadores y representantes fueran a dicha ciudad a hacer allí la instalación, y verificada, regresasen a continuar las sesiones en esta capital. pues que una vez instaladas las cámaras legislativas, bastaban las dos terceras partes de los miembros presentes para que así pudiera hacerse. Pero la ley exigía que el Congreso se reuniera en la capital; ¿cómo allanar este inconveniente? Las facultades extraordinarias lo allanaron: el Vicepresidente en uso de ellas por la delegación que le hizo el Presidente, expidió un decreto, suspendiendo para el caso, los efectos de dicha ley, sin que ninguna objeción se hiciera por nadie. Véase, pues, que el general Santander, los senadores, los representantes y los ciudadanos, entendían las facultades extraordinarias como las entendió el Libertador cuando expidió su decreto al marchar para Venezuela. Así, pudo reunirse el Congreso en Tunja el día 2 de mayo, emplazándose para continuar sus sesiones el 12 en Bogotá.

El mismo día 12 que se reunió el Congreso en esta ciudad, su primer acto fué llamar al Vicepresidente a prestar el juramento constitucional: Denegóse éste por dos veces, manifestando que había dirigido su renuncia a Tunja y pedía que se resolviese sobre ella, pues que se atribuían a su administración los males que sufría la patria. El Congreso insistió, y el general Santander tuvo que obedecer, presentándose a las ocho o más de la noche en la sala de las sesiones acompañado de los secretarios del despacho. La concurrencia a la barra era inmensa y la ansiedad del pueblo extraordinaria. Puestos de pie los senadores y representantes, y reinando un silencio profundo, prestó el Vicepresidente el juramento en la forma legal, sin hacer la menor observación en el sentido de las que había hecho en sus negativas anteriores, y pronunció un corto discurso, digno, sin quejas ni alusiones capaces de herir a nadie, como muchos temíamos lo hiciera: «Renuevo aquí—dijo—en presencia de la augusta representación nacional la profesión de mi fe política: sostendré la Constitución mientras que ella sea el código de Colombia; mi corazón será siempre puro y desinteresado: mi alma será siempre libre: mi voluntad será la del pueblo colombiano *legítimamente expresada;* mi obediencia y sumisión serán de la ley y de las autoridades *debidamente constituídas;* mis sacrificios y desvelos serán inalterables por la independencia y libertad de Colombia.» El presidente del Congreso le constestó en términos honrosos y prudentemente lisonjeros, cual convenía y era bajo muchos puntos de vista justo. Un aplauso sincero y general respondió al discurso del presidente del Senado; pero sin la algazara incivil que ahora se acostumbra, quizá por el desarrollo que ha tenido el elemento democrático, y por los progresos de la juventud en cierto sentido, que le hacen ver como plausible y muy *liberal*, el desacato a cuanto hay de respetable, y a los mayores en edad, dignidad y gobierno.

Una diputación del Congreso, muchos ciudadanos, y los jefes y oficiales que concurrimos a la barra, acompañamos al Vicepresidente al palacio, y algunas esperanzas de calma y bonanza se concibieron, a pesar de que se notaba en el semblante del general Santander cierta preocupación de inquietud y un ceño de disgusto que las disminuía.

El 6 de junio se reunieron ambas cámaras en Congreso para resolver sobre las renuncias del Presidente y Vicepresidente de la República. Dentro y fuera de la sala querían unos que se admitiera la del Libertador y se negara la del general Santander; otros, que se admitiese la del segundo y se negase la del primero: otros, y éramos los menos, que se admitiesen ambas, y otros, que eran los más, que se negaran la una y la otra. Estos prevalecieron: la primera que se negó fué la del Libertador; la segunda, pues, era ya seguro que sería negada por una gran mayoría, y así lo fué. Por nuestra opinión de admitir ambas renuncias, no hubo más que cuatro votos, lo que prueba la minoría en que estaba ya el partido constitucional, propiamente dicho, dentro y fuera de las cámaras.

II

Corroborándose las sospechas, fortalecidas por indicios vehementes, de que los jefes de la 3.ª división venían vendidos al Gobierno del Perú, se vió el general Santander en la necesidad de dictar un decreto (21 de mayo) declarando que el Gobierno de Colombia, desconocía y desconocería toda desmembración del territorio de la República; que también desconocía y desconocería cualquier acto por el cual se trastornara el orden público en los departamentos del Sur; que en caso de haberse realizado algún cambio político en dichos departamentos, prevenía que se restablecieran luego, al punto, las cosas al estado que tenían antes del arribo de la 3.ª división.

Al gran mariscal Lamar y a la Municipalidad de Guayaquil comunicó órdenes perentorias en este sentido, que ni el uno ni la otra publicaron ni atendieron, diciendo siempre que no habían recibido contestación del Gobierno a las notas que sobre aquellos sucesos le habían pasado. Pero, eso sí, protestando que se observaban la Constitución y las leyes. ¡Siempre lo mismo!

Perfeccionada la elección de presidente del Perú en el mariscal Lamar, partió este general para Lima (24 de julio), y con su ausencia empeoraron las cosas en Guayaquil, pues su respetabilidad y su influencia le daban fuerza moral para impedir los desórdenes que después ocurrieron. Al día siguiente, no más, de embarcado el general, convocó la Municipalidad un comicio popular en el que se acordó una acta proclamando la federación sin romper la unidad colombiana, ofreciendo enviar sus diputados a la gran Convención, cuya convocatoria se daba ya por hecha, salvando el caso de que la Convención no se reuniera en un año, en el cual quedaba Guayaquil en libertad de constituirse como a bien tuviese. En el entretanto se reservaba la asamblea el derecho de dictar leyes sobre justicia, policía, hacienda, guerra, etc.

La prensa *liberal* bogotana era la que atizaba el fuego en todas partes; un periódico titulado *El Granadino* con su nombre no más indicaba la tendencia del nuevo partido que se había separado del partido constitucional. *El Conductor, La Bandera tricolor* le ayudaban con todo frenesí de la pasión más exagerada; la parte no oficial de la *Gaceta*, daba a aquel círculo toda la respetabilidad de su redactor verdadero; y estos periódicos se reproducían en su mayor parte en Guayaquil.

En esta capital se estableció otro periódico *El Ciudadano*, y se publicaban hojas sueltas en oposición a los antes mencionados. La prensa de Cartagena, en lo general, también los combatía; y la guerra de papeles se hacía a muerte contra toda reputación, contra todo mérito, acriminándose los unos a los otros con un furor que llegaba a la demencia.

Y cuando aquellos principios de aquestos fines, o mejor dicho, de estos otros principios de más desastrosos fines, brotaban de lo hondo del infierno, Colombia llegaba al último grado de esplendor y respetabilidad en la República de las naciones; no sólo había sido reconocida por la Inglaterra y los Estados Unidos, sino por el imperio del Brasil, la primera potencia de Sur-América, por la Baviera, por la Holanda, por las ciudades Anseáticas y por la Santa Sede, que a pesar de la oposición esforzada del gabinete español, preconizó los arzobispos y obispos presentados por el Gobierno colombiano, dando con ello una gran fuerza moral a la República, la que no se lo ha agradecido.

La Francia de los Borbones envió también un cónsul general, ampliamente autorizado, y el pabellón colombiano fué admitido en sus puertos.

El rey de Inglaterra mandó al Lord Cokburn en calidad de ministro extraordinario, con la misión de presentar a nombre de S. M. y de su Gobierno un respetuoso homenaje al *ilustre Libertador de Colombia*.

¡Cómo entristecen estos recuerdos! ¡Lo que éramos entonces! ¿Qué somos hoy?... Nada; peor que nada: ¡somos el ludibrio del universo!

III

Hallábase el Libertador en Caracas, regularizando todos los ramos de la administración pública que la revolución había perturbado, cuando recibió las primeras noticias que le fueron de esta ciudad, de Panamá y de Cartagena, del regreso de la tercera división a Colonia y de sus miras, y luego que se hubo informado de los pormenores que dejo referidos, y de que nada menos se le exijía sino que se presentase como simple particular ante el Congreso, *a dar cuenta de su conducta en el Perú*, su justa indignación llegó al grado que el hombre más impasible puede calcular. Me consta que había escrito a sus amigos que estaba decidido a insistir en su renuncia y a no continuar en el mando bajo ningún pretexto; yo ví la carta que escribió a mi tío, el doctor Justiniano Gutiérrez, con quien tenía mucha amistad y se correspondía; supe de las que le dirigió al general Soublette, al señor José Ignacio Paris y al señor Baralt, amigos de su íntima confianza a quienes no podía querer engañar ni tenía interés en ello;

pero todo cambió y debió forzosamente cambiar con el gra-
vísimo acontecimiento de que he hablado. Así, a pesar de
que pocos días antes se excusaba de venir a la capital a encargarse del Poder ejecutivo, según se lo pedían encarecida-
mente sus amigos y aun el mismo general Santander, escribió a todos que habían variado enteramente las circunstancias, y que tratándose de conmover y desmembrar la República, él se creía obligado como presidente y como simple
ciudadano a impedirlo y a evitar el escarnio de las leyes. Que
por tanto marcha para la capital y que no creería haber satisfecho sus más sagrados deberes, hasta no dejar la República tranquila y en aptitud de disponer libremente de sus destinos.

En consecuencia, dispuso en el acto que se embarcara en
Portocabello para Cartagena una fuerte división; que el general Urdaneta (Rafael), que estaba en Maracaibo, marchase
con otra a la provincia de Pamplona; que las tropas existentes en Cartagena se preparasen para moverse; que el general
Páez alistase todas las de los cuatro departamentos de Venezuela, Orinoco, Maturin y Zulia, y mil jinetes apureños, los
centauros colombianos, fuerza que debia estar pronta a marchar cuando se la necesitase. Aquellos departamentos los
puso a las órdenes de dicho general, como jefe superior civil
y militar, y dependientes de su sola autoridad, debiendo el
general Páez entenderse con él directamente por medio del
secretario general, y lo mismo los otros generales. Esta medida era indispensable en el estado a que habían llegado las
cosas, pues el general Páez y sus partidarios no se habrían
sometido al vicepresidente. Por otra parte la voz pública acu-
só de un extremo a otro de Colombia al general Santander
como autor y promotor del motín de la tercera división y de
su regreso a los departamentos del Sur de la República; y esta
calumnia, porque calumnia fué, tomó una consistencia tal
que el Libertador murió dándole crédito. El general Santander se alegró de aquel suceso, pero le sorprendió. Tan cierto

es esto, que ni conocía a Bustamante ni sabía dónde había
servido: en la secretaría de Guerra tuvimos que examinar los
registros para buscar su nombre y noticias sobre sus servicios al expedirle el despacho de coronel efectivo. Al general
Santander le sucedió entonces como recientemente sucedió
al presidente Ospina con las revoluciones del Cauca y Santander en 1859 y 1860 y lo que sucederá siempre a los altos mandatarios, cuando haya interés en un partido adversario de desacreditarlos para deshacerse de ellos. Pero yo trataré de esta acriminación al señor Ospina más detenidamente en su lugar.

Bajo estas impresiones y proponiéndose el Libertador hacer frente a la invasión de aquellas tropas de una manera eficaz y que asegurase el éxito, teniendo el deber de hacerlo
como presidente de la República encargado del Poder ejecutivo, en uso de facultades extraordinarias, natural era que
tomase precauciones contra los que se manifestaban sus enemigos declarados, y a quienes creía cómplices de los invasores que se proponían combatir. Las facultades extraordinarias, *tales como estaban escritas,* lo autorizaban para ello; y
yo creo más, creo que hubiera podido suspender del ejercicio de sus funciones al vicepresidente, que suponía culpable,
fundándose en aquella autorización que le daban dichas facultades para dictar *todas las medidas extraordinarias,* que
fueran indispensables, cuya necesidad, ya lo he dicho y lo repito, la dejaba la Constitución a su solo juicio.

Sin embargo, a pesar de to los aquellos temores y desconfianzas, no hizo más que mover las tropas avisándolo por
nota oficial al secretario de guerra, explicando el objeto legítimo con que lo hacía, y moverse él mismo con dirección a
la capital por la vía de Cartagena.

El diferente modo con que han sido juzgados estos actos
proviene, en mi concepto, de un error en la forma que se
cometió entonces y fué continuar considerando al vicepresidente como encargado del Poder ejecutivo nacional, cuando

cesó 'de estarlo desde que el Libertador se declaró en ejercicio de dicho poder constitucionalmente, y solo quedó el vicepresidente en Bogotá encargado del gobierno de una parte de la República *por delegación.* Siendo esto así, como me parece indudable, es inexacto que «se agregó con este hecho otro cuarto poder a los tres que había establecido la Constitución», como se decía en aquella época y ha repetido recientemente el señor Ezequiel Rojas, pues el Poder ejecutivo era uno solo, ejercido por el presidente, quien *delegó* una parte por necesidad, al vicepresidente como medida extraordinaria.

IV

Lord Cokburn se hallaba todavía en Caracas, y habiendo tenido noticia de la próxima partida del Libertador, puso a su disposición la fragata de guerra «Druida» que estaba en la la rada de la Guaira, esperándole para volverle a Inglaterra. El Libertador 'aceptó el ofrecimiento y en dicho buque se trasladó a Cartagena, acompañándole el Lord "Cokburn, quien en efecto regresó a Inglaterra, con encargo confidencial del Libertador de excitar al gobierno de S. M. B. a que promoviera el reconocimiento de la Independencia por la España; que era lo que el Libertador deseaba más ardientemente como complemento glorioso de la obra que con tantos esfuerzos, peligros y penalidades había llevado a cima, y para que volvieran a estrecharse antes de su muerte las relaciones naturales, que deben existir entre los padres y los hijos emancipados, que la guerra había interrumpido.

El Libertador pensaba que, puesta aparte la cuestión *Independencia,* era la España entre todas las naciones nuestra amiga natural. Decía que esos odios engendrados por una guerra que se había hecho con igual *encono y furor en todo sentido por ambas partes,* debían apagarse terminada la contienda. Y esto es verdad, y así debiera ser.

Y estoy hondamente penetrado de los mismos sentimientos. Es absurdo y ridículo estar todavía vociferando contra los españoles, nosotros que somos sus hijos, de quienes tenemos todo: civilización, idioma, usos, costumbres; y el mayor de los bienes, la religión cristiana.

Se exageran los horrores cometidos en la conquista. Ciertamente los hubo grandes, atroces; más a pesar de todo, abriendo los anales de la historia se verá que desde la más remota antigüedad hasta nuestros días, todo conquistador los ha cometido no solo iguales sino mayores, porque esto es consiguiente al hecho siempre violento de conquistar y de forzar al pueblo subyugado a la obediencia, aunque algunas veces la conquista mejore su suerte.

Si se observa sin prevención la de las numerosas tribus independientes en los Andaquíes, en Casanare, en las Guayanas, en la hoya del Amazonas, en la Patagonia, etc., que están hoy como estaban al tiempo de la conquista ¿podrá negarse que son infinitamente más desgraciados que jamás lo fueron los indios sometidos al gobierno español? Por otra parte, la comparación debe hacerse con los conquistadores de otras regiones de la América que no eran españoles. ¿Dónde están los indios que en naciones numerosas poblaban el territorio conquistado por los ingleses y los franceses y que se llama hoy Estados Unidos de América?—Están en los bosques, en los desiertos, obligados por la persecución a huir abandonando su hogar, y los huesos de sus padres, y los árboles que dieron sombra a su infancia. La compra que hizo el venerable cuácaro Guillermo Penn de un pedazo de tierra a los inocentes indios para establecer la colonia de sus austeros correligionarios perseguidos, ha sido ejemplo que no se ha seguido y solo ha servido para escribir apologías y pintar cuadros.

Los franceses conquistaron el Canadá, que después pasó a los ingleses: ¿dónde están los indios que poblaban aquel vasto y rico país?—Están en los hielos del Polo ártico entre los Esquimales.—En solo Méjico en una población de ocho

millones de habitantes, los cinco millones son indios puros.
En Chile, en el Perú, en Bolívia, en el Ecuador, en Guate-
mala, en las provincias del Río de la Plata, etc., una gran
parte de la población es india. En Venezuela y entre nosotros, ¿no abundan también los indios?—Esto dice mucho.

En el Paraguay, conquistado por los jesuítas con la imagen
sagrada del hijo de María en la mano y con la dulzura de la
persuasión, lo que no pudieron hacer en treinta años de cometer crueldades los que primero invadieron el país las nueve décimas partes de la población son indios puros y mesti-
zos. Desde la creación del mundo esta ha sido la única conquista que se ha ejecutado sin derramar una gota de sangre
del pueblo conquistado, sin cometer la menor violencia y sa-
crificándose un gran número de los religiosos catequizadores
sin oponer resistencia, y sirviendo de alimento a los antropó-
fagos que buscaban en las selvas y en los pantanos, sin interés propio, solo por mejorar su suerte sobre la tierra y ense-
ñarles el camino del cielo.

Completamente desnudos, hombres y mujeres, abigarra-
do el cuerpo y untado de hedionda grasa de animales mon-
taraces, viviendo como monos en las ramas de los árboles;
tales eran aquellos indios, y aun hoy lo son así en los inmensos desiertos y cenagales que desde las márgenes del Orinoco
se prolongan hasta las Guayanas, y desde el sur de Pasto a
las riberas del Amazonas; y lo son los Chimilas en la provincia de Santamarta, y los de las riberas del Carare, y los de
Monte de Oca en los bosques de la Goajira, y los del centro
del Darien, y los de Casanare, etc.

El cristianismo, que es la moral, que es la caridad, que es
la civilización, los llamó hablándoles primero por señas, can-
tándoles los himnos que hace mas de tres mil años cantaba
David, y atrayéndose así a fuerza de apóstolica paciencia las
hordas antropófagas; fué suavizando sus costumbres feroces
y moralizándolos. Es un hecho reconocido por la historia
desde Anfion y Orfeo, desde Moises y Numa Pompilio, que

no se fundan los imperios ni se civilizan los pueblos salvajes, sino por medio de la religión, y los jesuitas lo probaron en el Paraguay.

A fuerza de trabajo y de paciencia, los que no fueron sacrificados y comidos por los salvajes, fundaron con los primeros indios que catequizaron, caseríos que conforme fueron aumentándose se llamaron *Reducciones*, grandes aldeas en las que erigian iglesias de techo pajizo que iban adornando sucesivamente lo mejor que se podía, celebrando los oficios divinos en ellas, los que atraían a los indios por la curiosidad y los fijaban por el sentimiento.

Lo que han hecho los jesuítas como misioneros en todo el mundo con religiosa abnegación, sufriendo las mayores penalidades y espirando los más en los tormentos, no se podría creer si no estuviera tan probado. En el Paraguay sus esfuerzos fueron coronados del más completo triunfo: formaron una nación.

El Gobierno que establecieron aquellos padres venerables en su república era más que patriarcal, pues los antiguos patriarcas, desde Abraham, Isaac y Jacob tenían siervos: era paternal.

Cada lugar estaba regido por dos misioneros, que mantenían el órden y administraban la justicia, lo que en la vida sencilla de aquellos catecúmenos y cristianos inocentes se hacía sin necesidad de grillos ni cadenas, ni de mazmorras como las nuestras que llamamos cárceles, ni de horcas o guillotinas. Además, esos dos padres tenían la cura de almas en su aldea, enseñaban la doctrina cristiana a sus feligreses, les decían misa diariamente y les administraban los sacramentos.

En cada aldea había talleres establecidos por los mismos jesuítas, que aprendían los oficios mecánicos para enseñar a los niños el que estos preferían según su genio o inclinación: y esto lo han hecho los jesuitas en todas partes.

Los indios que rehusaban aprender un oficio, o no tenían disposición para ello eran incorporados en el gremio de los

agricultores; bien que todos, aun los artesanos, tenían su terreno acotado para labrar, porque a cada familia proporcio-
nalmente a su número y necesidades, se le señalaba una porción de tierra de labor para que, cultivándola, satisficiese
sus necesidades.

Había también un campo que se labraba por trabajo personal subsidiario, cuyos productos se destinaban para los
gastos del culto, para auxilios domiciliarios a las viudas, a
los huerfanos y a los inválidos, y se reservaba algo, en los
años pingües para suplir a los en que las cosechas eran esca-
sas, imitando a Josef en Egipto, con discernimiento y economía.

Hombres, mujeres y niños oian misa diariamente, al romper el día, enseguida hacían un ligero desayuno y todos se
dirigian luego a sus respectivas labores y prendizajes, las mujeres separadas de los hombres: sábia medida, porque el fuego cerca de la pólvora es peligroso y los ojos chispean.

Todo en fin, estaba ordenado con una previsión, con un
método tan fácil y sencillo en aquella naciente sociedad, que
la concordia, la amistad, la justicia, la caridad, reinaban en
ella de manera que, «provistos abundantemente de las cosas
necesarias a la vida, gobernados por aquellos mismos hombres que los habían sacado de la barbarie y a quienes mira-
ban con razón como a unas divinidades, gozando en su familia y en su patria de los sentimientos mas dulces de la naturaleza, conociendo las ventajas de la vida civil sin haber
salido del desierto, y las maravillas de la sociedad sin haber
perdido las de la soledad; aquellos indios podían alabarse de
que gozaban de una felicidad que no tenía ejemplar sobre
la tierra» (1).

De manera que los jesuítas habían en las selvas primitivas
de esta nuestra América del Sur, cambiado la edad de hierro
en la de oro de la mitología.

_____

(1) Chateaubriand.

¿Qué religión, qué nación, ha hecho jamás cosa que siquiera se parezca a esto? ¿Los ideales *Falansterios* del ultrasocialismo, queden comparársele? Y este portentoso milagro lo hicieron sacerdotes católicos españoles. De tan dulce y tranquila existencia gozaron los indios del Paraguay bajo el pabellón de Castilla dirigidos por aquellos sacerdotes, desde el año de 1556, que aparecieron estos padres en el país, hasta el año de 1766, en que suprimida su compañía y expulsados sus miembros de los dominios españoles, se declaró el Paraguay parte del vireinato de Buenos Aires. Y desde el año de 1813, que proclamó su independencia, después de haberse opuesto a su promulgación tres años, han corrido la misma suerte que todos hemos corrido y estamos corriendo.

Las recomendaciones de la augusta reina de Castilla Isabel la Católica, sobre el trato blando que debía darse a los indios, enternecen.

Es verdad que después de su muerte, su esposo el rey don Fernando de Aragón, autorizó los «repartimientos,» esto es la distribución que se hicieron los primeros conquistadores de la isla de Santo Domingo, de los tímidos indios reduciéndolos a la esclavitud, abuso que después pasó al continente. Pero el rey Carlos í (el Emperador Carlos V de Alemania) los delaró libres y no hubo más repartimientos. Este triunfo lo obtuvo el obispo don Bartolomé de las Casas, célebre como protector de los indios, ayudado por los religiosos misioneros; pero por una de esas aberraciones que abundan en la frágil humanidad, el mismo Las Casas promovió la introducción de esclavos negros de Africa, en reemplazo de los esclavos indios, por cuanto los europeos no podían trabajar en los climas cálidos, en los campos y en las minas, y se veía que un negro era mas fuerte para el trabajo que cuatro indios. La idea de que siendo esclavos los negros en su país, no se les irrogaba agravio en comprarlos a los otros feroces negros sus amos y que los vendían, sino que más bien se les favorecía civilizándolos y atrayéndolos al cristianismo, fu3 la razón mas fuerte que se alegó para proponer la *funesta* medida con tranquilidad de conciencia, y la que se tuvo para dictarla.

También es verdad que por los mandatarios que venían de Europa con la idea de enriquecerse, creyendo que toda la tierra era oro en polvo, y las piedras diamantes, se desobedecían los reglamentos de los reyes, que favorecían a los indios y se cometían otros abusos reprobables. Pero el abuso es común en lo general, ya de una manera, ya de otra. ¿Cómo ha tratado la Inglaterra a los católicos en Irlanda, hasta su reciente, aunque incompleta emancipación? ¿Cómo trata la Rusia a la Polonia? ¿Cómo tratan los norteamericanos a los negros y a las razas mezcladas? (1) ¿Cómo tratan los musulmanes a los cristianos? ¿Cómo tratan, en fin, en todas partes el fuerte al débil?—La gritería se levantó contra los españoles por los extranjeros, que siempre fueron peores que ellos, y se levantó por envidia. Nosotros al dar el grito de independencia nos excedimos en ella por necesidad, porque ninguna revolución se hace ni puede hacerse sin excitar el odio de los pueblos contra alguno o algunos, pues los pueblos no se mueven por abstracciones teóricas ni por consideraciones políticas, sino acalorando sus pasiones; pero conseguido el objeto, la justicia exige que la verdad se aclare.

Los reyes de España no siempre podían poner freno a la rapacidad de los primeros ocupantes del país, a quienes la distancia protegía; mas a fuerza de energía y perseverancia fueron logrando que sus reales órdenes en favor de los indios

---

(1) Los Estados del Norte de los Estados Unidos angloamericanos, bajo la presidencia de un caballero ilustrado y filántropo, están empeñados en una guerra que espanta, con los Estados del Sur por quitar del poderoso pabellón estrellado de su patria, la *negra mancha* que lo ensucia. La esclavitud en aquella República es un contrasentido que el mundo civilizado no puede comprender. Proteja el cielo la causa de la humanidad y de la civilización, dando la victoria al *Gobierno legítimo* que la defiende contra los *rebeldes* de allá, que como los de mi país, proclaman la soberanía de los Estados para oprimir.

se cumplieran. Es notable en el sombrío e inexorable Felipe II que los sustrajese de la jurisdicción de la atroz Inquisición, cuando estableció en estos países aquel horrible tribunal, borrón del claro nombre español, cuyas hogueras ardían en toda la infeliz España de aquella época del oscurantismo, lo que prueba la tendencia constante en los reyes de favorecer a los indios de todas maneras. No los gravaron sino con una pequeña capitación de un escudo de oro desde que salían de la adolescencia hasta que llegaban a la senectud. Pero ¡cuántas exenciones no les concedieron en compensación! Con sólo la de la contribución de sangre los mejoraron infinitamente sobre todos sus súbditos. Hoy es esta clase humilde e infeliz la preferida para pagarla, arrancando a sus individuos con cruel violencia de su pobre hogar para llevarlos como corderos al matadero, porque en esta tierra de igualdad hay más clases privilegiadas que en las de aristocracia, y los más pobres, los más útiles, son los que llevan todas las cargas y sufren todos los azotes. El zapato y la casaca son una especie de ejecutoria que concede más exenciones acá, que las de los hidalgos en España.

Antes tenían los indios sus tierras propias, hoy no tienen nada. Antes no se vió jamás un indio pedir limosna; hoy forman ellos, unos sin brazos, otros sin piernas; y sus mujeres harapientas, y sus hijos desnudos, las cuatro quintas partes de la falange aterradora de mendigos que inundan nuestras ciudades, nuestras aldeas, nuestros caminos públicos; quiero decir los despeñaderos, los atolladores, los precipicios que llevan este nombre. En fin, los viejos pueden decir a los jóvenes cuán dichosos eran los indios en su vida sencilla e inocente de otros tiempos, para que comparen su suerte de entonces con la de hoy y juzguen.

Los negros son los que tendrían más razón en quejarse de los españoles. Pero ellos, como argüía el obispo Las Casas, gimen bajo la más cruel esclavitud en su país. Sus feroces sultanes son los que los venden a los europeos, y cuando no

pueden venderlos, los matan atormentando los de manera
que preferirían las hogueras de aquella estúpida inquisición,
a sufrir la agonía prolongada con que se regocijan sus opre-
sores, de manera que sus quejas deberían dirigirse más bien
contra los negros que los venden que no contra los blancos
que los compran. Y esa esclavitud que, para oprobio del género humano, es tan antigua como el hombre, por el derecho de la fuerza; derecho que reconoce la *liberal* constitución vigente en mi patria y en el que se funda el orden de
cosas actual en ella; esa esclavitud, digo, existe en toda el
Asia, en toda el Africa, menos en la parte en que dominan
los ingleses y los franceses, en las más de las Antillas, en los
Estados Unidos *de América*, en el Brasil y aun en algunas de
nuestras repúblicas; siendo un hecho reconocido que en el
continente hispanoamericano fueron los esclavos mejor tratados que en ninguna otra parte, y las leyes les daban derechos y les dispensaban alguna protección de que no han gozado en las demás naciones sino en el Brasil. Habría, sin
duda, algunos amos despiadados que castigasen cruelmente
a sus esclavos, pero en lo general no era así.

El corazón se oprime al considerar cómo trataban los franceses en Santo Domingo a sus esclavos, hasta que la desesperación los lanzó una revolución horriblemente feroz, dándose ellos mismos la libertad con el hierro y el fuego, nadando
en la sangre de sus amos; expiación terrible de las crueldades
que éstos contra la humanidad cometían. Y el corazón se
oprime todavía más, viendo cómo los tratan, hasta ahora,
en los Estados Unidos angloamericanos, donde el desprecio
y bárbaro proceder, no sólo con los esclavos sino con los negros y pardos libres, llega a un grado de exageración que se
necesita verlo y es un hecho que no admite duda para creer-
lo. «La cabaña del tío Tomás» *(Oncle Thom's cabin)* da una
idea de ello. Es de esperarse que eso varíe si el Dios de los
ejércitos protege allí las armas del *gobierno legítimo.*

Los ingleses antes de emancipar sus esclavos, no los trata

MEMORIAS HISTÓRICO-POLÍTICAS

ban mejor. Yo he visto en Jamaica sartas de esclavos del uno y del otro sexo, los más jóvenes y mezclados, tirando por las calles como bueyes o burros, carretas de basura, encadenados de dos en dos por el pescuezo, vestidos con una camisa de cañamazo, o sea coleta, sin mangas, la que les llegaba hasta los piés; sin poderse sentar por lo ulcerado de sus carnes, y mostrando en una costra ensangrentada en la parte trasera de su túnica los efectos del bárbaro castigo. ¿Y esos castigos se les aplicaban por crímenes? No: se les aplicaban por cualquier pequeña falta; o porque no pudieron cumplir su tarea, o más bien por alguna rabia caprichosa de sus amos. ¡Esto hacían los ingleses, que de siglos atrás imponen penas a los que maltratan las bestias! Jamás hicieron nuestros padres cosas semejantes.

El español fué el único de los conquistadores de estos países que dió la mano de esposo a la india. El fervor religioso en aquel siglo, acabando la heroica España de terminar una guerra de cerca de ochocientos años con los moros, influyó mucho en esto: el español procuraba convertir, y mirando como un pecado las relaciones ilegítimas, por otra parte condenadas por la ley y perseguidas por la autoridad, se casaba con la india cristiana, y de esos enlaces santificados por el sacramento, que es el que los hace respetables y asegura la suerte de la débil mujer, provienen las nueve décimas partes de nuestra población blanca; así es que el tipo indio se trasluce en ella con pocas excepciones.

En el furor de destrucción que se ha apoderado de nuestros *liberales*, ese sacramento que realza la esposa, que santifica la madre, deja de serlo para ellos y se convierte en contrato civil disoluble! ¡Desgraciados! ¿No tienen hijas? ¿No tienen hermanas?

Por el contraste notable que presentaron a los españoles los grandes cacicazgos de Méjico y el Perú, que llamaron imperios, comparados con los indios diseminados en el resto del continente y en las islas, exageraron su civilización relativa. En ambos imperios, los pueblos embrutecidos, sumisos a los caciques y estos al Emperador, al Inca, verdaderos siervos, no eran otra cosa que lo que era en otro tiempo la Europa feudal, con circunstancias agravantes. En los tales imperios como en todo el conteniente y en las islas, los sacrificios humanos a la divinidad eran más o menos comunes. Las ciento cincuenta mil calaveras que encontró Hernan Cortés en el osario de las víctimas en Méjico, lo que súpone un número mayor de cráneos pulverizados, prueba la extensión del supersticioso abuso; niños en la primera infancia, esclavos, pero principalmente prisioneros de guerra, eran inmolados cruelísimamente en las aras de los monstruosos ídolos. «Más como si para baldón de la humanidad no bastase el primer crímen, todavía se le juntaba el de repartir los cadáveres de las víctimas entre las personas de cuenta, y al pueblo, cuando la abundancia lo consentía, para que servidos en los festines, fueran a un tiempo regalo, y nefanda participación del infame rito» (1).

Las supersticiones más absurdas, el *fanatismo* más feroz, aumentaban el sacrificio de víctimas inocentes con una crueldad tranquila, que entristece el referirla. Cuando moría un magnate, dice la Historia, enterraban con los difuntos gran cantidad de oro y plata para los gastos del viaje, mataban algunos criados que los acompañasen, y sus viudas, que eran muchas, se inmolaban sobre su sepulcro, como las de los bracmanes de la India se arrojan a la hoguerra. Los príncipes necesitaban gran sepultura porque se llevaban tras sí la mayor parte de sus riquezas y familia.

Cuando Hernan Cortés preguntó a Motezuma, por qué no había sometido a los Tlascaltecas, le contestó Motezuma: «no tendría donde hacer prisioneros para los sacrificios:» respuesta que indica la extensión del país sometido a su dominio.

_____

(1) Escosura.

En el vastísimo cacicazgo de los Incas, que comprendía lo que hoy son las repúblicas del Ecuador, Perú, Bolivia y nuestra provincia de Pasto, adorando al sol como primera divinidad, y a la luna y las estrellas como divinidades secundarias, parecía que su culto fuera más puro y menos cruel que el de los pueblos del resto del continente; pero, sin embargo, incurrían en la abominación de los sacrificios humanos.

Tanto el Inca del Perú como el gran cacique de Méjico, o sea el Emperador, además de soberanos absolutos, con grandes vasallos feudatarios, caciques de parcialidad, eran jefes de la religión, si es que tal nombre puede darse a las creencias de aquellos pueblos ignorantísimos, principalmente las del de Méjico.

Si así eran estos dos imperios, los más adelantados que en América encontraron los conquistadores europeos ¿no es incuestionable que la conquista destruyendo sus supersticiosas abominaciones, y atrayéndolos a la civilización cristiana, les hizo un grande e inapreciable bien?

Los españoles nos enseñaron cuanto sabían, y si no nos dieron libertad política, tampoco la tenían ellos; pero en administración de justicia, en franquicia y ensanche del poder local de los municipios, no podemos quejarnos de que no se nos concediera lo que en España tenían, y era un hecho reconocido que más libertad se gozaba en sus Américas que en España, si exceptuamos a los esclavos (1).

_____

(1) Una cosa de la mayor importancia se olvida siempre al hablar de la conquista, y es el estado de atraso del siglo en que se hizo. No ser cristiano, apostólico romano, era para los españoles no ser hombre. Para considerar a los indios miembros del género humano capaces de recibir el bautismo, hubo disertaciones teológicas y se necesitaron decisiones de la Silla apostólica.

Las crueldades de los moros en la conquista de España produjeron la represalia con una ferocidad que apenas el espíritu caballeresco morigeró algún tanto con el tiempo, pero no destruyó. Esas costumbres, esas ideas. esas preocupaciones trajeron los conquistadores a América, y todo lo demás fué consiguiente. Hacer un cargo a los españoles por ello, es lo mismo que si se les hiciera porque no conocían la fuerza del vapor, ni el daguerrotipo, ni el telégrafo

Los pardos y los negros libres ocupaban cierta posición y gozaban de consideraciones, según su conducta y mérito, de que no han gozado jamás en ninguna otra de las colonias extranjeras. Apenas en las inglesas después de la manumisión de los esclavos, es que empieza a practicarse lo mismo, porque las leyes les han concedido los derechos políticos y civiles de que gozan en ellas los demás súbditos británicos; pero la costumbre los segrega de la sociedad privada de la raza blanca.

El sistema colonial era ciertamente gravoso para la América española. Los recursos de queja a la metrópoli a tan gran distancia, daban demasiado poder a las autoridades gubernativas y judiciales, del que abusaban a veces, principalmente las primeras. Las restricciones mercantiles, haciendo difícil el comercio, perjudicaban a la producción de los frutos de exportación. La España por el derrame de sus brazos a América, por la inconsulta expulsión que hizo Felipe III de los moros, privándola de un millón de hombres laboriosos; decaída por consiguiente su agricultura y su industria, no podía llenar las necesidades de sus colonias con sus productos nacionales, y aun puede decirse que no podía llenar las suyas propias: tenía pues que comprar al extranjero frutos y mercancías que antes de venir a América daban largos

eléctrico. De tres siglos acá la civilización, o lo que es lo mismo, el espíritu del cristianismo, ha dulcificado las costumbres, purificado las ideas, entrando en el corazón, haciendo progresar la humanidad mil quinientas veces más que en los mil quinientos años anteriores; por esto nos parece hoy atrocidad lo que entonces era una cosa corriente que no llamaba la atención.

En aquellos tiempos quemar a los hombres vivos era una acción plausible a los ojos del fanatismo; y esto lo hacían los protestantes con los católicos; los católicos con los protestantes, en fin todas las diferentes creencias unas contra otras. Los judíos no han dejado de ser vistos como perros, sino de muy poco tiempo a esta parte y todos creíamos por acá que tenían rabo. Si ahora se restableciera la Inquisición en España no habría quien se atreviera, aunque fuera inquisidor a quemar a nadie vivo ni habría pueblo que fuera a gozarse con el espectáculo de un *auto de fe·* No hagamos pues, un crimen a nuestros antepasados porque eran lo que no podían dejar de ser.

y costosos rodeos para nacionalizarse en los puertos que gozaban este privilegio en la Península y transportarse en buques españoles, a los puertos habilitados para la importación
en la América lo que era un gravámen para ésta, haciendo
enormemente caro cuanto necesitaban sus moradores, tanto
europeos como criollos e indígenas. Esto provenía de la ignorancia de los principios más triviales de la Economía política, ignorancia que a España misma reducía a la pobreza
por otras medidas igualmente ruinosas. La Inglaterra por su
inmensa praducción fabril, por la baratura de sus mercade-
rías, por su numerosa marina mercante, que la de guerra
proteje, puede reservarse el comercio exclusivo en sus colonias sin gravarlas. Y la Inglaterra con su sabiduría ha facili-
tado siempre la importación en ellas de frutos y productos
que no tiene.

Esta era una queja justa de la América española, que la
ignorancia y no la melevolencia desatendió.

Los españoles en todo el continente americano que pose-
yeron han dejado soberbias ciudades: Cartagena, Bogotá,
Medellín, Calí, Popayan, Méjico, Puebla, Veracruz, Guate-
mala, Lima, Valparaíso, Montevideo, Buenos Aires, y muchas otras más, lo prueban concluyentemente. ¿Qué han dejado o qué tienen los demás conquistadores en sus colonias
de América? Nada: tablas de pino pintadas y algunos ladri-
llos barnizados.

En todas partes dejaron también los españoles colegios,
hospitales, hospicios, suntuosas iglesias, edificios espaciosos
para el servicio público, político y municipal, puentes, fortificaciones de primer orden, etc. ¿Qué queda de todo esto a
lo menos entre nosotros? Exceptuando unas pocas poblaciones favorecidas por la naturaleza, todo lo demás se va destruyendo, ya por abandono, ya por el *pillaje*, como los colegios, hospitales, hospicios; y lo que se arruina no se recons-
truye. Si cayeran los magníficos puentes construídos sobre
los ríos de la sabana, el Bogotá y el Serrezuela, ¿se volverían

a levantar? Si un terremoto destruyera la bellísima catedral que, con razón, miran los bogotanos con orgullo ¿volvería a edificarse? La perla de Santamarta, su linda aunque pequeña catedral, reducida a escombros por la guerra civil, ¿se re-edificaría?

Al pensar, con pena, en la catedral de Santamarta, ciudad que me es querida tanto como mi pobre Cartagena, y que tengo derecho a esperar que me recuerde con benevolencia, se me ocurre preguntar: ¿qué suerte habrá corrido o correrá en aquel sagrado recinto, reducido a paredes derruídas, sin techumbre, la urna cineraria que contenía el corazón de Bolívar QUE YO DEJÉ EN ÉL? ¿Habrá tenido o tendrá que sufrir el abandono y el ingrato olvido aquel corazón reducido a polvo, que tanto sufrió cuando latía?

Yo he combatido a los españoles por obtener la independencia de mi país, derramé mi sangre combatiéndolos, volvería a combatirlos por la misma causa si necesario fuera; pero abundando en la idea del Libertador, ESTO APARTE. la tierra de mis progenitores es la tierra de mis simpatías, y sobre todo, quiero ser justo con quien lo merece, en lo que lo merece. Maldigan en buen hora de los españoles las parlantes del civismo a quienes no debe la patria el menor sacrificio; los que los combatimos, siguiendo los pasos del GRANDE HOMBRE, no necesitamos ostentar patriotismo con palabrerías.

CAPITULO VII

I

El Congreso continuaba sus sesiones con alguna calma todavía. Su primera ley fué declarar un *olvido* absoluto y perpetuo por todos los actos subversivos del orden público anteriores a dicha ley, de manera que los movimientos de Venezuela y el motín de la 3.ª división quedaban a cubierto de de toda responsabilidad. La palabra *olvido* fué oportuna: no es como las de *indulto* y *amnistía*, que hieren porque reprochan la delincuencia perdonándola; y si esto es cierto cuando un gobierno legítimo las usa en favor de facciosos culpables, ¿qué será cuando éstos, vencedores, las emplean tratándose de buenos ciudadanos que combaten por sostener o restablecer el *Derecho* sobre el crimen triunfante? Por otra ley se declaró estar restablecido el orden público, según regía antes de la revolución de Venezuela; que el Poder ejecutivo cesaba desde la reunión del Congreso de estar revestido de las facultades extraordinarias del artículo 128 de la Constitución; que ningún colombiano estaba obligado a obedecer a autoridades que no estuvieran establecidas por la Constitución o la ley; con cuya disposición se improbaba la organización provisoria que había dado el Libertador a los departamentos de Venezuela, póniéndolos bajo la autoridad del general Páez.

El general Santander dió una muestra de previsión y de imparcialidad objetando esta ley, manifestando razonada-

mente los inconvenientes que presensaba en las circunstancias en que el país se hallaba, pero ambas cámaras insistieron y la ley fué sancionada; lo que inducía a creer que el
Congreso sería hostil al Libertador.

II

El grito de «Convención» repercutía de un extremo a otro
de la República; el Libertador habia ofrecido en Venezuela
promover su convocatoria por el Congreso; la mayoría de
de los senadores y representantes, los secretarios del despacho, la prensa de casi toda la República, discutían sobre la
necesidad de ceder, como decían, a las exigencias del clamor
general y de las circunstancias; y en este estado de calor fe-
bril, entró el Congreso a deliberar festinadamente sobre una
cuestión de tan graves consecuencias.

Dentro y fuera de la sala de las sesiones no se hablaba más
que del movimiento de las tropas sobre los departamentos
del centro ordenado por el Libertador; el general Santander
pasaba mensajes acres sobre los proyectos que se atribuían a
aquel, sobre el peligro que corrían LAS LIBERTADES PÚBLICAS,
por la aproximación de dichas tropas, y por la venida del
presidente a quien el Congreso mismo había llamado. *El
Conductor*, es decir, el doctor Azuero, publicó un artículo de
fondo proponiendo que se declarase roto el pacto fundamental; que la Nueva Granada se organizara como le pareciese
conveniente, aunque tuviera que reconocer y que pagar por
sí sola toda la deuda extranjera; que al gobierno granadino
que se estableciera, es decir al general Santander, se le con-
cedieran facultades extraordinarias, autorizándole para privar de sus empleos, reducir a prisión y expulsar a todos los
ciudadanos de quienes se sospechase que eran desafectos a la
LIBERTAD y al nuevo orden de cosas: lo que prueba que la
idea de los presidentes provisorios modernos, data de fecha
muy atrasada.

Bajo la llamada tiranía del Libertador, no se hizo nada,

absolutamente nada de esto, hasta después de la conjuración del 25 de setiembre contra su vida, que fué cuando en juicio militar, conforme al decreto vigente sobre conspiradores, se sentenciaron algunos de los conjurados; pero Bolívar no llevaba el tíulo de *liberal*, que es el que autoriza para todo.

«Poco faltó para que estallara una revolución en Bogotá con el objeto que proponía Azuero. Santander estaba en el secreto de la conspiración; pero felizmente para su honor y el de la República confió el secretario de la Guerra, que había determinado renunciar la vicepresidencia, y ponerse a la cabeza de la revolución, para independizar a los departamentos del centro, de los del Sur y Norte de Colombia; añadiendo que estaba ya de acuerdo con más de veinte jefes militares. El general Soublette le disuadió de que diera un paso tan degradante, y por fortuna abandodó Santander aquel proyecto, dictando eficaces providencias para impedir la revolución. Privados de su apoyo, tuvieron que ceder Azuero y los demás exaltados liberales, que no hallaron en Bogotá ni en las provincias la cooperación y las fuerzas suficientes para oponerse al influjo y a las tropas que sostenían al Libertador» (1).

Sin embargo, tanto el general Santander como su partido personal, opusieron cuanta resistencia les fué posible a que el Congreso convocara la Convención, cosa que no se comprendería si no se presintiese que el motivo era el temor de que una mayoría adicta al Libertador le diera en ella una influencia decisiva, en cuyo caso cesaría el general Santander de ser el segundo personaje de la República. Sea como fuere, el fundamento de la oposición era justo y legítimo, porque tal convocatoria envolvía una violación flagrante de la Constitución; más que una violación, era la muerte del principio de la legalidad, única áncora de esperanza de estas repúblicas sulfúreas para no naufragar en el mar de la anar-

---

(1) Restrepo, *Historia de Colombia*.

quía, o encallar en los arrecifes del despotismo. De cualquiera manera que hubiese sido, y sin entrar a sondear intenciones, en lo que puede incurrirse en error, esta conducta en tan deciva ocasión, honró al general Santander, y todos los miembros del pequeño partido puramente constitucional nos le unimos con entusiasmo, y por unos días volvimos a ser considerados liberales, cuando no éramos más que lo que fuimos desde el principio.

III

Conforme venía el Libertador acercándose, aumentaba en la capital el furor de sus enemigos. El general Santander se exaltó tanto que hacía y decía cosas que jamás hubieran podido creerse en un hombre de su talento, de su elevada posición social, y que ocupaba tan eminente lugar entre los generales del ejército, y en el góbierno de la República: decía que entre don Pablo Morillo y el general Bolivar, prefería que el primero viniera a Bogotá, más bien que el segundo; que Bolívar haria lo que Bonaparte, cuando volvió de Egipto, y otras cosas por el estilo o peores. Pasaba mensajes al Congreso en el mismo sentido y protestando que no entregaria el mando al Libertador antes de que prestase el juramento constitucional; que el presidente no debía tener ninguna autoridad desde que se había reunido el Congreso; y esto era cierto, pero también lo era que ni el uno ni el otro debieron tenerla desde que terminó el primer período de su elección, hasta que tomando posesión del segundo, empezaron legítimamente a ser cada uno lo que había dejado de ser desde el 2 de enero. Así es que viniendo el Libertador, indudablemente sin autoridad legal, no venía sino de la misma manera que él y el general Santander ejercieron el mando, por cuatro meses y medio.

El general Soublette, secretario de Guerra, el señor José Ignacio París, el coronel Herrán, y el coronel Mosquera, tan luego como supieron que el Libertador había salido de Ocaña para Jirón, salieron a encontrarle. En aquel viaje se estrechó la amistad de Herrán y Mosquera, amistad que produjo más tarde las relaciones de suegro y yerno, QUE TAN FUNESTAS HAN SIDO PARA LA PATRIA, que han terminado en el odio más encarnizado del uno contra el otro, difamándose recíprocamente, y que ha derramado el acíbar sobre la triste vejez del desgraciado anciano, padre de los nietos de su cruel, aunque ofendido detractor.

Del Socorro envió el Libertador al coronel Herrán con pliegos para el vicepresidente y para el Congreso, y con encargo de que verbalmente manifestase sus intenciones y los motivos legítimos de la marcha de las tropas; que las noticias que le daba el general Santander de que en los departamentos del Sur reinaba el orden constitucional, eran equivocadas; que por la vía de Panamá las tenía él más exactas; que venía por obedecer al llamamiento del Congreso y a prestar el juramento constitucional para entrar a ejercer el Poder ejecutivo legítimamente.

De Cipaquirá envió al coronel Mosquera con un pliego para el presidente del Senado, manifestando que deseaba prestar el juramento, en el mismo momento de llegar, y Mosquera traía el encargo verbal de decirlo así a todos y procurar que el Congreso estuviese reunido a su entrada. En efecto, se reunieron las Cámaras en el convento de Santo Domingo (el 10 de septiembre) y a las tres de la tarde entró el Libertador y prestó el juramento, acallando o mejor dicho, desmintiendo así, las calumnias con que se pretendió persuadir que no lo haría.

En seguida pronunció un corto discurso, protestando que gobernaría conforme a la Constitución y a las leyes, al cual contestó el presidente del Congreso, señor Vicente Borrero. en los términos más satisfactorios y congruentes.

«Fué recibido el general Bolívar, dice el general Mosquera, con el mismo aplauso que otras veces y el vicepresidente se decoró al saludarle y entregarle el mando, con la medalla del busto del Libertador, y le dirigió un discurso lleno de sentimientos patrióticos y amistosos. Muy pronto se separaron los demás, para tener ellos una conferencia confidencial y estuvieron juntos a la mesa (1).

Debo aquí manifestar que yo presencié el juramento del Libertador en Santo Domingo, que fuí de los que siguieron a palacio, que oí el discurso que el vicepresidente le dirigió, y protesto que no vi al general Santander condecorado con la medalla del busto del Libertador, lo que habría sido una vil adulación en aquella circunstancia. El general Santander estaba apasionado, iba muy lejos en la venganza; pero mantenía con dignidad su posición; no cometía bajezas.

Los secretarios de Estado presentaron sus renuncias al presidente, ya encargado del Poder ejecutivo constitucional, manifestándole la conveniencia de que organizase un nuevo ministerio, pues ellos, habiendo formado el consejo del vicepresidente, estaban comprendidos en las acriminaciones y censuras que se habían hecho y hacían a su administración. El presidente no aceptó estas excusas y los conservó en sus puestos, con lo que dió una aprobación explícita a la administración cesante.

IV

Dice el señor Rojas a quien antes he citada: «El general Bolívar ofrece convocar ia gran Convención para que la reforme (la Constitución). En consecuencia el Congreso la convoca: no podía ser de otra manera. Ni el primero tenía facultad para ofrecer, ni el segundo para convocar: tan arbitrario fué el un hecho como el otro. Las circunstancias lo exigían. ¡Las circunstancias!... Y éstas se hicieron nacer, la palabra *circunstancia* es una palabra mágica, un talismán, sirve para todo: no hay causa a que no pueda prestar apoyo. Constituciones, leyes, moral; nada puede resistir a su poder.»

Estoy de acuerdo en todo con el doctor Rojas sobre este

(1) Examen crítico, etc.

particular, menos en que «no podía ser de otra manera». ¿Por qué no podía ser de otra manera? No sólo podía ser, sino que debió ser de otra manera. Un Congreso que no resume la soberanía; que tiene atribuciones circunscritas por la Constitución, no puede ni debe en ningún caso traspasarlas, y mucho menos para destruir la misma Constitución de la que emana su poder. No hay razón, no hay *circunstancias* que autoricen, en ningún caso ni aun por la fuerza a violar los principios fundamentales del orden social, y mucho menos a un Congreso puramente legislativo, a quien la nación confía el depósito sagrado de sus instituciones para que las sostenga y defienda con el poder moral que le da la elección popular de su origen, y el carácter de representante de la voluntad nacional conferido por el sufragio, único modo legítimo que en los Gobiernos representativos tiene el pueblo de manifestar su querer. El Congreso, pues, convocando la Convención, consumó el patricidio con una estocada mortal a la Constitución, que las revoluciones, las actas de Guayaquil y otros hechos irregulares habían comenzado, dándole heridas curables.

Semejante convocatoria, irrita en el fondo, irrita en la forma, hacía írritos sus resultados. Esto se sentía, se discutía, se argumentaba con todo el calor de las pasiones de la época, y se reconocía que ante el *derecho*, la Convención no era mas que *un hecho* complementario de los hechos reprobables que la precedieron. Con tales convicciones, nació, pues, la Convención raquítica, y todos los hombres previsores conocían que estaba expuesta a morir en los primeros días de su infancia, y así sucedió; y así era natural que sucediera, porque lo que no es respetable, nunca será respetado. Por la fuerza material, por la opresión bajo un régimen de terror, se podrá obligar a la obediencia y a un respeto aparente a los actos resultantes de semejantes corporaciones, que, cualquiera que sea su denominación, no son mas que juntas desautorizadas; pero más tarde o más temprano, el arrepentimiento

obrando y la conciencia pública reanimándose, desbaratan
de un solo soplo el edificio que aquéllas levantaron sobre
arena en lugar de cimientos sólidos, que en polítida no lo
son sino los que se fundan en el derecho.

Siempre será deplorable aquel acto de debilidad del Congreso de 1827, que, aturdido por la grita de las pasiones, no
conoció que las excitaba más cediendo que resistiendo. Si hubiera llenado su deber, declarando que siendo la Constitución inviolable hasta el año de 1831, se haría él culpable vio-
lándola, y si en consecuencia hubiera dictado un decreto exigiendo a todos la obediencia, y recomendando al Gobierno
su cumplimiento, es fuera de toda duda que el Libertador lo
habría raspetado y ejecutado con decisión, pues en el curso
de aquellos acontecimientos dió repetidas muestras de docilidad, y ya era indudable y todos sabian que había desistido
enteramente de sus primeras idéas de que se adoptara en Colombia la constitución que se dió a Bolivia. El general Páez,
sometido ya, no habría retrocedido, y es más que probable
que el Libertador no habría muerto prematuramente, pues
que los pesares que le causaron los sucesos posteriores fueron
los que lo mataron. Casi puede asegurarse que ambos se habrían alegrado de salir, por aquel medio y con honor de los
conflictos en que los habían puesto sus errores primeros.

En este caso, los buenos oficios del general Soublette, de
los señores José Manuel Restrepo, Castillo Rada, y otros amigos leales del Libertador y del general Santander, hubieran
conseguido reconciliarlos, como lo procuraban infructuosamente; y con esto, los partidos habrían depuesto su encono
en un abrazo fraternal, y la patria quizá no habría caído en
el abismo en que se ha sumergido.

Aunque a juicio de muchos hombres competentes había
cesado, con el acto de que me ocupo, el régimen constitucional, y el Gobierno venia a ser un gobierno de hecho; sin embargo, se continuó por el Congreso y por el Poder ejecutivo,
obrando en nombre de la Constitución, porque la ley que

convocó la Convención decía que se observase hasta que fuera reformada, como si por sólo el acto de que aquella ley trataba no hubiese quedado destruída.

V

En los momentos de llegar el Libertador a la capital se ocultaron varios senadores y representantes, y algunos escritores públicos, aparentando temer su resentimiento por los ataques qué le habían dirigido. Sabiéndolo el Libertador, les hizo decir que volvieran a sus casas, que él no abrigaba ningún resentimiento, y que aunque así fuera, nada podría hacer contra ellos, estando, como estaban, bajo la protección de las leyes.

A las autoridades políticas se las requirió por la secretaría de lo interior a que procurasen, por medio de una conducta conciliatoria, restablecer la concordia entre los colombianos; que excitasen a los escritores públicos a que cesase la guerra de difamación e inculpaciones recíprocas por la imprenta, que es lo que en todo tiempo encona los ánimos y atiza la tea de la discordia. ¿Es asi como obran los tiranos? El magistrado que procede de este modo, ¿puede ser calificado de tal?

La extensión o represión de la libertad de imprenta, es uno de los negociados de mas difícil solución en las sociedades modernas: la censura previa es incompatible con su imprescindible libertad; la libertad absoluta sin responsabilidad es absurda e inmoral. ¿Cuál será el remedio? No lo alcanzo. En Inglaterra y en los Estados Unidos angloamericanos es conocido; pero ya se sabe que la Libertad no habla sino inglés, y apenas de poco tiempo a este parte está aprendiendo uno que otro idioma con mucha dificultad y tartamudeando.

Bolívar, siempre noble y grande hasta en los días de sus errores, al circular el reglamento para las elecciones de miembros a la Convención, previno la prescindencia absoluta de las autoridades y de los militares en ellas, y en todas partes se cumplió puntualmente aquel mandato No lo hizo así el vicepresidente, que escribía incesantemente a los numerosos parciales que en toda la República había podido procurarse en su larga administración; que trabajó con ardor para ser nombrado él mismo y para que sus partidarios lo fuesen, y así lo consiguió. Quizá se dirá que no estando el vicepresidente encargado del Poder ejecutivo, podía hacerlo legalmente. Yo no sé si podía hacerlo *legalmente* un miembro del Consejo de Gobi^rno, que de un momento a otro era posible volviese a encargarse del Poder ejecutivo, por cualquier incidente imprevisto, lo que daba una esperanza alentadora a los corredores y agiotistas del mercado eleccionario. Esta gente husmea, casi sin equivocarse, a qué lado se inclinará, al fin, la balanza de las probabilidades, y aventura con audacia.

Los temores que en un tiempo se tuvieron de que el Congreso fuera hostil al Libertador, cesaron bien pronto. Por el contrario, recibió de aquel Cuerpo las pruebas más honrosas de ilimitada confianza. Todas las medidas que dictó en uso de las facultades extraordinarias, fueron aprobadas, de manera qus la creación de la jefatura superior de Venezuela, que tonto se le censuró, quedó legalmente confirmada. Además le autorizó el Congreso ampliamente para muchas cosas, hasta cierto punto de naturaleza legislativa, entre otras la de reformar el plan de las universidades y colegios, en cuya virtud prohibió que se continuasen enseñando los principios de legislación de Bentham, cediendo al clamor y a los deseos de los padres de familia timoratos, que temblaban por sus hijos, de las doctrinas del *principio de utilidad* que desenvuelve aquel publicista, pernicioso en sí mismo, y que malignamente enseñado y peor comprendido ha hecho estragos entre nosotros.

Esta medida, suplicada, exigida, se volvió cuestión de Estado y los enemigos del Libertador la explotaron para sacar partido de la juventud que, por su inexperiencia, es tan fácil de extraviar. Los colegios armaron alboroto, y los muchachos muy orondos, con grave prosopopeya y tono enfático, la declararon rancia, retrógrada, ultramontana.

Los padres de familia se fijan mucho en los textos, y no ven lo que es más importante: los maestros, los catedráticos. En esto es en lo que debían y deben tener mucho cuidado. El Evangelio explicado por un cristiano es el libro de los libros por excelencia, es la moral puesta en acción, es la virtud enseñada por Dios mismo: explicado por un incrédulo es un disparatorio absurdo, pernicioso; es la mentira autorizada por la ignorancia.

VI

Como un combustible más arrojado a la llamarada de las pasiones hirvientes, elevó el general Santander una representación al Libertador, pidiéndole que hiciera indagar por todos los medios legales, si él (Santander) tenía dinero en algún banco extranjero, o si durante su administración se había mezclado en algún negocio cualquiera que fuese. El Libertador perdió una ocasión de calmar al general Santander resolviendo, como era justo, que el Gobierno estaba satisfecho de su honrosa conducta, de su probidad incuestionable; y que por tanto consideraba innecesaria la instrucción de las diligencias que se pedían; y lo que hizo fué lo peor que podía hacer: declarar que no le tocaba resolver sobre aquella solicitud, y pasarla al Congreso. Con tal medida sucedió lo que debía suceder: la discusión se agrió de una manera impropia de aquel lugar; los enemigos del general Santander, lo que es lo mismo que decir los amigos del Libertador, le hicieron cargos apasionados sobre el malhadado empréstito y sobre su inversión; sus amigos lo defendieron con mejores razones y no menos calor, y llegado el día de cerrar sus sesiones el Congreso, acordó «nombrar una comisión de cinco diputados que examinara los documentos del empréstito, y que reuniera las pruebas que el general Santander quisiera presentar o pedir, a fin de que se viera el negocio en otra sesión». Es decir, nunca, pues convocada la Convención, aquella fué la última que tuvo el Congreso constitucional colombiano; y quedó por consiguiente el general Santander lo mismo o peor que un reo a quien se absuelve de la instancia, dejando la causa abierta; lo que, pundonoroso como era, le hirió profundamente.

Estas acriminaciones inmerecidas sobre un punto tan delicado para un caballero celoso de su buen nombre, que tiene el deber de dejar inmaculado a sus hijos; y la aprobación que diera el Libertador al general Páez, culpando al Gobierno de los males del país, cosas ambas en que toda la razón estaba de parte de Santander, fueron las que le canceraron el corazón, y lo lanzaron despechado en el camino de la venganza en el que ya no se detuvo.

El general Santander no era demagogo, ni lo que después se ha llamado radical o gólgota: tenía ideas sanas de goblerno y las manifestaba en confianza y con misterio, por lo que dicen Baral y Díaz que «en público afectaba venerar la Cons. titución, y en privado la desacreditaba».

Voy a probar mi aserto:

En carta de 16 de setiembre de 1819, ofreció al Libertador votar, como diputado al Congreso de Angostura, por la presidencia vitalicia.

En carta de 6 de mayo de 1825 decía ál Libertador: «Bien que con que V. me haya dado las gracias (por los recursos con que proveyó al ejército auxiliar del Perú) estoy contento y satisfecho, pues vale más para mí, y en la opinión pública, una letra satisfactoria de V., que un decreto de todos los Congresos de América. Si he de decir a V. la verdad, nuestro Congreso es acérrimo enemigo de las recompensas que ganan los militares: tienen un odio mortal a los libertadores de la patria. Diputado ha habido que proponga que no carguemos ni uniforme militar, y muchos que hayan pedido el absoluto desafuero. ¡Qué hombres, qué hombres! Es lástima que no se publiquen los diarios de debates para que viésemos maravillas, y se conociese todo lo que he tenido que sufrir».

Algunos amigos del Libertador que preveían malas consecuencias del desarrollo del poder militar y que temían trastornos próximos par la impopularidad del vicepresidente en Venezuela, le escribían al Perú, que volviera a ponerse al frente del Gobierno. El general Santander le escribía en sentido contrario y le aconsejaba que *no viniera a encargarse del mando «por estar el Gobierno rodeado de leyes que nadie entendía*.» El Libertador preocupado por la pintura que le hacían sus amigos del país, pensó enviar al general Sucre de comandante general de Venezuela, nombrar intendente de aquel departamento al señor Fernándo Peñalver; y lo indicó así al general Santander, probablemente para sondear su opinión.

«Me parece (le contestó Santander) que el mejor modo de que se despopularíce Sucre y pierda su reputación, es ponerle en Venezuela con mando alguno; PUES LA GENTE REPUBLICANA ES INFERNAL. Páez me parece excelente porque siquiera le tienen miedo. Debemos conservar a Sucre de reserva como un general inteligente, afortunado, de gran nombradía y columna indestructible DE LA UNIÓN.»

Dicen Baralt y Díaz que «en vista de esto, Bolívar desistió de su intento en mala hora, tal vez, para el bien de la República».

En otra carta de agosto de 1826 decía Santander a Bolívar: «El origen de nuestros males esta, a mi entender, en que desde la Constitución hasta el último reglamento han sido demasiado liberales para un pueblo sin virtud y viciado por el régimen español».

En carta al general Santacruz, presidente del Consejo de ministros del Perú, le decía Santander que pondría de su parte cuanto le permitieran sus fuerzas, para hacer popular llevar a cabo la confederación de Colombia, Perú y Bolivia, bajo el gobierno vitalicio del Libertador.

Con semejantes ideas, si no se ha olvidado que el general Santander llamó al Libertador del Perú para que *tomase el partido que creyese conveniente a nuestra salud y a la causa de América*, y no simplemente a sostener lo Constitución y restablecer el orden legal alterado, debe deducirse que siendo el general Santander pundonoroso hasta el orgullo, herido en su amor propio con la improbación de su conducta administrativa, y en su delicadeza con las imprudentes palabras del Libertador sobre el empréstito, temiendo por consiguiente desaires o vejaciones, cerro los ojos y se arrojó en brazos del partido incipiente que con su apoyo se hizo después tan formidable, pudiendo con él contrabalancear el inmenso prestigio del Libertador; pero es fuera de duda, que sin aquellos motivos todo habría sido muy diferente; todo habría sido en consonancia con las ideas y principios que de las cartas citadas se deducen. Y estas cartas han sido publicadas varias veces.

VII

En medio de tantas inquietudes y contradicciones, y de la afección moral que le causaba el porvenir de la patria, que, según lo han probado los hechos, él veía claro, no desatendía el Libertador el cumplimiento de los deberes que su empleo exigía, y entre otros se ocupó con preferencia en restablecer el orden en los departamentos del Sur, y con medidas enérgicas, con proclamas, con cartas particulares, logró este resultado sin derramamiento de sangre. El agente principal del Gobierno, a cuyo tino, sagacidad, energía y actividad se debió principalmente la consecución de tan grande bien, fué el general Juan José Florez, cuyos servicios en aquella época difícil acrecieron la fama, bien merecida, que antes ganara en la guerra de la Independencia, no sólo por su valor sino también por su talento. El general Ignacio Torres, a quien el Gobierno había nombrado intendente gobernador de Guayaquil, ayudó mucho al general Flórez en aquella ardua empresa. Ganándose sucesivamente los cuerpos de la 3.ª división, ocuparon la ciudad cuya municipalidad acordó (el 25 de setiembre de 1827) que estando convocada la Convención debía volverse al orden constitucional; y en consecuencia el general Torres tomó posesión de la intendencia y el general Flórez de la comandancia general, terminando así aquella tempestad que rugió sobre Colombia amenazando reducirla a cenizas.

El coronel Bustamante, con otros jefes y oficiales de los más comprometidos emigraron al Perú y no volvieron. Esta es prueba concluyente de que el general Santander, aunque lo aplaudiera, no tuvo parte directa ni indirecta en el primer movimiento de la 3.ª división en Lima, porque en tal caso Bustamante y sus cómplices habrían regresado a ocupar una elevada posición, después que el general Santander volvió a l poder.

VIII

La animosidad de los partidos parecía un tanto calmada, aunque sin estarlo en el fondo. Los santanderistas se agitaban en ancho campo para tener mayoría en la Convención. Los bolivianos, sin dirección, por las repetidas órdenes que se daban para que ninguna persona constituída en autoridad ni los jefes militares influyeran en las elecciones, se descuidaban disgustados, privados, como lo estaban de la influencia de los hombres más notables de su partido. El haber hecho esta prohibición en aquellas circunstancias fué una delicadeza pueril. Que los altos empleados, que los jefes del ejército no deben obrar en ellas, como autoridad, por medios coercitivos, es incuestionable: pero que no pueden influir como ciudadanos particulares, por medios lícitos, es una verdadera privación de derechos imprescriptibles. Los constitucionales, sin bandera, desde que el Congreso rompió la ley fundamental, convocando la Convención, estábamos desalentados y casi indiferentes. Necesariamente, pues, debía

inclinarse la balanza en favor del partido más audaz, más
activo y más resuelto a atropellar por encima de los obstáculos morales; lo que ha sido siempre, para desgracia de la patria, su más notable cualidad.

· Se ha dicho y repite el doctor Rojas que el partido boliviano, no tenía principios fijos, y esto es verdad hasta cierto
punto; pero no absolutamente: el partido boliviano se ocupaba poco o mejor dicho nada, de la cuestión primera, relativa a la adopción en Colombia de la Constitución de Bolivia. Esa idea no tuvo séquito nunca; pero tuvo fijeza y perseverancia aquel partido mantener la integridad de la República, el régimen central, y la autoridad del Libertador. Del
partido santanderista puede decirse con más razón que no
tuvo principios fijos. En los primeros días fué constitucional,
y lo fué sinceramente, defendiendo por tanto el centralismo
y la integridad de Colombia, que la Constitución establecía
y hacía inviolables; después saltó a la federación y de allí a la
disolución de la República, pregonando la independencia
absoluta de la Nueva Granada; luego declinó en una confederación de tres repúblicas, y más tarde (en 1832), cuando
se hizo omnipotente, retornó al centralismo bastardeado
como se verá en su lugar. Más en todo esto se exigía una
condición *sine qua non*, y era la de que el *poder* lo resumiese
su caudillo. En esta idea entraba por mucho la vanidad, porque la exaltación del general Santander al solio, era la humillación del partido adversario; era más todavía: era la humillación de Bolívar.

El partido constitucional, fijo, sin vacilación en sus principios de inviolabilidad de la ley fundamental; rota ésta, y
empujado a un lado por el partido santanderista y por el boliviano, marchaba tímido y humilde detrás de este último
con el que tenía la afinidad del centralismo y la integridad
de la República.

La lucha entre tantas opiniones y tantas pasiones divergen-
tes iba a tener lugar en la Convención, tocándole a la ciudad

de Ocaña celebrar los funerales del vencido. Error fatal fué el de convocar aquella asamblea para una ciudad pequeña, fuera de los radios de civilización que despide en todas partes, la capital de la nación. Los partidos en general por más que se denigren recíprocamente tienen un gran número de hombres de honor e ilustración que en su mayor parte residen en la capital, y su influencia se hace sentir en aquellos cuerpos que, teniendo en sus manos la suerte del país, necesitan, para no extraviarse, acumulación de luces y de consejos, más bien fuera que dentro del capitolio.

CAPÍTULO VIII

I

Tan graves perturbaciones del orden social, la debilidad en que ellas ponían al Gobierno, el descrédito consiguiente, reanimaron las esperanzas moribundas del partido realista en Venezuela y de las autoridades de las islas de Cuba y Puerto Rico. Es una cosa digna de notarse que en Venezuela, cuna de los hombres más ilustres de la guerra de la Independencia; donde ésta se hiciera con más tesón y encarnizamiento; donde en sus inmensas llanuras se mantuviera, con heroísmo sublime, el pabellón tricolor sin desmayar un instante, sin perder nunca la esperanza; es, digo, digno de notarse, que en un país en que el partido republicano fuera tan pujante y sostenido, no lo fuese menos el partido realista, y que este partido fuese más numeroso y más tenaz allí que en ninguna otra parte.

Alentados, pues, los realistas de Venezuela, alzaron la cabeza de una manera alarmante, levantándose por diferentes partes fuertes y audaces guerrillas, algunas de las cuales podían llamarse ejércitos entre nosotros, pues una sola llegó a tener 3.000 hombres; los indios semisalvajes de las orillas del Orinoco y del Apure se alzaron haciendo grandes daños, y otros movimientos *de más grave naturaleza* amagaban con una conflagración general y desastrosa aquellos departamentos, cuyo incendio se temió allí que pudiera propagarse hasta nuestras costas.

Aquellos movimientos ejecutados de concierto con el capitán general de la isla de Puerto Rico, fueron apoyados por una escuadra española, que cruzando sobre las costas, buscaba un puerto, que se suponía ocuparían los guerrilleros, para proporcionarles armas, municiones, dinero y algunos oficiales y sargentos instructores, etc.; escuadra que se presentó a la vista de todos nuestros puertos hasta Cartagena y Chágres; y además cruzaban algunos corsarios españoles por las costas de Venezuela, haciendo muchas presas y obstruyendo el comercio.

Los guerrilleros se apoderaron por fin del puerto de Riochico en la provincia de Barcelona, pero ya la escuadra no estaba allí; lo que fué una gran fortuna; y por esto, más que por otra cosa, desmayaron.

Al mismo tiempo el Perú se armaba; nuestro ministro fué expulsado de Lima, y los colombianos eran molestados en aquella República. Su gobierno que tenía pretensiones sobre Bolívia, que llamaba «el alto Perú», promovía de diferentes maneras la desmoralización de las tropas colombianas acantonadas en ella, las que se precipitaron a actos peores que los ejecutados por la 3.ª división en Lima. El presidente Lamar era, como ya he dicho, colombiano de nacimiento; el general Santacruz era boliviano, y teniendo ambos fuertísimo interés en gozar de los derechos de peruanos de nacimiento, promovían por todos medios la anexión de nuestros departamentos del Sur, y la unión de Bolívia al Perú.

II

Tan graves motivos de alarma llamaron seriamente la atención del Gobierno y obligaron al Libertador a declararse en ejercicio de las facultades extraordinarias del artículo 128 de la Constitución, de las que usaría reservándose el ejercicio del Poder ejecutivo en toda la República, autorizando al consejo de ministros para despachar en Bogotá lo más urgente, pues siendo el general Santander diputado a la Convención, no podía ejercer ninguna función como vicepresite; y marchó (Bolívar) para Venezuela, en donde el riesgo era más inmediato, y la necesidad más urgente.

Para poderse ausentar dejando asegurado el orden público en los departamentos del Sur y del centro, expidió, como medida extraordinaria, un decreto prescribiendo los trámites. y fórmulas según los cuales debían ser juzgados breve y sumariamente los reos de los delitos de traición y conspiración.

Contra este decreto se levantó el grito porque era dictado por el Libertador; el general Santander tomaba medidas semejantes sin causar alarma; al doctor Azuero podía aconsejar otras peores, con aplauso. Esta ha sido siempre la doctrina del partido *liberal:* cuando él haga, hasta llegar al crimen, es lícito y loable; lo que haga su adversario, aunque sea imprescindible y regular, es malo y exige ocurrir «al santo derecho de insurrección» con todas las terribles consecuencias que él arrastra. Y esto lo prueba la historia de todas las épocas, y más la horrible de los nunca vistos sucesos y hechos recientes.

III

En aquellos días el desenfreno de la imprenta *liberal* prodigando la injuria y el insulto, principalmente al gobierno y a los militares, precipitó a algunos de éstos a cometer imprudencias reprobables. El coronel Ignacio Luque al frente de un batallón formado en la calle del Comercio quemó uno de estos impresos: acto ridículo, a que se dió más importancia de la que merecía. El señor Florentino González manifestó aquel día una serenidad y un valor a toda prueba repeliendo el insulto personal que aquel jefe intentó irrogarle de hecho, conteniéndole, pistola en mano. Al día siguiente salieron otros papeles peores que los quemados, y ya no fué una demostración insensata y pueril la que se cometió, ¡fué un delito: el mismo jefe, acompañado de otro forzaron la casa de la imprenta, estroperon a los cajistas y al dueño del establecimiento, confundieron los tipos mezclándolos, y se llevaron los impresos que aún no se habían puesto en circulación.

Nadie aprobó estas locuras de jóvenes atolondrados; el Libertador se irritó sobre manera, cuando se las participaron, y mandó que se les arrestase y siguiese causa, y los culpables tuvieron que satisfacer al público y a los agraviados, humillándose. Sin embargo se gritó: «a la tiranía y muera el tirano», porque así es la justicia de las pasiones.

Ya lo he dicho y lo repito: Siempre tuvo el Libertador un respeto plausible por la libertad de imprenta, aunque era el hombre más sensible a la censura que yo he conocido; y si hubiera atendido a las numerosas peticiones que de todas partes le dirigían para que con medidas enérgicas refrenase la licencia escandalosa de los escritores públicos, habría podido, con la probación general dictar algunas en este sentido.

Pero lo que hizo fué excitar a sus agentes y a sus amigos a que procurasen con su influjo personal y el de los ciudadanos pacíficos que aquéllos no abusasen con calumnias e insultos a las autoridades y a los ciudadanos de la libertad que se les dejaba.

¡Qué diferencia de lo que se ha hecho en estos tiempos *liberales!* ¿Y por quienes? Por los mismos hombres que en los Congresos proclaman con desaforados gritos la libertad absoluta del pensamiento, libertad absurda, como lo es todo lo exagerado, que desvirtúa esta garantía de todas las libertades y hace odioso este vehículo de civilización de que no se debiera permitir usar a las sucias manos de la ignorancia, de la inmoralidad *y de la traición;* pero que no tienen derecho de refrenar o de aniquilar, contradiciéndose sin pudor los que en constituciones y leyes, de que no hacen caso, alborotan con aquellas *conquistas,* como llaman las concesiones cobardes que les hiciera el partido conservador, para entregar la patria indefensa a sus peores enemigos.

IV

El 2 de marzo, día en que debió reunirse la Convención, no habían concurrido todos los diputados, pero sí estaban allí los santanderinos, que se constituyeron en junta preparatoria, en la que, como se sabe, se preparan muchas cosas, y entre otras se ocupó la Junta en calificar las elecciones, anulando varias de diputados, de los llamados bolivianos, para que quedara en mayoría el partido santanderino, cuya práctica se ha seguido después en Cámaras de provincia, Asambleas, Congresos, etc., para corroborar la opinión de los que creen que el sistema electoral es una mentira, y que todo es mentira entre nosotros, menos la fuerza.

El Libertador salió de esta capital el 16 de marzo, y llegado a Cúcuta tuvo allí noticias circunstanciadas de haber cesado todo riesgo en los departamentos de Venezuela, habiendo el general Páez, apoyado por otros generales, logrado destruir, someter o dispersar las bandas realistas con medidas enérgicas, con indultos o batiendo a los que no se sometían, o castigando, previo juicio breve y sumario, a los principales cabecillas, en lo que el general Páez prestó un gran servicio, añadiendo una honrosa página a la historia de su larga y brillante carrera pública. Quedó, pues, justificada la previsora medida de haber constituído una autoridad *fuerte y vigorosa* en aquellos departamentos, la que con tanta acrimonía se censuró, sólo por haber sido dictada por el Libertador, y por haber sido escogido el general Páez para jefe superior, auque después el abuso la hizo perniciosa y su prolongación produjera fatales consecuencias.

Resolvió, pues, el Libertador no continuar su marcha, y se detuvo en los valles de Cúcuta como punto céntrico para atender mejor a todas partes, y de esto se dedujo que su anunciado viaje a Venezuela no fué mas que un pretexto para acercarse a la Convención, sin embargo de ser notorio el motivo del viaje y el de su suspensión.

CAPITULO IX

I

Para que no faltara ninguna complicación en aquellos días en que tantas se agolpaban por todas partes, tuvo lugar en Cartagena un episodio entre serio y ridículo que se temió fuese grave y sangriento. De tiempo muy atrás existía una rivalidad pronunciada entre el general Mariano Montilla y el general de la marina, que no existía, José Padilla. El general Montilla estaba de cuartel, pero tenía una autorización reservada para resumir el mando civil militar del departamento, que comprendía lo que actualmente se llama Estado de Bolívar y Estado del Magdalena, con más el cantón de Ocaña, que desde la conquista perteneció a la provincia de Santa Marta, y que hoy contra la voluntad de Dios, que le puso el formidable páramo de Cachirí de por medio, pertenece al estado de Santander. El general Montilla era venezolano, el general Padilla era granadino. El general Montilla era blanco, el general Padilla era pardo. El general Montilla era boliviano, el general Padilla, por consiguiente, era santanderista; lo que significa que si el general Montilla hubiera sido santanderista, el general Padilla habría sido boliviano. El general Montilla era ilustrado, el general Padilla era ignorante. Debían, pues, ser rivales; no habiendo de común entre ellos sino que ambos eran generales de división, antiguos y beneméritos servidores, y valientes como lo eran todos los colombianos de aquella época. Pero esto mismo hacía que el general Padilla pretendiera en Cartagena la supremacía de que gozaba el general Montilla, lo que era su sueño dorado, como lo ha sido de otros menos dignos que lo han logrado por medios más criminales.

La rivalidad de los dos generales se transmitía de diferentes modos a los jefes y oficiales de la marina, que nunca faltaron en gran número, aunque hubiera pocos buques, y a los
de los Cuerpos de la guarnición; pero marcada entre granadinos y venezolanos. Se habían, pues, acumulado en Cartagena todos los elementos de antagonismos, sin contar el de
pobres y ricos, con que plujo a Dios hacer que la especie humana fuese la más feroz de todas las especies creadas.

El transtorno general de la República, el ancho campo que
él abría a todas las ambiciones, la anarquía reinante en las
ideas, que traía por consecuencia las polémicas de muladar
y las disputas acoloradas de taberna, que las más veces terminaban en pujilato; todo esto tenía la ciudad en agitación·

Una inprudencia vino a rasgar la nube preñada de tanta
electricidad, y por un milagro providencial, todo se fué en
truenos y relámpagos, sin que descargase el rayo. Los jefes
de los cuerpos, en su mayor parte bolivianos, promovieron
una exposición a la Convención, abundante en quejas más
bien pueriles que fundadas, recordando los padecimientos y
los servicios del ejército, con la exageración de uso y costumbre, pidiendo que se les asegurasen sus goces y pensiones, sus exenciones y prerrogativas; esto es, el fuero militar,
de cuya supresión justa y racional en una república ya se
hablaba, a pesar del general Santander, cuyo liberalismo no
llegaba hasta allá. Los más de los oficiales de artillería y de
caballería, y todos los venezolanos la firmaron; los del batallón Tiradores, mis antiguos compañeros, casi todos granadinos, no lo hicieron, y sostuvieron su negativa contra las
amenazas de los jefes del cuerpo, y contra las excitaciones
de los otros oficiales firmantes. Esta manía insensata de firmas, y contrafirmas, de la que en ciertas épocas no se escapan ni clérigos, ni frailes, ni monjas, ni soldados, trae siempre consecuancias fatales, e indica en quienes las exigen una

mezquindad de ideas, que llega a la extravagancia. ¿A qué conducen esas firmas? ¿Son promesas de sometimiento? ¿Qué significan unas promesas forzadas y arrancadas bajo amenaza? La obediencia en este caso es impuesta y por tanto la mismo es imponerla con firmas que sin ellas. ¿Son peticiones o manifestaciones de adhesión de cuerpos, cuyos miembros están sujetos a la obediencia a sus jefes? en este caso ¿qué valor tiene las firmas de los subordinados? La adhesión exigida por coacción puede llamarse tal? Pero yo trataré esta cuestión de firmas mas adelante.

De esto resultó que los oficiales renuentes se hicieran sospechosos, que se les mirase mal, que se les supervigilase, y por consiguiente que ellos se hicieran hostiles, consecuencia que traen las sospechas y las desconfianzas, volviendo infieles a los que sin ellas hubieran sido leales. Mucha virtud y mucho patriotismo se necesitan para hacerse superior a semejante agravio el hombre de quien se sospecha injustamente *y pocos* son los que tienen tan gran virtud y tan noble patriotismo.

El general Padilla y un círculo turbulento que lo dominaba, explotaron aquel incidente, que con prudencia hubiera sido insignificante. Hubo juntas secretas en su casa y en otras partes, a las que concurrían todos los especuladores en revueltas, algunos hombres ilusos y los oficiales no firmantes. En esos conciliábulos se trataba de *serviles* a los firmantes, quienes a su vez trataban de *facciosos* a los otros. El general Padilla excitado por sus malos consejeros salía de noche por las calles, en pandilla, amenazando en términos que las autoridades le temían, y los ciudadanos honrados temblaban aterrados con el resultado que aquellas demostraciones pudieran tener.

II

En esta inquietud y azarosa expectativa, a los cuatro o cinco días de perturbación moral del pueblo pacífico, se adelantó el general Padilla a dar pasos mas decisivos: intimó al comandante general, coronel José Móntes, que dejase el mando porque los *liberales* desconfiaban de él. El coronel Móntes, hombre honrado, y de los militares más meritorios que tuviera Colombia, tan antiguo en el servicio como la Revolución, era amigo personal del general Padilla, y procuró con buenas razones calmarlo e impedirle que se precipitase; más, no lográndolo, se separó del mando que obtenía por el Gobierno, lo que no admite excusa. En su consecuencia el Intendente gobernador nombró para reemplazarle al coronel Juan Antonio Gutiérrez de Piñéres (hoy general), antiguo y benemérito servidor que siendo conocido por hombre moderado, de buen corazón, incapaz de hacer mal a nadie, fué estimulado por los principales ciudadanos a que aceptase, teniendo en él una garantía, que perdían por la separación del coronel Móntes; y sin embargo de conocer que el Intendente no tenía facultad para hacer aquel nombramiento, lo aceptó cediendo a las instancias que se le hacían, y correspondiendo a las esperanzas que en él habían puesto los buenos ciudadanos.

El general Montilla estaba en Turbaco. ¡Turbaco! ¡el florido y encantador *Edén* de los cartageneros, donde pasé los inocentes días de la infancia, sin pensar en los atribulados que se me esperaban en una larga y azarosa vida! ¡Turbaco! ¡en donde quisiera arrastrar los pocos años que me quedan por sufrir, para deplorar en aquel lugar florido y apacible los males inconmensurables de mi patria, como granadino, y de mi patria como cartagenero! ¡Turbaco!... En fin, el general Montilla estaba en Turbaco...

Calculando el general Montilla, al recibir las primeras noticias, toda la extensión del peligro que corrían Cartagena y el departamento entero, si los proyectos revolucionarios del general Padilla se realizaban, rejándole obrar sin represión, hizo uso de la autorización reservada que tenía y se declaró en ejercicio de la comandancia militar con facultades extraordinarias, lo comunicó en ol acto a las autoridades de Cartagena y ha los jefes de los cuerpos, y por todos fué reconocido. Al mismo tiempo dió órden reservada para que en esa misma noche (el 5 de marzo) salieran de la plaza, en silencio, el batallón de Artillería, el batallón Tiradores, y el escuadrón de Húsares, lo que se verificó marchando dichos cuerpos a unírsele al pueblo mencionado. Al amanecer, toda la tropa que cubría los puestos de guardia de la plaza, se fué espontáneamente a reunir a sus cuerpos. Los oficiales no firmantes, ignorando el movimiento, se quedaron y despues no quisieron seguirlo.

El general Padilla y su círculo al saber en la mañana del 6 lo que había pasado, y que el general Montilla había reasumido el mando militar, se enfurecieron y trataron de parar el golpe conmoviendo al pueblo, de quien el general Padilla, por su color, esperaba una decisión eficaz en su favor. Un grupo de oficiales y de gentualla de todos colores lo proclamaron intendente y comandante general, y él acepto, dando las gracias y ofreciendo sostener *las libertades públicas*, como se han llamado siempre los desórdenes que las destruyen. Pero la masa del pueblo, prudente y circunspecta, se hizo sorda a las excitaciones de todo género que se le hacían, se mantuvo indiferente, y aun se manifestó dispuesta a la resistencia en caso necesario.

Así tenía que suceder. En nuestras provincias de la costa, y principalmente en Cartagena, hay pardos ilustrados y de juicio, que gozando de una completa igualdad de derechos políticos y civiles, conocen perfectamente sus intereses y saben que siendo la ciencia y el mérito títulos legítimos de superioridad, pueden por medios lícitos adquirir una bien merecida posición social, aplicándose y compórtandose honorablemente; y estos influyen sobre los demás morigérandolos.

Entre los negros ignorantes de los campos, y de la última plebe de las ciudades, existen resquicios de aversión más bien a la diferencia de categoría que al color, pues la tienen igualmente a los pardos que se hallan en esfera más elevada. Sin embargo, algunos malévolos no dejan todavía de vibrar esta cuerda mohosa, a veces con algún provecho; pero no con todos los resultados que ellos se proponen, y es de esperarse que con la benéfica aunque lenta acción del tiempo, y la prudencia de los buenos de todos los colores, desaparezcan enteramente esas antiguas preocupaciones, y con ellas desaparezcan también esos motivos de alarma por una causa que viene de Dios, y de la que los blancos no somos responsables.

III

Desesperado el general Padilla con el mal resultado de sus excitaciones al pueblo, y viendo que los hombres principales de todos los colores se salían a reunirse al general Montilla, se embarcó en una de las pequeñas goletas de guerra que tenía a su disposición, y desembarcando en el puerto de Tolú, atravesó como fugitivo las llamadas sabanas de Corozal, y se fué a Mompos. Desde allí escribió al Libertador participándole los sucesos que dejo referidos, pintándolos de manera que fueran menos reprobables, y acusando al general Montilla de precipitación, en lo que quizá no le faltaba alguna razón. Pero al mismo tiempo escribió al presidente de la Convención diciendo que iba para Ocaña «a ofrecer su persona, su poco influjo, y cuanto le perteneciera en defensa de la Convención» ¿Qué significaban estas palabras? ¿Qué peligros corría la Convención que no los tuviera dentro de su propio seno? Con ellas se quería dar a entender que había riesgo de que el Libertador la disolviera por la fuerza; acusación alevosa que había partido del círculo *liberal* haciendo eco entre los afiliados de todas partes, y que el general Padilla no hacía más que repetir para obtener el apoyo de los miembros santanderistas de la Convención. En efecto, la junta preparatoria, pues la Convención no se había instalado aún, acordó (17 de marzo) que se manifestara al general Padilla la gratitud *de la diputación* por el celo en favor del orden público, observancia de las leyes y seguridad de la Convención, que en los días 5, 6 y 7 del corriente había demostrado en Cartagena, según aparecía de su comunicación y documentos.

Esta proposición insensata fué revocada al día siguiente, cuando reflexionando bien, conocieron toda su deformidad, mucho más siendo acordada por una simple junta preparatoria que no tenía facultad para entrar a calificar hechos de ninguna clase; y por una gran mayoría se revocó y se decidió que la respuesta se limitase a manifestar al general Padilla que la diputación había visto con aprecio los sentimientos de respeto a la gran Convención que en dicha comunicación aparecían. Sin embargo de ser conocido este hecho histórico en todas sus partes, publicado en la *Gaceta* y otros documentos, dijo el general Obando en sus apuntamientos para la historia que *la Convención* había aprobado explícitamente la conducta del general Padilla.

Como este general siguio para Ocaña detrás de su oficio, recibió en dicha ciudad la expresada respuesta, que no le agradó, e inmediatamente elevó al Libertador una representación sumisa y respetuosa, que habría bastado a poner término a aquel incidente al principio tan amenazador, si los sucesos que inmediatamente siguieron no hubieran hecho nugatoria la citada representación, pues el Libertador iba a resolverla favorablemente, nombrando al general Padilla de comandante general de Pasto por algunos meses; lo que me consta, pues a mí mismo me habló sobre ello en 1830, deplorando la suerte de aquel general, cuyos servicios estimaba. Pero el general Padilla, nombre ignorantísimo y débil ante la seducción, como son todos los que se dirigen por inspiraciones ajenas, olvidándose de aquel paso, que lo comprometía más y más con el Libertador, no ya como militar sino como hombre de honor, entró en conferencias con los diputados más exaltados del círculo santanderista, de las que resultó que sin aguardar la resolución del Libertador a su representación, siguiera a Mompos a promover una revolución

en favor de la *libertad* y contra la *tiranía*. ¡Cómo se juega
con las palabras! Mas, desde la fuga de Padilla de Cartagena y desde que supo Montilla la dirección que había tomado, calculó *todo lo que había que temer* de aquel. viaje, e inmediatamente mandó a Mompos con una fuerte columna al
conde de Aldercreutz, caballero sueco que había venido a
tomar parte en nuestra gloriosa guerra y era coronel del regimiento de Húsares de Magdalena. No había, pues, esperanza de verificar en Mompos el movimiento proyectado, y
por consiguiente no quedó otro recurso al general Padilla
que seguir a Cartagena, esperando todavía alguna demostración en su favor del pueblo mismo, que con más probabilidades no lo hizo antes, y de la maestranza y matrícula de
marina, que en ningún caso podían hacer frente a los cuerpos veteranos y a los de milicias fieles; porque así se aluci-
nan los hombres poco reflexivos, cuando se desesperan y
ven las cosas con los ojos del corazón y no con los de la frente. En todos tiempos ¡cuántas víctimas no ha inmolado este
alucinamiento!

No bien había hecho su salida Padilla de Ocaña cuando le
fué avisada de dicha ciudad a Montilla, con detalles sobre el
objeto del regreso de aquel general: así fué que al introducirse Padilla ocultamente en la ciudad en la madrugada del
día 1 de abril de 1828, en el momento mismo se encontró
preso en su casa, y a las seis horas estaba de marcha para esta
capital en calidad de tal, custodiado por un jefe de confianza; sus cómplices fueron reducidos a prisión y sometidos a
juicio.

IV

Dije antes que al general Padilla no le faltaba quizá alguna razón para acusar al general Montilla de precipitación en
haber sacado las tropas de la ciudad, al declararse en ejercicio del mando militar, y voy a manifestar las razones en que
me fundo. Hasta el 5 de marzo no había cometido Padilla

más que imprudencias, bien que impropias de su elevada posición social, y que aunque daban fundados motivos de temer un conflicto de malísimo carácter, que fué lo que im-
presiono a Montilla, no pasaban de simples conatos; reconocido Montilla por las autoridades y por las tropas, pudo entrar a la plaza con seguridad, prescindir de etiquetas y resentimientos, y verse con Padilla, calmarlo, persuadirlo, o
acordar otras medidas suaves, pues que estaba seguro de to-
marlas enérgicas y decisivas; a la hora que quisiera, si aquellas eran ineficaces.

Padilla le escribió a Turbaco el día de la salida de las tropas, pidiéndole garantías para sí y para los comprometidos
en aquellas demostraciones irregulares, y Montilla le contestó en términos ambiguos que hicieron temer a Padilla un
procedimiento ofensivo a su persona, y este temor le obligó
a fugarse.

Lo más serio de aquellos actos inconsultos fué la separación del coronel Montes; pero esta podía considerarse voluntaria, pretextando enfermedad o cualquiera otra causa plausible, si se hubiera querido, como la prudencia lo aconsejaba, cortar el mal por otros medios de los que se emplearon,

El general Padilla tenía títulos, más que suficientes para
que se hubiera procurado salvarlo, aun a pesar suyo, más
bien que dejarlo precipitar y consumar su ruina. Y esto habría cargado de razón al general Montilla, y le habría dado
una fuerza moral inmensa en la opinión pública, si el general Padilla, continuando en sus desmanes, hubiera dado lugar a proceder contra él.

V

Hasta entonces los partidos políticos no se habían exaltado en Cartagena. El boliviano era preponderante, principalmente en las clases superiores; más desde aquellos sucesos
se fué minando la opinión del pueblo, que no lee, que no
juzga si no por lo que le dicen, atribuyéndose a *malos moti-*

vos la persecución del general Padilla, y de los que se llamaron *liberales* por haberse comprometido en los hechos que he referido. Los especuladores en política, que ven en los trastornos un medio de hacer ganancias, tomaron por su cuenta la acriminación de las medidas ejecutadas y, emponzoñándolas malignamente, fueron ganando terreno y engrosando sus filas: la palabra «Democracia» empezó a sonar hueca y amenazante, en un sentido que no tiene ni en la ciencia política, ni en el idioma; un partido de oposición se fué formando y haciéndose formidable contra el general Montilla, contra las personas constituídas en autoridad, y contra los hombres de orden, el que tomó el nombre convenido de *liberal;* notabilidades espurias sin títulos ni merecimientos se levantaron, y por estas causas el proverbio «esos polvos traen estos lodos», se ha cumplido en toda su ominosa significación, en la tierra infeliz que oyó mi primer llanto.

VI

Apenas recibió el Libertador las primeras noticias de estos sucesos que le comunicara el general Montilla, llamándolo con urgencia, lo que prueba que este se alarmó el primer día más de lo que aquellos amagos merecían, resolvió (Bolívar) bajar al Magdalena, y con este motivo marchó a Bucaramanga. En el tránsito recibió la representación al general Padilla de que he hablado, y nuevas comunicaciones del general Montilla, participándole que el peligro había cesado. Suspendió, pues, su marcha en Bucaramanga, de donde mandó inmediatamente un jefe a Ocaña a prender al general Padilla, y llevarlo a su presencia. Fué una desgracia que cuando este jefe llegó a Ocaña ya se hubiese ausentado Padilla, porque si se hubiera visto con el Libertador, todo habría terminado con algunas reconvenciones y consejos, y aquel desgraciado general habría vuelto a ser, como era antes, su amigo, no resistiendo al ascendiente que ejercía Bolívar sobre los que se le acercaban, y al que ya Padilla había estado sometido en mejores días.

Sin embargo de ser notorios los movimientos revolucionarios por todas partes, que pusieron en boga la comparación de Poro rey del Hidáspes a Alejandro Magno, *del cuero tieso que si se anda en una dirección sobre él, se levanta de la opuesta,* se alzó el grito contra el Libertador, por el círculo dominante en Ocaña, vociferando que premeditadamente se había propuesto desde que salió de Bogotá situarse en Bucaramanga para oprimir la Convención, y con el mismo objeto se supuso la marcha de la columna que llevó el coronel Aldercreutz a Mompos cuyo justísimo motivo se ha explicado ya. De Bucaramanga a Ocaña hay que pasar el tremendo páramo de Cochirí; de Mompos hay que subir al Magdalena hasta el Puerto real, y de allí a Ocaña por tierra: ¿Qué clase pues, de opresión podía ejercerse sobre la Convención a distancias tan grandes y difíciles de recorrer?

VII

Baral y Díaz después de hablar de las medidas tomadas por el Libertador en esta capital antes de su marcha dicen:

«Preocupado siempre por los trastornos del Norte, se puso en camino el 16 de marzo con el intento de trasladarse por la vía de Guayana a tierra de Venezuela. En Suatá se hallaba cuando recibió el 25 del mismo mes la desagradable nueva de haberse alterado el orden de Cartagena; si bien le sirvió de consuelo saber al propio tiempo que los disturbios de los departamentos que se había propuesto visitar se hallaban enteramente disipados. Conociendo, pues, ser ya innecesario su proyectado viaje a aquellos lugares, fijó su residencia en Bucaramanga, para observar más de cerca el Magdalena según lo dijo de oficio en 11 de abril su secretario general.

Otras más graves causas influyeron también en esta resolución y Bolívar mismo las ha revelado a la posteridad. Una carta suya fechada en Suatá el mismo 25 de marzo y dirigida a Mendoza, intendente de Venezuela, dice: «Yo marcho inmediatamente hacia Ocaña y el Magdalena a remediar los males y a sacar partido del mal suceso.» En otra del 1 de abril escrita al mismo sujeto desde Bucaramanga, se leen estas palabras: Yo marchaba a Venezuela con el objeto de pasar por los departamentos de Orinoco y de Maturin en donde se necesita la presencia del Gobierno: pero he suspendido mi viaje, primero, por el actual estado de Venezuela, en donde no hay que temer, y segundo, por acercarme a Cartagena con motivo del inicuo atentado que acaba de cometer allí el general Padilla en contra de la autoridad... Me ha sido también muy satisfactorio ver las representaciones de los cuerpos de Caracas y otros lugares, con tanta más razón cuando que están de acuerdo con las que dirigen a la Convención los pueblos del Sur y del Centro. Yo no dudo, pues, que nuestros buenos diputados apoyados tan fuertemente por la opinión pública desbaraten las ideas de federación que tienen algunos con apoyo de Santander, y se conserve la íntegridad de la República junto con la fuerza del gobierno. Este es el sentimiento que domina en estos pueblos... Todo ello unido al favorable estado de Venezuela y al último acontecimiento de Cartagena, me ha obligado a detenerme aquí diez o doce días para que los mismos acontecimientos me indiquen la ruta que debo tomar si a Ocaña, Cúcuta o Bogotá.»

«Semejantes indecisiones y temores (continúan Baralt y Díaz) se veían entonces justificados por la situación de la República.»

Queda, pues, probado de la manera más concluyente cuanto he dicho sobre el objeto del viaje de Bolívar, y de los motivos de su suspensión y de su dentención en Bucaramanga. Y, probado esto, queda probado que los que han supuesto otra cosa, y aún lo suponen, fueron y son calumniadores.

CAPITULO X

I

Por fin se instaló la Convención (9 de abril) y se leyó el mensaje que le dirigió el Libertador, en el que volvía a renunciar el bastón de Presidente y la espada de general. En este importante documento, hizo Bolívar una reseña verídica del triste estado de la República, manifestando la necesidad de reformar las instituciones, dando al gobierno poder *legal* suficiente para asegurar la paz y el orden. Pero en gran parte el malestar que se sentía, la perturbación absoluta con que amenazaba la anarquía de las ideas eran provenientes de los primeros y fatales desaciertos que él mismo cometiera desde su llegada a Guayaquil, cuya verdad sentida por todos, debilitaba la fuerza de su expresión. Desde que se abandona el sendero de la legalidad, precisamente se ha de tropezar con abrojos, matorrales y vallados que impiden encontrar el camino para salir a lo claro. En las circunstancias en que Bolívar hablaba, los más sanos principios enunciados por sus labios eran mal interpretados: aparecían, o se hacían aparecer, no como convicciones sinceras, sino como innoble ambición personal. Se ha dicho, y se ha dicho muy bien, que aquellas circunstancias se crearon. La misión del señor Leocadio Guzmán, el acta de Guayaquil, las que a ellas se siguieron, y las consecuencias que produjeron, son argumentos incontestables en favor de la proposición enunciada. Cuando las circunstancias vienen por sí mismas, se les puede hacer frente, se las puede dominar; más cuando se crean, todo lo arrastran en pos de sí, agobia la responsabilidad del error cometido, y no hay poder que resista a la fuerza oponente, fundada en la razón ofendida.

«¡Legisladores! (clincluía el mensaje de que hablo). Ardua y grande es la obra que la voluntad nacional os ha sometido. Salvaos del compromiso en que os han colocado nuestros conciudadanos, salvando a Colombia. Arrojad vuestras miradas penetrantes en lo recóndito del corazón de vuestros comitentes; allí leeréis la prolongada angustia en que agonizan; ellos suspiran por seguridad y reposo: un gobierno firme, poderoso, justo, es el grito de la patria. Miradla de pie sobre las ruinas del desierto que ha dejado el despotismo, pálida de espanto, llorando quinientos mil héroes muertos por ella, cuya sangre sembrada en los campos hacia nacer sus derechos. ¡Sí, legisladores! muertos y vivos, sepulcros y ruinas, os piden garantías. Y yo que sentado ahora en el hogar del simple ciudadano, y mezclado entre la multitud, recobro mi voz y mi derecho; yo que soy el último que reclamo el fin de la sociedad; yo que he consagrado un culto religioso a la patria y a la libertad, no debo callarme en ocasión tan solemne.

»Dadnos un gobierno en que la ley sea obedecida, el magistrado respetado y el pueblo libre; un gobierno que impida la transgresión y l a voluntad general y los mandamientos del pueblo.

»Considerad, legisladores, que la energía de la fuerza pública es la salvaguardia de la flaqueza individual, la amenaza que aterra al injusto y la esperanza de la sociedad. Considerad que la corrupción de los pueblos nace de la indulgencia de los tribunales y de la impunidad de los delitos. Mirad que sin fuerza no hay virtud, y sin virtud perece la República. Mirad, en fin, que la anarquía destruye la libertad, y que la unidad conserva el orden.

»¡Legisladores a nombre de Colombia os ruego con plegarias infinitas que nos deis, a imagen de la Providencia que representáis, como árbitros de nuestros destinos, para el pueblo, para el ejército, para el juez, y para el magistrado, ¡leyes inexorables!...»

Absteniéndose de proponer ninguna forma de gobierno, terminaba diciendo: «Nada añadiría a este funesto bosquejo, si el puesto que ocupo no me forzara a dar cuenta a la nación de los inconvenientes prácticos de sus leyes. Sé que no puedo hacerlo sin exponerme a siniestras interpretaciones, y que al través de mis palabras se leerán pensamientos ambiciosos; mas yo, que no he rehusado a Colombia consagrarle mi vida y mi reputación, me conceptúo obligado a este último sacrificio.»

¿No resaltan en este lenguaje la buena fe, la convicción profunda, la sinceridad del corazón? Los *principios* que él enuncia ¿no son los *principios* indispensablemente fundamentales de todo gobierno bien constituído? puede existir una sociedad sólidamente organizada, sin profesarlos y establecerlos? ¿se oponen ellos a la libertad que reclaman los hombres honrados, dentro de los límites de la moral? ¿Qué es la libertad? ¿No es el respeto a todos los derechos de la humanidad, protegidos por la ley, afianzados por el orden y asegurados por la justicia administrada por tribunales que den garantías de independencia y rectitud? La libertad de conspirar impunemente de calumniar, de atropellar los derechos más sagrados, de alzarse con el poder por el crimen, de no respetar ni el sexo débil que no puede defenderse, de oprimir con servicia feroz, de erigir el vandalaje en sistema, de asesinar, de saquear, de incendiar... ¿es la libertad que conviene a los pueblos? Y un gobierno fuerte por la ley, que consolidara el orden social, impidiendo con vigor estos males tan frecuentes y desastrosos en nuestras repúblicas turbulentas, y asegurase por la justicia los bienes de una libertad racional, aplastando la anarquía, ¿podría llamarse absoluto y tiránico? ¡No! La idea de Bolívar era noble, previsiva; pero desgraciadamente se apresuró demasiado, se equivocó en los medios. Si hubiera vigorizado el principio sacrosanto de, la

legalidad, sosteniendo la constitución que regía, salvándola
con su brazo poderoso del naufragio que la amenazaba y
que, por fin, la ahogó; llegando el año de 1831, en que cesaba su inviolabilidad, una convención verdaderamente nacional, con la fuerza moral de la legitimidad de su reunión, de
que carecía la de Ocaña, sin que en su seno lucharan pasiones hostiles y vengativas, habría oído con santo respeto las
palabras de regeneración saludable del fundador de la república, y el bien se habría hecho sin contradicción y con un
sometimiento espontáneo. ¿Qué se habría podido objetar si
entonces, al lógico trozo del mensaje que he transcrito, hubiera añadido: «ya habéis, legisladores, palpado que las instituciones vigentes son débiles para sostenerse por sí mismas;
que sin mí, la República habría perecido. Pero yo no soy
más que un hombre próximo a hundirse en el abismo de la
eternidad; asegurad, pues, a la patria una existencia duradе-
ra que no dependa de la vida de ningún hombre», ¿qué se
habría podido objetar, repito, a estas palabras que tan recientes hechos justificaban?

¡Ah! cuando Bolívar habló, ya su voz no se oía; la pureza
de sus intenciones fué desconocida, y como él mismo lo había previsto, sus exhortaciones fueron siniestramente inter-
pretadas!

II

La Convención se vió ahogada en representaciones, en actos, en manifestaciones de las autoridades, de los cuerpos de
ejército, de los cabildos, de los pueblos, pidiéndole leyes fundamentales en consonancia con las ideas emitidas por el Libertador. Mas, de nada de esto se hizo caso, y las representaciones del ejército se enviaron al presidente «como a quien
correspondía mantener el orden público y la disciplina militar», lo que era condenarlas.

Todavía la Convención hubiera podido salvar la República, declarándose incompetente para reformar y anular la ley

fundamental, y decir terminantemente que no podía ser alterada por una Convención que aunque fuera convocada por el Congreso no tenía misión legítima. ¡Qué golpe moral tan terrible no hubiera dado semejante declaratoria a todas las pasiones y a todos los partidos! ¡Qué fuerza conservadora no habría adquirido el principio de legitimidad con un acto tan esplendente de respeto a su inviolabilidad! Pero la Convención no quiso detenerse un momento siquiera a examinar su origen, ni si dentro de la esfera de los principios del derecho constitucional, podía considerarse campetentemente autorizada a proclamarse un cuerpo soberano constituyente; y lo que hizo fué declarar, por unanimidad, necesaria y urgente la reforma de la Constitución, y que debía ocuparse en este asunto, con lo que le dió el último golpe.

III

Entróse, pues, en la cuestión de reformas, y la primera que se discutió acaloradamente, con el apoyo del general Santander y de su partido, fué la de que se adoptase el sistema ιederativo, y después de muchas y largas sesiones, en que la injuria y el sarcasmo, agriaron más y más los ánimos, fué negada la proposición por cuarenta y cuatro votos contra veintidós. Un triunfo tan completo del partido del orden, es decir, del centralista, enfureció sobremanera al general Santander, cuyo carácter irascible no podrán negar sus más apasionados parciales. En aquellos sus frecuentes arrebatos llegó a decir que, si para derrocar a Bolívar le hiciera necesario hacerse musulmán, se ceñiría el turbante sin vacilar.

De una Convención donde tales pasiones fermentaban ¿podía esperarse que el patriotismo reflexivo, que la fría razón inspirase sus deliberaciones?

Empero, se votaron y se ganaron otras proposiciones conservadoras que daban esperanza de que se allanaran las dificultades que los enemigos de Bolívar promovían para hacer imposible toda reforma aceptable. Acordóse que el Gobierno de Colombia fuese unitario, dividido para su ejercicio en legislativo, ejecutivo y judicial; que la administración fuese mejorada de modo que hiciese más efical la acción del Po-. der ejecutivo para que pudiera mantener el orden público en una extensión tan vasta como lo era la de gran República, estableciéndose asambleas departamentales, dando con ellas ensanche al poder municipal. Como, después de estas bases, que parecían decisivas, pudo el partido santanderista adquirir una preponderancia que las hiciera frustráneas, es lo que no podría explicarse si no se supiera lo que son las asambleas deliberantes. En ellas hay por lo regular hombres contemporizadores que, queriendo quedar bien con todos, adoptan un sistema de concesiones a los unos y a los otros, con lo que rara vez dan un triunfo decisivo a los principios que se controvierten, de lo que resultan abortos informes que aumentan las dificultades en lugar de allanarlas.

Una comisión presidida por el doctor Vicente Azuero, fué encargada de redactar un proyecto de constitución sobre las basas expresadas, y esta comisión lo hizo en uno que todo tendría menos armonía con lo que se había decretado. El señor Castillo Rada presentó otra más acorde con las prescripciones de la asamblea. y sin embargo de probar esto, no pudo lograr que el suyo se adoptase y el otro se rechazase. Los *neutrales*, después de estarse seis días discutiendo el primero, hicieron que se discutiesen también el segundo simultáneamente, cosa nunca vista en ningún parlamento del mundo, lo que produjo tal pertubación en el debate, que aprobándose o negándose artículos de uno y otro proyecto, la constitución que de semejante confusión naciera, vendría a ser una especie de monstruo multiforme, precisamente incoherente en sus partes e incapaz de formar un todo regular y prasticable.

IV

La Constitución de 1821 adolecía de vicios notables. «Desoyendo la voz del Libertador—dice García del Río en el número segundo de sus *Meditaciones Colombianas*—degradó el Congreso el carácter de diputado de la nación, dando para la elección de representantes una base desproporcionada con la masa de la población para el desempeño de las funciones legislativas. Introdujo la tiranía en el santuario mismo de las leyes, haciendo a las Cámaras único árbitro de todas las medidas que habían de influir en la prosperidad o en el atraso de Colombia.

«En vez de conservar el equilibrio debido entre los altos poderes constitucionales, y de asegurar la independencia de sus atribuciones al Ejecutivo, se sometió toda la autoridad gubernativa a la inspección y potestad de la legislatura. Debilitada la acción del Gobierno, sumamente ceñido en sus facultades, puede decirse que casi no era más que un instrumento de las Cámaras legislativas, puesto que no sólo se contaba por muy poco su oposición a las miras de éstas, sino que sin anuencia de una de ellas ni podía elegir sus principales agentes, ni adoptar una línea de política exterior, ni dirigir las reformas y mejoras internas. No se impuso responsabilidad ninguna a los secretarios del despacho, y, por consiguiente: degenerando esta importante función en la de meros amanuenses o instrumentos de quien ejercía el Poder ejecutivo, ni había emulación en el desempeño de los respectivos deberes de los ministros, ni estímulo para desplegar energía contra la voluntad no fundada del primer magistrado.

Carecía, en fin, todo el sistema gubernativo de la consistencia suficiente para hacer venir al pedestal de la autoridad y de la ley los esfuerzos y los intereses, las aspiraciones y los los resentimientos privados. Pero como una falta nunca deja de ser seguida de otra, queriendo ocurrir a la insuficiencia del Ejecutivo en algunos casos, se abrió en la Constitución misma una anchurosa brecha para destruir la libertad. Desde el momento en que se concedieron al jefe del Gobierno facultades extraordinarias, facultades *ad arbitrium* sin definir los límites de su ejercicio, era evidente que el día que quisiese, absorbería este poder todos los otros.

«Copiando artículo por artículo, menos en la forma federal, la Constitución de los Estados Unidos de América se limitó la duración de la Presidencia y Vicepresidencia al término de cuatro años, sin tener presente que en una población como la nuestra, falta de virtudes cívicas y abundante en pretensiones, la frecuencia de las elecciones había de ser un semíllero de discordias, si no un principio de muerte. El hombre toca frecuentemente los extremos opuestos: por huir de la federación se centralizó todo; descuidóse lo local por atender sólo a lo general, y no se trató de establecer una organización departamental bien entendida; organización de absoluta necesidad en Colombia, a causa de las inmensas distancias que separan nuestras poblaciones del centro de la autoridad y de las diversas medidas que reclaman las distintas necesidades de la agricultura, industria, comercio y educación de nuestras provincias, que, situadas unas en lo interior, otras en la costa, éstas en la base de la cordillera, aquellas en cima, ofrecen tan poca analogía y semblanza entre sí en lo moral como en lo físico. Por semejante omisión, por no haber establecido la gradación necesaria en el edificio social, debía hallarse la legislatura recargada de negocios, sin tiempo y sin luces suficientes para despacharlos con acierto, originándose de aquí graves perjuicios y descontentos locales. Promulgáronse, en fin, multitud de leyes, entre las cuales había algunas, como la que prescribe el régimen político de las diferentes partes y autoridades de la República, que no guardaban armonía con la Constitución; otras eran imperfectas, o presentaban inconvenientes prácticos en su ejecución; si algunas estaban fundadas en las bases de la eterna razón, también había otras que eran perjudiciales o inoportunas, por lo menos, pues que no estaban adaptadas a la condición de nuestra sociedad.

«Delineados más bien que establecidos con solidez los cimientos del edificio, no tardaron en sentirse los efectos de la precipitación y de la imprevisión de nuestros legisladores. En el orígen de todo gobierno representativo, son inevitables las faltas, el poder se muestra vacilante en sus actos, la multitud impaciente en sus votos. Desde luego se combinaron nuestros hábitos añejos con ciertas preocupaciones de localidad, para impedir que el nuevo régimen echase raíces profundas; fermentaron las pasiones, chocaron los intereses, y la imprenta, manejada a veces por la perversidad, dirigida otras por celadores ilusos, comenzó a minar las instituciones nacientes. Vióse entoces a un partido atacar a Bogotá, mirada con celos por ser la silla del gobierno; otro desacreditaba la Constitución, pretendiendo resucitar el ominoso sistema federal; éste se oponía a cuanto emanaba del Poder ejecutivo; aquel ridiculizaba los más nobles actos de la Revolución; hasta la cátedra de la verdad, la convirtieron algunos eclesiásticos en instrumento de ataque contra el Gobierno de Colombia. Trabajada la recien nacida República por divisiones intestinas, luchando con un enemigo obstinado, sin numerario, sin agricultura, sin comercio, sin marina, casi puede decirse que tenía librada su existencia al valor y a las virtudes del ejército y sus jefes,

«Con efecto, mientras que los seductores de los pueblos corrían tras encantos ideales, o querían servirse de su influjo para arrastraslos al abismo de las revoluciones, el Libertador y sus dignos compañeros de armas se ocupaban en purgar de enemigos el suelo de la patria.»...

V

No puede ser más exacto el análisis que precede de la Constitución del año undécimo. Sin embargo, justo es decir que aquel Congreso, el primero de Colombia, fué de los más honorables que jamás se reunieron, y entre las disposines útiles que dictó, tiene el tiembre esclarecido de la famosa ley de manumisión por la cual «se prohibió el abominablé tráfico de hombres, y con política filantrópica y *discreta* se declaró libres a los que respirasen el primer· aliento ·de la · vida en el suelo de' Colombia». y se crearon recursos para ir anualmente·manumitiendo a los que tuvieron la desgracia de ' nacer antes de aquella ley.

El general Santander elegido Vicepresidente de la República·por el mismo Congreso y habiéndose encargado del Poder ejecutivo por hallarse el Presidente al frente del ejército, y poco después ausente de la República en la gloriosa campaña del Perú, el general Santander, digo, aplicóse a plantear la Constitución, dictando reglamentos útiles. El cuerpo legislativo se reunió en los dias prefijados, el orden público se conservó sin que en ninguna parte aparecieran tumultos ni desórdenes populares; las elecciones se hacían con una regularidad pue no se ha visto después; las leyes se observa-- ban, la justicia se administraba sin que el espíritu de partido ni la venalidad la torcieran; para las legislaturas, para todos . los puestos publicos se escogían hombres dignos. «El Ejecutivo—dice García del Río, y decía verdad—, había seguido una línea de conducta capaz de conciliar el respeto de los pueblos, y tenía visos de consistencia el·sistema Constitucional.» Esperábase, pues, que llegara el año de 1831 para hacer en la Constitución las reformas que la experiencia y el estudio de la ciencia política indicaban, despreciándose·las declamaciones de *los seductores de los pueblo*s cuando llegó · el año de 1826, y ya hemos visto lo que sucedió. Tributemos, pues, a la memoria del general Santander la alabanza que por su administración *hasta entonce*s mereció indisputablemente; y caiga sobre los autores del mal el anatema de la posteridad.

VI

Volvamos a anudar el hilo que dejamos cortado de la discusión de los dos proyectos de constitución en que se ocupaban los convencionistas de Ocaña.

El de la comisión santanderista, redactado a la ligera, era basado sobre la Constitución de Cúcuta, aunque con variaciones sustanciales, tendiendo todas á debilitar la acción del Poder ejecutivo, contra lo acordado por la corporación, porque no se fijaba la vista en los principios, en el porvenir, sino en Bolívar, que consideraban sería el Presidente nombrado. El territorio se dividia, como en aquella, en departamentos, provincias, cantones y parroquias, debiendo ser ʼde veinte, por lo menos el número de los primeros. En cada departamento se establecía una asamblea que por sus extensas atribuciones, venía a ser una verdadera legislatura departamental, con la facultad, además, de perfeccionar las elecciones de los altos mandatarios, y de los senadores y representantes; si bien por el temor de las consecuencias que pudiera tener el abuso, se concedía al Gobierno la facultad de suspender y al Congreso la de anular los actos ilegales de dichas corporaciones. Para el gobierno político de los departamentos se establecían prefectos, nombrados por el Poder ejecutivo a propuesta en terna de las asambleas departamentales. Estos magistrados eran al mismo tiempo agentes del gobierno nacional y de las legislaturas departamentales, cuyos acuerdos estaban encargados de hacer cumplir, aunque pudiendo suspender su ejecución en ciertos casos.

Los concejos municipales, que reemplazaban los Ayuntamientos del tiempo del gobierno español, se suprimían, organizándose en su lugar asambleas que sólo podían reunirse tres veces al año en la cabecera del cantón, con atribuciones limitadas a muy pocos negocios de interés local.

En la organización del Congreso se conservaba la forma de la Constitución de Cúcuta, en dos cámaras, una de senadores y otra de representantes, variándose el modo de elegirlos, y renovándose en parte anualmente. Se quitaba al senado la intervención que tenía en el nombramiento de ciertos empleados, y en las acusaciones que intentara la cámara de representantes, su autoridad se limitaba a suspender al acusado del ejercicio de sus funciones, y ponerlo a disposición del juez competente.

Se suprimía el artículo 128 de la Constitución de Cúcuta, fijándose las facultades extraordinarias de que podía usar en casos determinados. Se quitaba al Poder ejecutivo toda intervención en el nombramiento de los ministros de los tribunales de justicia, y éstos se declaraban temporales.

Un Consejo compuesto de dos de los secretarios del despacho, y de cuatro ciudadanos nombrados por el Congreso debía,consultar al Gobierno en los casos árduos, y a éste se le daba una iniciativa que no tenía, en la expedición de las leyes, permitiéndosele presentar proyectos de ley, y hacer oir su voz en las cámaras por medio de uno o dos secretarios del despacho, que podían tomar parte en la discusión, aunque sin voto. Los secretarios y los consejeros nombrados por el Congreso eran responsables por los actos del Gobierno acordados con su voto.

De estas disposiciones fueron propuestas por el Libertador, en su mensaje, la que coartaba las facultades extraordinarias, que llamaba «torrente devastador»; la regalía de proponer proyectos de ley; la concurrencia de los secretarios del despacho a la discusión cuando el Gobierno no lo creyese conveniente, y la eliminación de los concejos municipales.

Los bolivianos encontraron defectuoso este proyecto en lo sustancial, diciendo que astutamente se habían diseminado en casi todos sus artículos, restricciones que sólo tendían a debilitar la acción del Gobierno; y a facilitar medios de hacerle oposición; que en la forma que se daba a los departamentos, se creaban en realidad estados casi independientes, siendo sus asambleas verdaderas legislaturas, con tan amplias facultades, que traerían una complicación monstruosa en la legislación del país y no bastarían las sesiones ordinarias del Congreso para decidir si eran o no contrarias a las leyes nacionales, estableciéndose furtivamente el funesto sistema federativo rechazado por una gran mayoría de la Convención;

que privando al ejecutivo de la facultad de nombrar los ministros de los tribunales de justicia, y haciéndolos electivos y
periódicos, se aislaba y empeoraba la administración de justicia, porque los jueces que debían su elección a un partido
político se hacían parciales en favor de sus copartidarios, y
el santuario de la justicia vendría a ser una espada de venganza, afilada y asestada contra el pecho del adversario político inocente; y haciéndolos periódicos perdían la independencia en una posición precaria que los obligaba a halagar,
hasta violando la equidad, al partido que por otra elección
podía asegurarles medios de subsistencia y al que debían la
que ya tenían; que la introducción en el consejo de Gobierno de cuatro miembros elegidos por el Congreso, desvirtua-
ba su objeto, llevando a él, más bien que consejo, el espio-
naje y la censura; y la absoluta independencia de tales consejeros, con las ínfulas de representantes de las cámaras legislativas, les daba un poder moral inmenso sobre el jefe del
Gobierno, quitándole a éste su acción natural, y obligándole
a doblegarse a la voluntad de unos hombres que, en cierto
modo; eran para con él lo que los comisarios de la Convención francesa para con los generales de los ejercitos.

Fué, pues, para rechazar el golpe alevoso que presentaron
los bolivianos el contra-proyecto redactado por el señor Castillo Rada de que hice mención. Este también tenía por base
la Constitución de Cúcuta. Dividíase por él sólo en catorce
departamentos el territorio de la República; se conservaban
las asambleas deparlamentales, propuestas por los santanderistas, pero privadas de toda función legislativa de carácter
general, del derecho de proponer ternas para llenar vacantes,
y del de perfeccionar las elecciones, limitándose sus atribuciones a los negocios estrictamente económicos y propiamente municipales, y a pedir al Congreso por medio del Poder
ejecutivo la creación de impuestos que cubrieran los gastos
del servicio municipal, considerándose peligroso dejar esta
facultad, *ad arbitrium*, a corporaciones subalternas que abu-

san profusamente de ellas, agobiando al pobre pueblo contribuyente, para crearse empleos que casi siempre se reparten entre sus propios miembros, o dotan con ellos a sus allegados (1). La acción del Gobierno se vigorizaba concediéndole *un veto* suspensivo en las leyes que objetase, las que se considerarían no expedidas a menos que las dos legislaturas subsiguientes no insistiesen en su conveniencia por los votos de las dos terceras partes de sus miembros presentes.

La festinación con que se discuten y acuerdan nuestras leyes, los males que muchas de ellas por esta causa producen, fueron las razones que se alegaron para conceder este *veto* al poder colegislador; pero que se necesitasen las dos terceras partes de los miembros de las cámaras para la insistencia era en mi concepto un principio falso, porque sometía la decisión a la minoría, y dos legislaturas subsiguientes también me parece que era demasiado. El *veto* suspensivo, si las cámaras no convienen en las objeciones del Poder ejecutivo, es no sólo útil sino de necesidad para evitar los efectos de la ligereza y de las pasiones del momento; pero un año y la mayoría absoluta bastan para esto.

Dábase al Gobierno por aquel proyecto la facultad de nombrar todos los empleados de la administración ejecutiva y de hacienda, con la de removerlos cuando dejasen de merecer su confianza. También se le daba la de elegir los ministros de los tribunales de justicia, unas veces a propuesta de éstos, y otras con el acuerdo y consentimiento del Senado; pero una vez nombrados, no podía destituirlos, ni siquiera suspenderlos. El artículo 128 de la Constitución de Cúcuta, se reemplazaba con otro en el cual se especificaban con claridad y limitación las facultades extraordinarias de que podía usar el Poder ejecutivo, cuando el Congreso no estuviese reunido, quedando este cuerpo autorizado para variarlas o extenderlas según las circunstancias, cuando lo estuviese. Por la Consti-

---

(1) La experiencia ha probado de la manera más triste y vergonzosa la exactitud de este razonamiento.

tución de Cúcuta, la duración del período de presidente era
de cuatro años, pudiendo ser reelegido; por el proyecto santanderista se conservaba el mismo período, prohibiéndose la
reelección inmediata; por el del señor Castillo Rada se pro-
longaba el período a ocho años, guardándose silencio sobre
si podía ser reelegido o no.

VII

Los santanderistas gritaron: «a la traición», calificando
este proyecto de más monárquico que la Constitución de Bolivia; decían que las asambleas deparlamentales quedaban
anuladas restringiéndoseles las facultades del primer proyecto; que el silencio guardado sobre la reelección del presidente, después de un período de ocho años, venía a equivaler a
la presidencia vitalicia por varias elecciones consecutivas, lo
que, según vociferaban, no tenía más objeto que perpetuar
a Bolívar en un mando *absoluto* indefinidamente; que la insistencia de dos Congresos sucesivos *por los votos de las dos
terceras partes* de sus miembros, que se exigía par dar validez a una ley, constituía al Poder ejecutivo en único legislador; que autorizando al Congreso para otorgar mayores facultades extraordinarias que las definidas en la Constitución,
se abría le puerta al abuso; y por último, que el libre nombramiento de todos, y la facultad de remover a algunos de
los empleados, daba al Gobierno un influjo terrible.

«Con opiniones y principios tan opuestos era imposible
que estos dos partidos se acordasen entre sí del modo íntimo
y franco que exije el deliberar en los arduos y delicados negocios de interés público. Así fué que el cuerpo, objeto de
tantos anhelos, se vió convertido en un campo de batalla, en
donde cada uno, ya que no lograse el triunfo de su causa, se
contentaba con frustrar del suyo a los contrarios» (1).

La discusión se agrió hasta llegar al ultraje. El respetable

(1) Baral y Díaz.

señor Joaquín Mosquera, que era el moderador imparcial de aquella efervescente asamblea, podía apenas calmarla. Los diputados llamados bolivianos eran insultados; todas sus indicaciones se imputaban a malos motivos; se les ridiculizaba cuando llamaban en apoyo de sus doctrinas la opinión general de los colombianos manifestada en las peticiones que antes he mencionado en favor de un gobierno que fuese capaz de mantener el orden por medios legales; el general Santander con el tono imperioso que el hábito del mando le había hecho contraer, les gritaba en términos que llegó a intimidarles.

Viéndose, pues, oprimidos, y que se les negaba en la discusión lo que tenían de derecho como diputados, ya con infracción voluntaria del reglamento, ya con intrigas, ya con arterias, siendo santanderistas el presidente de la asamblea y hombre versado en la táctica parlamentaria, si tales pueden llamarse aquellos procedimientos irregulares, manifestaron haber resuelto separarse de la Convención y regresar a sus domicilios, para dar cuenta a sus comitentes de los motivos que les obligaban a dar un paso de tamaña transcendencia.

Esta inesperada resolución impuso a la fracción neutral, y conociendo el mal que habían causado con su conducta indecisa, promovieron explicaciones confidenciales entre el general Santander y sus partidarios con los diputados agraviados, esperando que ellas condujeran a un avenimiento que pusiese término al conflicto. Pero con aquel partido na había avenimiento posible sino sometiéndose a su voluntad; y así, aunque se tuvieron dos conferencias, nada se acordó definitivamente.

Algunos diputados hacían, empero, esfuerzos por conseguirlo, cuando el general Santander, el doctor Azuero y el doctor Francisco Soto presentaron, causando sorpresa a todos, una solicitud pidiendo permiso para separarse de la Convención.

VIII

Desde que el Libertador tuvo noticia en Bucaramanga de la agitación en que la Convención se encontraba, escribió a sus amigos manifestándoles sus temores de que no se hiciese nada provechoso, y que por tanto pensaba retirarse a Venezuela, y separarse enteramente de los negocios públicos, desesperanzado como estaba de la salud del país. Esta determinación alarmó a muchos diputados y a sus amigos de todas partes donde fué conocida. Centenares de cartas suplicatorias fueron la respuesta, haciéndole el cargo de que les abandonaba en el peligro manifestándole que semejante paso sería tachado de deserción en lo fuerte de la batalla, y que con él sería inevitable la guerra civil y se consumaría la disolución de Colombia que se veía venir. A tan incontestables razones, Bolívar cedió.

Algunos diputados con este motivo propusieron que se le llamase a Ocaña, teniendo en mira que estando allí pudiera promoverse, con buen éxito, una reconciliación con el general Santander. Pero la proposición fué negada, porque los santanderistas supusieron que en ella no había otro objeto que el de que Bolívar estuviese más al alcance de los diputados para emplear sobre ellos su influencia o su seducción.

Insistieron, pues, los diputados que se consideraban oprimidos en separarse de la Convención, y en efecto, veintiuno de ellos lo hicieron (10 de junio). Entre los que quedaron, unos pocos se arrepintieron de su tenacidad; los más se alegraron del suceso, considerándolo decisivo contra el Libertador, a quien lo atribuyeron con villanía.

Puedo asegurar que el Libertador no tuvo la menor parte en aquella resolución, que no me atrevo a calificar. Debí a mi venerable paisano Castillo Rada que me honrara con su amistad, y en varias conversaciones que tuve con él sobre este asunto, así me lo aseguró, y el señor Castillo podía errar pero jamás mentía. Con el Libertador también hablé los años después, y me manifestó que la había deplorado, como había deplorado también la necesidad en que se habían visto los diputados que la tomaron de sustraerse a la injuria, al escarnio, a la arbitrariedad con que eran tratados, y a contribuir con su presencia, y en silencio, a consumar la ruina de la República. No tuvo pues, el Libertador la menor intervención en el acto de que se trata; pero no lo condenaba, o lo disculpaba.

Los diputados que se separaron, expusieron sus motivos en un razonado manifiesto. La posteridad no ha llegado para ellos: dominan todavía las pasiones contemporáneas; y por consiguiente, si los unos los condenan, habrá muchos que los justifiquen o los excusen cuando menos.

Para mí hay una cosa cierta, y es que si los bolivianos hubieran contado con una mayoría firme, se habrían separado los mismos que condenaron y condenan a los que lo hicieron, aun sin tener los motivos que estos tuvieron. La solicitud del general Santander y de los señores Azuero y Soto, fué una indicación y una amenaza de que así lo harían.

No quedando, pues, número suficiente para continuar las sesiones, declararon los miembros presentes disuelta la Convención. Pero solo faltaba un diputado para completar el *quorum*. Las provincias que hoy forman los estados de Santander y Boyacá estaba cerca: ¿por qué no llamaron los suplentes para continuar? A esto no se ha respondido nunca. ¡El cansancio!...No he oído otra excusa.

IX

La influencia que este suceso, que dejaba a la República acéfala, tuviera en los partidos, puede calcularse. El constitucional se había extinguido desde la convocatoria de la Convención; el boliviano se ocupó con ardor en constituir un Gobierno confiriendo la autoridad suprema al Libertador por medio de actas populares; el santanderista, si hemos de juzgar por los hechos posteriores, no pensó sino en deshacerse de Bolívar y después dejarse llevar por la corriente de los sucesos, cuyo término probable no podía ser otro que el de la disolución de la República en tres independientes, lo que aseguraba la supremacía en la mitad de ella, esto es, en Nueva Granada, al general Santander. Lo lógico era que todos los partidos, compadeciéndose de la patria, hubieran declarado en su fuerza y vigor la Constitución de Cúcuta; que en consecuencia se restableciese el régimen legal y continuasen los poderes constituídos en el ejercicio pacífico de sus atribuciones respectivas; que, aunque la Convención hubiera declarado urgente su reforma, no la había llevado a efecto ni en todo ni en parte, admitiendo por concesión gratuíta que la Convención, por habérsele dado este nombre, contra todo derecho, se considerase con facultades para ello.

Los diputados que se separaron lo indicaron así en su manifiesto. «Entre tanto—decían—, existe en vigor la Constitución del año undécimo, existen las leyes, y existe a la cabeza del Gobierno el Libertador presidente, que reúne la confianza general.» ¿Por qué no dijeron lo mismo los diputados que se quedaron en Ocaña? Restablézcase el orden constitucional, era todo lo que habia que declarar.

El señor Restrepo, en su Historia de Colombia, dice que esto era ya imposible: yo no lo creo así; por el contrario, creo que era el único medio de desembrollar el caos, pues el Libertador habría aceptado la idea como una tabla de salvación si el general Santander y su partido cesaban en la violenta oposición que le hacían, acriminando sus intenciones, desconcertándolo y aturdiéndolo. El consejo leal y sin pasión habría sido más eficaz: y una reconciliación sincera de los altos magistrados hubiera allanado todas las dificultades; pero esto era lo imposible.

Contra los diputados que se separaron hay el cargo de no haber pronunciado el primer día la instalación de la asamblea esas mismas palabras que escribieron en su manifiesto,

pues que ellas indican que tenían la conciencia de que la
Convención no ejercía misión legítima, una vez que reconocían que la Constitución, las leyes y las autoridades constituídas existían en su fuerza y vigor; lo que sería un contrasentido, admitiendo al mismo tiempo la legalidad de la reunión de la Convención, contra las prescripciones claras, terminantes, absolutas de la Constitución.

Hombre de tan alto mérito, por sus luces, por la práctica
de los negocios públicos como el general Santander, los diputados Castillo, Azuero, Mosquera, Soto, etc., ¿podían desconocer, ignorar, estos principios que son sencillos y claros
cuando están a mi alcance? Y, habiéndose Santander, Azuero y Soto opuesto con incontestables razones a la convocatoria de la Convención, ¿no estaban obligados a sostenerlas
hasta el fin? ¿Por qué intrigaron para ser nombrados diputados; y concurrieron a un Cuerpo cuya falta de legalidad,
cuya falta de autoridad, habían sido ellos los primeros en
demostar?

Lo que hay de cierto es que los principios no entraban ya
en cuenta para nada. La lógica de la razón había sido atropellada por las argucias de las pasiones, y la patria perecía
bajo los golpes que le daban los unos y los otros, cegados
por las rivalidades, por el encono, por el odio y por el orgullo de triunfar humillando a su adversario. ¡Pobres pueblos,
siempre víctimas inocentes de estos furores! Y lo que sucedió entonces, ha sucedido después, está sucediendo y sucederá mientras no se acierte a poner límites a la ambición.

CAPITULO XI

I

Informado el Libertador de lo que pasaba en la Convención, cuya existencia estaba amenzada de disolucion, escribió confidencialmente a los ministros y a sus amigos a Bogotá participándoles lo que llegaba a su noticia y excitándolos a que meditaran las providencias que debieran dictarse en aquella dolorosa hipótesis, que él no deseaba y que era muy probable iba a suceder, que por consecuencia de tantas complicaciones había resuelto regresar a la capital e indicaba otra vez la idea de separarse de la escena pública, con lo que la consternación de los hombres de orden fué extraordinaria.

Las dificultades de semejante crisis saltaban a la vista, en circunstancias de que la España, animada por el espectáculo de nuestras discordias y confiando en la debilidad en que ellas nos ponían, nos amenazaba aumentando sus fuerzas de mar y tierra en Cuba y Puertorrico; que el Perú avanzaba fuerzas considerables sobre nuestras fronteras; y que Venezuela, aparentemente sometida, no inspiraba confianza.

El Consejo de ministros se ocupó seriamente en discutir lo que hubiera de hacerse en semejante terrible emergencia; en los corrillos particulares, en las oficinas, en los talleres no se hablaba de otra cosa. Al fin el consejo, de acuerdo con las autoridades políticas y judiciales, juzgó que era mejor que la Convención no diera Constitución alguna, escogiendo, como se decía, entre dos males, a cual más graves, el menor.

En consecuencia, el ya general Pedro Alcántara Herrán,

intendente gobernador del departamento de Cundinamarca, expidió la proclama siguiente:

«Conciudadanos, grandes peligros nos rodean y es necesario para salvarnos que obremos ya por nosotros mismos.

»El Perú nos provoca e insulta: ha reunido un ejército en las fronteras, y no ha abandonado el proyecto que puso en práctica, por medio de nuestras mismas tropas, de apoderarse de los tres departamentos del Sur.

»La España hace grandes preparativos para invadirnos; acumula en la Habana fuerzas considerables de mar y tierra, y sólo espera un momento favorable para atacarnos.

»El Libertador se viene de Bucaramanga a esta capital, resuelto a consignar el mando y a retirarse: entonces la guerra civil es inevitable y el triunfo de los enemigos exteriores infalible.

»Las operaciones de la Convención van a producir este efecto. Ha desoído los clamores de los pueblos por el Libertador, y habiendo ellos solicitado un Gobierno enérgico y vigoroso, según que lo exigen nuestras circunstancias y necesidades, en vez de esa energía, se trata de aumentar la debilidad del ejecutivo, multiplicando juntas que paralizarán su acción. Contra los votos de los pueblos, quieren un Gobierno federal.

»Nada hay que esperar de esa Convención en que los pueblos tenían puestos los ojos para que los salvase. Dividida en partidos que se chocan diariamente y a cada momento, sus actos participan por necesidad del espíritu de facción, y puestos en práctica no pueden producir sino males, aun mayores que los que padecemos. Ya los diputados que aman el bien del pais y su felicidad, desesperanzados de todo buen suceso; están resueltos a retirarse, para no sancionar con su presencia unos actos que serán el decreto de muerte contra su patria.

»El Libertador ve bien que no se puede salvar a Colombia con la Constitución que se ha presentado en la Convención y se esta discutiendo. Dejará el mando, se retirará y faltando este único vínculo de unión entre los colombianos, concluye la integridad nacional. En el Norte y en el Sur están dispuestos a no obedecer otra autoridad que la suya.

»Los días aciagos de la República, esos días que lloramos, han venido por la ausencia del Libertador: sólo él pudo entonces reunir nuevamente a Colombia. Su marcha de la capital produjo poco ha el movimiento de Cartagena, que pudo ser bien ominoso, si no intervienen circunstancias particulares que lo hicieron ineficaz. Y ¿qué será si deja el mando absolutamente? ¿Quién podría reunir estas partes dislocadas? ¿Quién será capaz de conservar y dar vida a la República?

«Es preciso que nos hagamos cargo de nuestros destinos; que salvemos a Colombia, salvándonos nosotros mismos, y para esto no hay otro arbitrio que el de uniformar nuestras opiniones, nuestros deseos y sentimientos a los de las otras partes de la República. Necesitamos un Gobierno fuerte y vigoroso y debemos establecerlo.

»A todos tocan los males que sentimos y los que tememos, y todos debemos concurrir a su remedio. Que todos los padres de familia, que los que tengan que perder se reunan, y yo como la primera autoridad de este departamento los convoco a una junta popular en que deliberemos sobre lo que nos conviene. Los momentos son preciosos, un instante no se puede perder en las actuales circunstancias sin que también pierda mucho la República, por lo cual la junta se verificará hoy mismo a las dos de la tarde, en la sala que sirvió para despacho de la secretaría de Hacienda.

»Aguardo que todos los vecinos de esta capital, penetrados de los riegos que corremos, y de los peligros a que estamos expuestos, concurrirán oportunamente. Su seguridad individual, identificada con la de la República, les exige este sacrificio.

»A todos nos interesa que desaparezcan hasta los motivos de la anarquía y de la guerra civil. Reunámonos, y evitemos tan grandes males.—Bogotá 13 de junio de 1828.—Pedro A. Herrán.

II

· A las tres de la tarde del mismo día se reunió·la junta popular en los portales de la casa que hoy sirve de Tesorería general, en un número mucho más considerable del que se esperaba, y de ciudadanos respetables en su mayor parte; la. discusión fué libre y digna en lo general; los jóvenes Rafael María Vázquez y Wenceslao B. Santa María hablaron con moderación, aunque con energía, contra el hecho ilegal de aquella reunión y sosteniendo los actos que dictara la Convención, y nadie les interrumpió: sólo el general José María Córdova, sentado en el brazo de una silla, cruzadas las piernas y blandiendo un foete que tenía en la mano, lo hízo al doctor Juan N. Vargas, exaltado santanderista, que hablaba en su sentido, haciendo con demasiada injusticia inculpaciones al Libertador; y le dijo en tono amenazante que no permitiría que en su presencia se pronunciara una sola palabra contra el general Bolívar, y que no había más que hablar sino que se confiriese el poder supremo a aquel general, como el único que podía salvar la República. El general Herrán detuvo a Córdova en su brusca arenga de cuerpo de guardia, y manifestó que la discusión era libre, que todos los ciudadanos podían emitir sus opiniones sin responsabilidad, pues para eso habían sido convocados, y excitó al doctor Vargas a continuar. Este se excusó con palabras lisonjeras al general Herrán y se retiró. Pronto se verá que el general Córdova por resentimiento personal, se extravió, se volvió *liberal*, se sublevó contra el Libertador y murió combatiéndolo.

Redactóse por fin en la Asamblea popular de que voy hablando un acta en que se acordó: 1.º La protesta de no obedecer los actos que emanaran de la Convención de Ocaña; 2.º Revocar los poderes conferidos a los diputados electos por la provincia de Bogotá; y 3.º Que el Libertador presidente se encargara del mando supremo de la República con plenitud de facultades en todos los ramos.

Elevada esta célebre acta por el intendente Herrán al consejo de ministros, en la misma tarde le contestó éste «que juzgaba muy fundado y de imperiosa necesidad el pronunciamiento de la capital.» Y, acto continuo, se le dirigió al Libertador, por la secretaría de lo interior, en cuya nota remisoria al secretario general se lee lo siguiente: «El consejo al emitir su opinión ha tenido presente la gravedad e importancia de la materia, y aunque sin tener órdenes ni instrucciones del Poder ejecutivo, para un caso tan inesperado e imprevisto no ha dudado de tomar sobre sí la responsabilidad de aprabar el acta de esta capital. Los motivos que han influído en el consejo para adoctar semejante resolución, han sido los mas puros y han emanado principalmente del íntimo convencimiento en que se hallan sus miembros, de que no hay otro remedio capaz de salvar la patria sino el de constituir un gobierno fuerte y enérgico, ejercido por su S. E. el Libertador. Los miembros del consejo esperan que su resolución, aunque de tamaña trascendencia, no será desaprobada por el Libertador, o que por lo menos merecerá su indulgencia.»

III

El Libertador recibió esta nota en el Socorro, al mismo tiempo que recibía la noticia de la disolución de la Convención, y contestó aceptando el acta, y anunciando que seguía inmediatamente para la capital.

En la proclama del general Herrán y en la nota del secretario del interior se observa, 1.º que el Libertador pensó formalmente en dejar el mando, y que esto sobresaltó a sus amigos; 2.º que no tuvo la menor parte en la disolución de la Convendión ni en la celebración de dicha acta, porque en este caso no se habría ella fundado principalmente en desconocer los actos de una asamblea que se habría sabido iba a desaparecer, y se hubiera esperado a que esto sucediera para promover la reunión popular con más fundados motivos, y 3.º que el consejo temió que el hecho en sí mismo y la aprobación que diera, no fuesen bien recibidos por el Libertador. Esto resalta de una manera notable en el párrafo de la nota del consejo que he trascrito.

El señor Castillo, el general Herrán, los secretarios del despacho, los diputados que se separaron de la Convención, todos rechazaron siempre la imputación de que el Libertador hubiera tenido parte en aquellos actos, no obstante que estaba en sus intereses hacerlo partícipe de su responsabilidad mas bien que eximirlo de ella.

Fueron pues ligeros Daralt y Díaz al decir en su Historia de Venezuela que la Convención se disolvió «a instigación de Bolívar,» repitiendo esta calumniosa imputación del partido santanderista. La Convención se disolvió el 19 de junio en Ocaña; el acta se acordó en Bogotá el 13, desconociendo a la Convención, que se suponía iba a continuar y a expedir una Constitución que el acta rechazaba ¿cómo, pues, pudo Bolívar, promover a un tiempo, dos hechos contradictorios?

El señor Restrepo, en su Historia de Colombia, negándolo dice: «Esto es cierto. El Libertador, aunque desde Sangil con fecha 12 de junio dijo al consejo oficialmente que meditara sobre lo que debiera hacerse en el caso de que se disolviera la Convención de Ocaña sin constituir a Colombia, jamás hizo la menor indicación acerca del partido que debiera tomarse. El consejo contestó a la mencionada indicación «que habiendo aprobado el acta de Bogotá, había emitido ya su opinión sobre lo que debía hacerse en las circunstancias.» El señor Restrepo era en aquella época secretario de Estado del despacho de lo interior, y como tal, estaba impuesto mas que ninguno otro de los pormenores de los sucesos en que tuvo parte.

Mas los *liberales*, que continuaré llamando así, porque así se llaman ellos mismos, y no quiero emplear ninguno de los epítetos que pudiera en represalia y en justicia; los *liberales*, digo, por respetables que sean los hombres que aseguren una cosa como esté en su interes asegurar lo contrario, lo hacen con una sangre fría y un atrevimiento que irritaría si en las doctrinas y en los hechos de su partido no produjera todo indignación. Ellos solos dicen verdad, ellos solos son hombres honrados, ellos solos son patriotas. Los que no les pertenecen son falsarios, traidores, absolutistas. En los liberales todo es acierto, virtud; en sus adversarios, todo es malignidad; no se admite ni el error inocente.

Una cosa me aflije al decir estas verdades, y es que los hombres más estimables, como simples particulares, colectivamente como hombres de partido, son tan injustos como lo es su partido, o aunque no lo sean, aparentan serlo por falta de valor moral para arrostrar el enojo de su parcialidad.

No pretendo yo que este modo de juzgar sea exclusivo del partido *liberal*. Con mas o menos pasión, participan de él todos los partidos políticos, a veces no solo contra sus adversarios sino tanbién contra sus mismos copartidarios, dehilitándose por la división, alejando a hombres útiles, ya que no empujándolos irritados al otro bando.

Pero en el partido *liberal* es una doctrina, es un sistema seguido constantemente el justificarse ellos y condenar a sus adversarios con razón o sin ella, y así se hacen fuertes. En el partido conservador, por el contrario, la tendencia es a formarse círculos de tribunos apasionados, que a oírlos, vendría el partido a quedar reducido a ellos solos, y así nos hacemos débiles. Para mí es este un hecho que me parece ha demostrado la experiencia. y por él, exclusivamente por él; se nos sobrepone el partido *liberal* siendo nosotros los más y ellos los menos.

IV

El acta de Bogotá, disuelta ya la Convención, fué secundada por las de todos los pueblos de la República, sin exceptuar la más miserable aldea, y por todos los generales, corporaciones eclesiásticas, cuerpos militares, etc. (1).

En fin, el sentimiento público se manifestó espontáneo de una manera indudable; y así era natural, porque era el sentimiento de la propia conservación. ¿Qué se debía o qué se podía hacer? ¿Dejar la República sin gobierno?

El 24 de junio entró el Libertador a esta ciudad en una especie de triunfo popular voluntario que no se viera en sus mejores días. El temor a la anarquía y a la guerra civil, que es su consecuencia, dominaba en todas las clases de la sociedad, y viendo en Bolívar un centro de unión, una tabla de salvación en aquel naufragio, el entusiasmo fué grande y verdadero; y lo mismo puede decirse que sucedió en toda la República. Si alguna vez ha habido una manifestación libre y positiva de la voluntad del pueblo, expresada de la única manera que se podía, fué entonces, porque la necesidad imprescindible de pasar por encima de las fórmulas para salvar la sociedad confiriendo un poder eficaz, transitorio, al legítimo jefe de la nación, la sentían los ciudadanos todos, sin más excepción que la de los exaltados santanderistas, o llámense *liberales*, si se quiere, que entonces todavía no eran muchos.

Bajo una manifestación tan solemne de la voluntad popular, quedó el partido santanderista sofocado por unos días, hasta que llegado el general Santander, empezaron a ponerse en ejecución, tanto en la capital como en las provincias, por los convencionistas afiliados, los planes que se acordaron en Ocaña; y las aprehensiones volvieron a conturbar los ánimos introduciendo la desconfianza.

_____

(1)   En el acta de los militares de Popayan aparece en el segundo lugar la firma del entonces coronel José María Obando. Este, en su manifiesto de Lima, niega aquella firma y dice que el general Mosquera se la falsificó. Es notable que desde 1828 hasta 1842 no hubiera el general Obando reclamado esta suplantación. El general Mosquera le contestó victoriosamente en su Examen crítico, página 265.

El partido constitucional uniéndose al boliviano por la fuerza irresistible de la naturaleza de las cosas, no se contaba ya como entidad politica, Quedó, pues, el partido boliviano dueño del roder, el santanderista conspirando, y la expectación pública se fijó en lo que haría el Libertador y en la conducta que seguiría una vez revestido de la autoridad dictatorial.

CAPITULO XII

Varios decretos de utilidad incontestable, y algunos censurables, dictó el Libertador en los diferentes ramos de la administración. Fué aplaudido por todos el que mejoró las juntas de manumisión, a fin de hacer más abundantes y mejor administrados los fondos de ese ramo, para dar libertad anualmente a mayor número de esclavos y acelerar la extinción de la esclavitud. El que dictó abrogando las leyes que suprimían los conventos menores y las profesiones de novicios de uno y de otro sexo antes de la edad de veinticinco años, fué bien recibido por la inmensa mayoría del pueblo, que en aquella época no admitía ni la discusión sobre estas materias. Otros más previsores lo consideraron perjudicial. Lo cierto es si aquellas leyes hubieran subsistido invariables hasta el día, habrían ido extinguiéndose gradualmente las comunidades religiosas, principalmente las de hombres, sin necesidad de que se cometieran las iniquidades que acaban de cometerse para destruirlas, no por ninguna idea filosófica o de utilidad, sino por apropiarse sus bienes; haciéndose una y otra cosa con violación audaz de todos los derechos adquiridos y escándalo de la moral; bien que destruir la religión y hacerse dueños de lo ajeno, ha sido el objeto exclusivo de los revolucionarios de hoy, y ellos lo confiesan y hacen alarde de confesarlo: «cortar el arbol y segar el huerto», dicen con descaro.

El más importante de todos fué el que dictó el 27 de agosto orgánico del gobierno, en el que declaró que quedaban vigentes todas las garantías de la Constitución, y que el 2 de enero de 1830 se reuniría un Congreso constituyente al que daría cuenta de su conducta. Por este decreto quedó suprimida la vicepresidencia de la República y organizado un consejo de ministros, responsable cada uno en los negocios de su competencia en caso de faltar a sus deberes. Los intendentes fueron denominados prefectos, con las mismas atribuciones que tenían, pues ya se sabe que en toda evolución política entre nosotros, lo primero que se hace es cambiar los nombres de las cosas, y el decreto se publicó con la correspondiente alocución, que es otro requisito indispensable en estos casos.

II

He aquí algunos trozos de la alocución:

«¡Colombianos! Las voluntades públicas se habían expresado enérgicamente por las reformas políticas de la nación; el cuerpo legislativo cedió a vuestros votos convocando la gran Convención para que los representantes del pueblo cumplieran con sus deseos, constituyendo la República conforme a nuestras creencias, a nuestras inclinaciones y a nuestras necesidades; nada quería el pueblo que fuera ajeno de su propia esencia. Las esperanzas de todos se vieron no obstante burladas en la gran Convención, que al fin tuvo que disolverse... La Constitución de la República ya no tenia fuerza de ley para los más, porque aun la misma Convención la habría anulado decretando unánimemente la urgencia de su reforma.»

Sigue hablando de la confianza que habían depositado en él los pueblos, obligándolo a no abandonarlos en tan solemne ocasión; ofrece respetar todos los derechos y garantías de los ciudadanos y convocar el Congreso constituyente para dentro de año, y concluye así:

«¡Colombianos! No os diré nada de la libertad, porque si cumplo mis promesas seréis más que libres, seréis respetados; además bajo la dictadura ¿quién puede hablar de libertad? Compadezcámonos del pueblo que obedece y del hombre que manda solo.»

Baralt y Díaz partidarios de la revolución de Venezuela de 1829, dicen en su historia, sobre esta alocución; «No sin motivo pidió Bolívar compasión para sí y para el pueblo que juzgaba no poder gobernar por las reglas ordinarias.»

Criticando los mismos historiadores algunos de los decretos expedidos por Bolívar continúan diciendo: «No es dable pararse en el terreno movedizo y deleznable del mando absoluto, en que cada paso, cada movimiento conduce insensiblemente a la tiranía.»

Este principio es cierto en lo general, a pesar de que en Roma se vieran un Marco Aurelio y un Antonino Pío; en España un Carlos III y un Carlos IV; en Francia un San Luis y un Luis XVI (1). Pero no era Bolívar solo el culpable de la crisis: lo fueron los venezolanos que le propusieron cambiar el sistema establecido por otro que la opinión pública condenaba, lo que hizo desconfiar de él a pesar de que lo rechazaba; lo fueron los revolucionarios de Venezuela de 1826 contra el gobierno legítimo del general Santander; lo fué el general Mosquera por sus hechos en Guayaquil, cuando venía el Libertador del Perú; lo fué el Congreso

---

(1) Destutt de Tracy en el Comentario del Espíritu de las leyes de Montesquieu dice:
«El gobierno que gobierna mejor, cualquiera que sea la forma de él, es en el que somos más libres, porque es el gobierno en que el mayor número es feliz; y cuando los hombres son tan felices como pueden serlo, los deseos se cumplen en cuanto es posible. Si el príncipe que ejerce el poder más despótico administra perfectamente, sus súbditos vivirán bajo su imperio en el colmo de la *felicidad*, que es lo mismo que la *libertad*. La forma, pues, del gobierno no es *en sí misma* una cosa muy importante, y aun se alegaría una razón muy débil en favor de ella diciendo que es más conforme que a otra a los verdaderos principios; porque, en fin, no se trata de especulación y de teoría en los negocios de gobierno *sino de práctica y de resultados*, porque esto es lo que afecta a los individuos, que son unos entes sensibles y positivos, y no entes ideales y abstractos. Según esto la única cosa que hace preferible una organización social a otra, es que sea más propia para hacer felices a los miembros de la sociedad, etc.

de 1827, arogándose facultades que no tenía al convocar una Convención espuria con violación flagrante de la Constitución vigente; lo fueron los que con su altivez intolerable en aquella corporación, causaron su disolución quedando la República acéfala.

En tal situación ¿qué se podía hacer sino lo que se hizo? podía Bolívar, fundador de la República, dejarla perecer arrebatada por el huracán de la anarquía, como bajel sin timón, hasta estrellarse dando bandazos de las costas de la Goajira a las de Guinea? Hay complicaciones en la vida de los hombres públicos que si no justifican disculpan. Bolívar, lo repito en alta voz, no tiene más responsabilidad ante la Historia que la de no haber, cuando vino del Perú, sostenido la Constitución y restablecido su imperio en Venezuela, salvando el principio legal. ¡Malditos sean los que lo ofuscaron, lo engañaron, lo aturdieron y desconcertaron!

III

El decreto conservando las garantías constitucionales y convocando el Congreso para un término fijo y no muy largo, fué recibido con regocijo en todas partes y celebrado con entusiasmo.

El general Santander, que no disimulaba el disgusto que le había causado la supresión de la vicepresidencia, que llamaba, quizá con razón «despojo», fué nombrado enviado extraordinario y ministro plenipotenciario cerca del Gobierno de los Estados Unidos *de América* y aceptó, proponiendo para secretario de la legación al señor Luis Vargas Tejada, cuya propuesta, aprobada por el Libertador, fué aceptada por el agraciado. Reconocieron, pues, ambos voluntariamente, al gobierno que los empleaba, y sin embargo conspiraban contra él de todas maneras. En la elevada posición del general Santander, hombre soltero, sin hijos, con medios abundantes de existencia, que podía irse del país sin que nadie se lo impidiese, semejante conducta no tiene ni puede tener la disculpa que pudiera tener la de algún otro que posteriormente, hallándose en diferentes y más difíciles circunstancias, se haya hallado en imposibilitad absoluta de ausentarse de otra manera.

Había entonces una sociedad llamada «Filológica», que bajo el disfraz de sociedad literaria, era un club político conspirador. Sus miembros, todos jóvenes, estudiantes los más en el colegio de San Bartolomé, aprendiendo la historia en las novelas y en catecismos diminutos, calificaban a Julio César de tirano abominable y al Libertador de otro César, y más tirano que César.

No se hablaba sino del paso del Rubicón, de la batalla de Farsalia; los más filólogos citaban a Harmodio y a Aristojitón; el joven Vargas Tejada escribio un monólogo en verso sobre el suicidio de Cayo Porcio Catón en Utica, monólogo que tuvo una gran boga; lo aprendían los colegiales de memoria y lo representaban, aplaudidos por los muchachos a los gritos de «viva la libertad, muera el tirano.» Subía, pues, la marea bramando, y Bolívar la oía, y nada hacía, y sin embargo lo llamaban tirano.

Tiranía es el uso del poder absoluto con injusticia y crueldad, de modo que aunque un hombre se halle revestido del poder absoluto, si gobierna con equidad y con justicia; si respeta los derechos civiles de los ciudadanos, si da seguridad y protección a todos, no puede ni debe ser calificado de tirano, aunque pudiera serlo de usurpador.

De esta calificación se ha abusado hasta el ridículo entre nosotros: las administraciones de los presidentes Márquéz, Herrán, Mosquera, fueron llamadas «los doce años de la tiranía conservadora»; el señor Juan Antonio Calvo, hombre inofensivo, magistrado laborioso y honrado, fué llamado *tirano* en el estado de Bolívar, del que era gobernador constitucional, por los facciosos que lo derrocaron para suplantarlo. Al señor Mariano Ospina, último presidente de la Gonfederación granadina, a quien la patria no puede acusar sino

de exceso de respeto y escrupulosidad en la observancia de
la Constitución y de las leyes, lo llamaban «Tamerlán» los
revolucionarios que contra él se sublevaron. Los hechos
prueban una cosa que desconsuela, y es que en nuestro país
nunca se ha sentido nada que pueda llamarse TIRANÍA, sino
cuando se victorea la LIBERTAD.

IV

El general Santander era considerado como el fomentador
de la animosidad que a pesar de la moderación del Gobierno de Bolívar crecía contra éste por las excitaciones de los
partidarios de aquel general, catedrátido los más del colegio
citado.

El cadáver de César y su túnica ensangrentada, alzaron en
masa al pueblo romano, y la República, si tal puede llamarse un Gobierno fundado sobre el principio aristocrático y la
esclavitud del mayor número, cayó para siempre con millones de víctimas inocentes; y tras el indulgente y magnánimo
César aparecieron los triunviros cediéndose recíprocamente
las cabezas de sus enemigos personales, y a los triunviros siguieron Tiberio, Nerón, Calígula, Cómodo... y a los empe-
radores, los bárbaros del Norte. En nada de esto se pensaba,
y exagerando la doctrina del TIRANICIDIO, aceptable cuando
hay verdadera tiranía y no hay otra esperanza de triunfar de
ella, se meditaba y acordaba un odioso parricidio.

Además de la sociedad filológica, en la que en sesiones públicas se discutían cuestiones literarias y en privado la muerte del *César* colombiano, había otras juntas secretas. Un francés llamado Arganil, de los que se divirtieron en los *retozos
democráticos* de la Francia antropófaga de 1793, y que según
algunos tenia el timbre de ser el que llevó clavada en una
pica la cabeza de la princesa de Lamballe, honor que decía
Saint-Just pretendían muchos patriotas; Agustín Orman,
otro francés que hacía poco tiempo que había venido a Colombia; Pedro Carujo, venezolano, que había sido militar

realista; Wenceslao Zuláibar, antioqueño, también realista, eran de los principales corifeos en aquellas juntas, de lo que se dedujo sin más examen ni el menor fundamento, que eran agentes del Gobierno español, al que nada interesaba ya la muerte de Bolívar, pues la independencia era un hecho consumado, irrevocable e indestructible.

El general Santander contradecía a los fogosos partidarios del asesinato: su programa era la destitución del Libertador por medio de pronunciamientos en las provincias, que debían promover los diputados de la Convención que participaban de sus opiniones, lo que se trató en Ocaña mismo, convocar luego otra Convención y someter a juicio a Bolívar. Es decir, que para el general Santander era más seguro y de más efecto que Bolívar, juzgado por sus más implacables enemigos, a la manera que lo fueron Carlos I y Luis XVI, muriera como éstos murieron. Así fué que habiéndose tratado seriamente de asesinar al Libertador el 10 de agosto en un paseo al pueblo de Soacha, a donde fué con poca comitiva, lo impidió el general Santander, en lo que hizo un señalado servicio, pues muerto el Libertador y algunos de sus ministros que le acompañaban, habrían muerto en el acto los asesinos y todos los conocidamente enemigos de Bolívar, a manos de los generales y jefes que contaban con el batallón Vargas, con el regimiento de Granaderos, con la milicia de infantería de la ciudad y la caballería de la Sabana.

Por otra parte, el general Santander se oponía a que se intentase la menor cosa antes de que él hubiese salido de Colombia en su misión diplomática. No pudiendo vencer esta oposición, acordaron los conjurados, resueltos al asesinato, no dar golpe hasta el 28 de octubre, día de San Simón, en que con motivo de la fiesta del nombre de Bolívar, se presentarían ocasiones favorables y ya se habría ido el general Santander; cuando uno de esos incidentes, que casi siempre ocurren en las conspiraciones numerosas, los alarmó y los precipitó desconcertados a anticipar la catástrofe: el capitán

Benedicto Triana, uno de los conjurados, invitó, sin precau_
ciones, al teniente Francisco Salazar a entrar en la conspira_
ción; Salazar, sorprendido, disimuló con Triana, dió parte
inmediatamente al comandante general del departamento, y
Triana fué preso en la misma tarde (25 de setiembre de 1828).
sin que se le tomara una declaración formal, siguiéndose la
costumbre española que expresa esta frase: «dejémoslo para
mañana».

V

Los conjurados, al saber inmediatamente la prisión de
Triana y el motivo de ella, se agitaron como era natural, suponiendo que le pondrían un tormento que confesaría todo;.
y considerándose descubiertos se resolvieron, aturdidos, a
dar el golpe esa misma noche, y esto los perdió. Si algunas
veces perjudica dejar para mañana lo que se pudiera hacer
hoy, otras, y son muchas, convendría seguir el consejo de
«no hagas hoy lo que puedas hacer mañana». Esto prueba
que no hay principios absolutos, y que todo es relativo. El
terror que se apoderó de los conjurados fué infundado, pues.
entonces no se aplicaba el tormento a nadie por ningún motivo, aunque se estaba bajo la dictadura del general Bolívar,
que sin que atropellase ningún derecho civil ni moral, se llamaba «tiranía». A Triana apenas se le hicieron unas pregun-
tas insignificantes, a las que dió respuestas ambiguas, de que
se hizo poco caso, y la prueba de ello es que ninguna medida de precaución se tomó. El batallón Vargas tenía unos 700
hombres, soldados viejos, idólatras de Bolívar; sus jefes y
oficiales, casi todos venezolanos, eran de la mayor confianza, y ni siquiera se pensó en que fueran a pasar la noche al
cuartel, ni se hizo la menor prevención a la tropa. Lo mismo sucedió en el cuartel del regimiento de Granaderos montados. Cuerpo que se componía también de venezolanos de
confianza. La media brigada de artillería que apenas tenía
unos 100 hombres, era compuesta en su totalidad de grana-

dinos. El capitán Rudecindo Silva, que la mandaba, y los oficiales, estaban todos comprometidos en la conjuración; la tropa, en su mayor parte, se componía de los pobres indios de estos páramos, que dicen «mi amo» a todo el mundo, y y que humildes, obedientes y resignados no preguntan jamás a dónde los llevan ni por qué van; sufren y mueren ellos, y sus familias lloran, y los ancianos, descendientes de los Caciques, levantan los ojos al cielo y dicen: «Cúmplase la voluntad de Dios». Esa es su suerte. No tuvieron, pues, los oficiales de artillería necesidad de instruir a su tropa de lo que proyectaban: estaban seguros de ser obedecidos; y este era el elemento sobre que fundaban sus esperanzas los conjurados.

El general Santander viendo, ya tarde, que cuando se arroja la piedra de la honda no es posible detenerla en el aire; que el impulso que había dado a la juventud irreflexiva iba más lejos de lo que se propuso; sabiendo que los conjurados, desatendiendo sus consejos, estaban resueltos a aventurarlo todo esa misma noche; no quedándole más recurso para impedirlo que el de denunciarlos a la autoridad, lo que no podía ni debía hacer por ningún motivo, sucediera lo que sucediera; esperando todavía que al acercarse al borde del abismo se detuvieran los conjurados, sin arrojarse a él; el general Santander, digo, en extremo inquieto por sus amigos y por sí mismo, se fué a pasar la noche a casa de su hermana, esposa del coronel José María Briceño, en la que vivía también el general Pedro Briceño Méndez, hermano del anterior. Aquella previsión le salvó la vida, y ella prueba que comete error el señor Restrepo al decir que «probablemente el general Santander no tuvo noticia de lo que en esa noche se intentaba ejecutar». Los conjurados se reunieron en casa de Vargas Tejada, su secretario de legación, joven de toda su confianza que le veía diaria y frecuentemente, y es de toda inverosimilitud suponer que con la alarma causada por la prisión de Triana no hubieran Vargas Tejada, y los principales conjurados hablado algo, hecho alguna pregunta siquiera, una consulta cualquiera en semejante conflicto, al jefe del partido, al que estaba designado para suceder al Libertador. Lo seguro es que el general Santander no podía contenerlos, pero no que ignorase el atentado que se proyectaba cometer.

De las once a las doce de la noche salieron los conspiradores de la casa del mencionado Vargas Tejada, distribuídos en comisiones. La luna en todo su apacible esplendor parecía que contrariaba el proyecto, comprometiendo su éxito; pero pocas cosas hay que den más valor que el miedo: los conjurados estaban ya lanzados por el temor de haber sido descubiertos, y ningún otro riesgo les parecía tan grande como ese: la claridad de la noche era, pues, un peligro insignificante para ellos.

La guardia del palacio del que llamaban tirano, apenas era de veinte hombres del regimiento de Granaderos montados, armados de carabinas, por consiguiente sin bayonetas y descargadas; las puertas estaban entreabiertas, el oficial y la tropa, excepto los centinelas, durmiendo; todo lo cual prueba la confianza y hasta el descuido en que se estaba, y prueba más todavía, que no hubo ninguna coacción para arrancar denuncios de Triana, y que nada había dicho éste que llamara seriamente la atención de las autoridades.

VI

Llegada la hora fijada para dar el golpe, fué atacado el cuartel del batallón Vargas, abocando sobre la puerta una pieza de artillería, cuyo fuego fué inmediatamente apagado por la fusilería de la tropa, que despertando sobresaltada, acudió a las ventanas, sin saber lo que sucedía ni su objeto. Al mismo tiempo fué sorprendida la guardia del palacio por un pelotón de doce soldados de artillería, y los pocos jóvenes que concurrieron a la ejecución del plan. Estos se precipitan dentro, asesinan a puñaladas a los cuatro descuidados centinelas, desarman el resto de la guardia dormida, suben, e hiriendo gravemente al edecán de servicio, penetran en las piezas interiores, cuyas puertas tampoco estaban cerradas, haciendo todo esto a los gritos de «viva la libertad, muera el tirano». Los inocentes soldados de artillería, que no podían comprender lo que aquello significaba, quedaron en la puerta, supervigilados por oficiales de confianza, bajo las órdenes del comandante Carujo.

El general Bolívar estaba enfermo, y a prima noche se había administrado un baño de pies; la bellísima señora doña Manuela Sáenz, que le amaba con delirio, le acompañaba y asistía; Bolívar, a pesar de su estado de debilidad, al oir el espantoso ruido y los gritos de «muera el tirano»; saltó de la cama y a medio vestir se dirigió con espada en mano hacia la puerta de la alcoba. La señora Sáenz le detuvo y empujándole hacia la ventana baja de media reja, que da a la calle del Coliseo, le hizo saltar por ella gritándole como por instinto: «por la derecha, al cuartel de Vargas»; e impávida abrió la puerta que los conjurados golpeaban y les dirigió la palabra reconviniéndoles con energía, asegurándoles que el Libertador había tenido noticia de la conjuración y dormía en casa de un amigo, no sabiendo ella quién fuera.

La sangre fría, el valor moral de la mujer, la lucidez de sus inspiraciones en las crisis supremas, más de una vez han salvado la vida o el honor del esposo, o del hijo, o del amante, ¡y hay hombres bastante crueles para hacer de la mujer una esclava, una víctima! Adoremos al Cristo que la ha emancipado, y que dice al hombre: «te doy una compañera que te ayude a soportar las penalidades de la vida, que te consuele en tus aflicciones, que dulcifique tus amarguras, y no una sierva; protégela y ámala, y sólo la muerte romperá el lazo con que yo os ato bendiciéndoos».

Un ex-oficial de artillería llamado José López (alias Lopote), que había sido dado de baja por mala conducta, fué el único que osó golpear a aquella interesante señora al grito

de «¡viva la libertad, muera el tirano!», y quizá la hubiera
matado, si el noble joven Florentino González, uno de los
más ardientes conjurados, no la hubiera protegido dando un
empellón a López y afeándole la villanía de ofender así a una
débil mujer (1).

El Libertador, que al arrojarse por la ventana dejó caer
su espada, tomó la dirección del monasterio de las religiosas carmelitas, oyendo tiros por todos lados, y el grito de
«¡murió el tirano!» En tan imponderable agonía tuvo un
auxilio providencial: un criado joven de su confianza se
retiraba tarde al palacio, y oyendo el fuego y los gritos corría
resuelto a donde su deber lo llamaba, y viendo un hombre
que a paso acelerado caminaba en la dirección que he indicado, le siguió, y conociéndole le llamó, nombrándose. Bolívar; con esta compañía consoladora, procuraba llegar al
puente del Carmen para tomar la orilla izquierda del riachuelo llamado de San Agustín, que toca con el cuartel de
Vargas, a fin de incorporarse a los que por él combatían;
pero al llegar al puente el criado le hizo observar que aunque los tiros se oían en diferentes direcciones, el fuego era
más activo en la plazoleta del convento por donde habían de
pasar. En efecto, Bolívar llegaba al puente en el momento
en que los artilleros se replegaban y los Vargas salían del
cuartel. Una partida de artilleros en retirada, seguida por
otra de Vargas y tiroteándose, se replegaba precisamente por
la orilla del riachuelo que Bolívar se proponía seguir; se oían

---

(1) Si el señor González hubiera visto el modo cómo se arrojó
de sus monasterios a las monjas de esta ciudad, cómo se las echó a
la calle entre filas de soldados, siendo, las más, ancianas y algunas
de ellas enfermas, ¿qué habría dicho? ¿qué habría hecho? En aquellos momentos de terror, bajo la opresión más feroz que jamás se
haya visto en la Nueva Granada, habría tenido que resignarse y ca-
llar; pero yo calculo, conociendo su carácter, lo que él diría, que
será lo que yo diré en su lugar; aunque temo que el mundo civilizado, y los turcos mismos duden de lo que yo diga atribuyéndolo
a pasión de partido. La impresión de vergüenza por mi patria, de
dolor profundo, de indignación violenta que me causaron aquellos
actos de salvajismo contra unas mujeres venerables e inofensivas,
no se me atenúa, ni se me atenuará mientras viva.

mezcladas las voces de «murió el tirano», «viva el Libertador», y perseguidos y perseguidores se acercaban sin poderse
juzgar quiénes serían los primeros y quiénes los segundos;
el momento era crítico, terrible: «Mi general, sígame; arró-
jese por aquí para ocúltarse debajo del puente», dijo el fiel
criado, y sin esperar la respuesta se precipitó de un salto y
ayudó al Libertador a bajar, casi arrastrándolo tras sí. Un
minuto después pasaron artilleros y Vargas por el puente
continuando el tiroteo hasta que, alejados, quedó todo en
silencio por aquel lado.

Los asaltadores del palacio, errado el golpe, se retiraban
buscando a los que se replegaban rechazados del cuartel de
Vargas, lo que ya sabían, y a pocos pasos se encontraron con
el coronel Fergusson, edecán del Libertador, quien dirigién-
dose a Carujo, que era su amigo y acababa de ser ascendido
a teniente coronel por su influjo, le gritó: «¿Qué hay Carujo?» La respuesta fué un tiro de pistola, disparado por el
mismo Carujo, que le atravesó el corazón dejándole muerto
instantáneamente. Fergusson iba desarmado, habló a Caru-
o en tono de amigo; éste y su partida no pensaba ya sino en
salvarse: ¿qué calificación merece tan odioso asesinato? Carujo dijo después que fué acto puramente mecánico, en que
la voluntad no había tenido parte, que estaba aturdido y no
supo lo que hizo, que Fergusson era su amigo y protector,
por lo que en la calma de la reflexión lo había llorado. No
sé yo cómo aceptar esta disculpa, mas por otra parte no me
atrevo a rechazarla, deplorando esos extravíos de la pasión
política, que arrastran al crimen, o nos hacen instrumentos
de la fatalidad,

Al tiempo de salir el grueso de la artillería a atacar el cuartel de Vargas y la partida destinada al palacio, dos oficiales
con otra partida de la primera, saltando una tapia, pasaron
al edificio situado en medio de los dos cuarteles en que estaba preso el general Padilla, en una pieza decente, donde tuve
yo el honor de visitarle varias veces, y en la que sin trabas

ni la menor oposición iban a verle sus amigos con franqueza. El coronel de caballería José Bolívar estaba encargado especialmente de su custodia, y le trataba con todo respeto de
un subalterno a su jefe y con todo el afecto de un amigo.
Era el coronel Bolívar uno de aquellos valientes llaneros venezolanos, cuyas proezas en la guerra de la independencia
parecen fabulosas; hombre de pocos alcances, de carácter
bondadoso, de fuerzas hercúleas, de color blanco, rareza notable en los llaneros, elevado por su valor a una altura en
que por su educación no podía sostenerse, había cometido
días antes la reprobable falta de dar un apretón de mano al
doctor Vicente Azuero, dejándole a este escritor público es-
tropeada gravemente la suya, por lo que era destestado del
partido santanderista, pues el doctor Azuero era el personaje más importante del partido, después del general Santander. Estos hechos, que no aceptan jamás los caballeros, se
ven frecuentemente en los hombres vulgares de todos los colores, aunque no sean precisamente malos, y el que refiero
marcó en la frente del coronel Bolívar un estigma fatídico
para él.

La guardia que estaba en el corredor de la pieza que servía
de prisión al general Padilla, a disposición del coronel Bolívar, era también del regimiento de Granaderos montados, y
hallándose tan descuidada como todas, fué sorprendida,
desarmada, y el coronel Bolívar se encontró preso antes de
vestirse, aunque con su espada en la mano.

El general Padilla tenía conocimiento de la revolución
proyectada en Ocaña, en el sentido de promover *pronunciamientos* en las provincias, destituir y juzgar al Libertador;
pero no tenía la menor idea de que el capitán Triana hubiese sido preso, ni de que se hubiera tramado el asesinato del
Libertador para aquella noche. Los conjurados contaban
con él sin que él lo supiera, calculando, como era natural,
que estando preso y siendo de su partido los secundaría; así
fué que se sorprendió sobre manera con lo que sucedía, y

con el ruído del combate. Sacado, a pesar suyo, con el coronel Bolívar a la puerta de la calle, donde le esperaba otro oficial con una partida de artilleros, e instado para que se pusiera a su cabeza, conduciéndolo en medio de ellos algunos pasos, lo resistió absolutamente, esforzándose por volverse a su prisión con el coronel Bolívar. En esta verdadera lucha, se aproximaba la crisis: la artillería que atacaba el . cuartel de Vargas se replegaba evacuando la plazoleta de San Agustín, y no pudiendo los oficiales persuadir a Padilla, teniendo ellos mismos que retirarse, pues ya salía de tropel el batallón Vargas detrás de los artilleros, lo dejaron en la calle a la puerta del cuartel de artillería, y temiendo que el coronel Bolívar produjese una reacción en los granaderos presos y aun en los mismos artilleros a quienes dirigía la palabra excitándolos, le mataron en el acto de un balazo, y dejaron a Padilla la espada del muerto, lo que agravó mucho su responsabilidad, pues, aturdido, tenía esa espada acusadora ceñida, cuando lo aprehendieron poco rato después en su mismo cuarto, adonde se dirigió saltando la tapia por donde entraron a su prisión los conjurados. Ocurren algunos incidentes en estos momentos de confusión, que dan una terrible apariencia de complicidad en el delito a la inocencia misma. Aun en los procesos ordinarios, por delitos comunes, se presentan frecuentemente de estas circunstancias agravantes, que aunque casuales, son indicios legales de culpabilidad. Como se ve, todas las apariencias condenaban gravísimamente al general Padilla; y sin embargo, me consta, y es un hecho que hoy nadie duda, que en el atentado de la noche del 25 de setiembre, no solo no tuvo parte, sino que no supo lo que pasaba ni la causa, hasta que su prisión fué invadida. Tampoco la tuvo en el asesinato del coronel Bolívar; ¿pero có·no persuadirlo, cuando parecía que el mismo Padilla lo había perpetrado, y así se decía y se ha creído generalmente, habiéndosele visto en la calle con los conjurados, y ciñendo su cintura la espada del muerto?

Acumulados estos terribles cargos a la causa que se le seguía por los acontecimientos de Cartagena su suerte era inevitable.

Los conjurados destinados a matar al coronel Whitle, primer jefe del batallón Vargas dijeron que no lo habían hallado, y por esto hubo esa víctima menos que agravara la causa de los conspiradores. Whitle no salió de su casa hasta que dejó de oír el fuego, y entonces pensó en el denuncio dado contra Triana y temió la responsabilidad en que, como todos, incurriera no dando a aquel aviso la importancia que merecía.

El jefe de Estado Mayor del departamento, coronel Ramón Guerra estaba iniciado en los secretos de la conspiracion, y había ofrecido cooperar a su éxito. Se le acusa de cobardía en aquella noche, porque resistió tomar las medidas que los exaltados jóvenes sus cómplices, aturdidamente le indicaban. Este es un error de los que le hacen el cargo y de la Historia, que lo repite sin examinar las causas. El coronel Guerra, militar prudente, conoció sin duda que si intempestivamente se hubiera puesto a relevar guardias, principalmente la del palacio, a variar consignas, a mudar los oficiales de los puestos, todo sin conocimiento de los jefes de la plaza ni de las autoridades superiores, habría bastado aquello para infundir recelos y descubrir el objeto de semejantes medidas extraordinarias, que era imposible pasaran desapercibidas. Y ellas ¿no habrían despertado instantáneamente las sospechas que la prisión de Triana y el motivo que la causara, no podían menos que inspirar al Gobierno civil y militar, aunque al principio no se hubiera creído tan inminente peligro? El coronel Guerra debió pensar que negando Triana, que sabía muy poco de la conspiración, y que nada había revelado, podía desvanecerse el cargo; que por tanto no se debía festinar un movimiento de tanta transcendencia. Se dice que pudo ir al cuartel de Vargas, darse a conocer como jefe de Estado Mayor que era, e introducir los conjurados.

¿Qué se hubiera logrado con esto? Setecientos soldados veteranos, leales y decididos, que dormían en sus cuadras en los pisos altos, ¿podían ser sojuzgados y asegurados por unos setenta hombres que tomaran el zaguán del cuartel y la guardia de prevención? Lo probable, si no lo seguro, es que no habría salido uno de éstos con vida. Además, él no aceptaba el asesinato sino la prisión de Bolívar, esto es la revolución en que los diputados de Ocaña habían convenido, debiendo al efecto esperarse los movimientos de las provincias (1). Sin embargo tuvo Guerra una debilidad que lo perdio, y fué que cediendo a las instancias que se le hacían, manió municionar días antes a los artilleros y proveer de proyectiles a las piezas. Respecto de este jefe hay que tener presente una circunstancia que se ha olvidado por todos los que hacen pesar sobre *él solo* la responsabilidad del malogro de la conspiración, y es la de que es imposible suponer que siendo el hombre de toda la confianza del general Santander, no hubiera en el acto hablado con este general sobre la prisión de Triana, que Guerra por su empleo supo antes que todos; y por tanto, no es temeridad pensar que el general Santander le indicara la conducta que siguió, quizá persuadiéndose que sin su cooperación se detendrían los conjurados. No puede explicarse de otro modo el hecho de haberse ido Guerra tranquilamente a su casa desde temprano, siendo el más comprometido de los conspiradores si el temerario intento fracasaba.

El general Córdova, despertado por el cañonazo, salió de

---

(1) Algunos otros de los conjurados también repugnaban el asesinato. El capitán Emigdio Briceño (hoy general), en una de las discusiones previas, tuvo un fuerte altercado con Carujo, que no aceptaba nada que no fuera matar a Bolívar a puñaladas, lo que Briceño rechazaba con vehemencia votando por la destitución y el juicio nacional. De la discusión acalorada pasaron a los insultos y amenazas, que pararon en un duelo a sable, el que no tuvo consecuencias porque los demás conjurados se interpusieron y lo evitaron. Esta circunstancia conocida después salvó la vida a Briceño, que fué el oficial que mandaba la partida que sorprendió la guardia del general Padilla.

su casa un poco tarde, habiendo tenido que mandar traer sus caballos de la caballeriza donde los cuidaban; al dirigirse a la plaza se encontró con Carujo en su retirada del palacio y unos ocho artilleros, separados ya en diferentes direcciones los jóvenes que le acompañaron. Córdova le hizo la misma pregunta que Fergusson: ¿qué hay Carujo? y fué más afortunado o quizás más desgraciado, que aquel noble y caballeroso joven inglés: Carujo le contestó que el batallón Vargas se había insurreccionado contra el Libertador, y que él se replegaba porque ya los insurrectos ocupaban la plaza. En el mismo momento una partida de Vargas apareció por una bocacalle y dió el grito de ¿quién vive? rompiendo el fuego sobre la de Carujo en que Córdova estaba incidentalmente. Córdova contestó al fuego al grito de ¡Viva el Libertador! que fué repetido por la partida de Vargas, suspendiéndose el tiroteo y uniéndose las dos partidas. Carujo desapareció, con lo que Córdova vino a conocer que había sido engañado.

Los Vargas informaron a Córdova de todo y con ellos y los pocos artilleros que le quedaban siguió a la plaza de la Catedral. Allí estaban ya el general Urdaneta, la mayor parte del batallón Vargas, el regimiento de Granaderos, los generales París, Vélez, Ortega y el prefecto, general Herrán, que también fué detenido en la calle por otra partida, que lo respetó y lo dejó seguir, porque el general Herrán por su moderación, por su tolerancia e imparcialidad, fué siempre querido y respetado aun de sus enemigos políticos.

Por el incidente casual que dejo referido, empezó a dudarse desde esa misma noche de la fidelidad del general Córdova; las sospechas fueron tomando incremento por la malignidad que las propagaba, y la consecuencia fué su defección de la que hablaré en su lugar.

De la plaza mandaba el general Urdaneta; jefes y oficiales y partidas de infantería y caballería iban en todas direcciones a buscar al Libertador, que no parecía, aunque fuera remota la esperanza de encontrarle vivo, pues se suponía que podía haber sido asesinado en la calle.

III

En el entretanto agonizaba Bolivar en la más grande incertidumbre bajo el puente protector; partidas de Vargas pasaban gritando ¡viva el Libertador! temía que fuese una aclamación alevosa para descubrirlo. Después de casi tres horas de ansiedad; oyendo los pasos de unos caballos que se acercaban y los gritos que se repetían de ¡viva el Libertador!, mandó al criado que le acompañaba que saliese con precauciones, arrimándose a una pared a ver quiénes eran los que venían: eran el comandante Ramón Espina, hoy general, y el teniente Antonio Fominaya, edecán del general Córdova, que conocidos por el muchacho, le anunciaron que estaba salvo. Salió, pues, con dificultad de la barraca, se informó de lo que pasaba y en aquel momento, llegando el general Urdaneta con otros jefes y oficiales, el reconocimiento y el hallazgo hicieron derramar lágrimas a todos. En pocos instantes supo la ciudad la fausta noticia por mil gritos repetidos en todas direcciones. El Libertador mojado, entumecido, casi sin poder hablar, montó en el caballo del comandante Espina y todos llegaron a la plaza, donde fué recibido con tales demostraciones de alegría y de entusiasmo, abrazado, besado hasta del último soldado, que estando a punto de desmayarse les dijo con voz sepulcral: «¿Queréis matarme de gozo estando próximo a morir de dolor?» Era ya tiempo: el bárbaro Crofton; irlandés de la ínfima plebe, soldado de fortuna y comandante de los Granaderos montados, que cobardemente no se movió de su casa sino cuando ya todo era concluido; no pareciendo Bolívar y creyéndole muerto, se dirigía sin orden de nadie, con una partida de caballería a matar al general Santander. No encontrándole en su casa, corria a la de su hermana, donde calculó que estaría, cuando la voz: «pareció el Libertador» llegó a sus oídos y le hizo volver a la plaza. No hay que dudarlo: si Bolívar hubiera muerto, habrían muerto sus enemigos, no sólo en Bogotá sino en toda la República; la capa rasgada de Bolívar habría causado el mismo efecto que la túnica ensangrentada de César. Tal era la decisión del ejército y de la masa popular. Las manifestaciones de indignación que de toda la República se hicieron al Libertador contra el hecho probaron el juicio que de él formó la nación.

A las cuatro de la mañana regresó el Libertador al palacio y en el acto mandó llamar al señor Castillo Rada, presidente del Consejo de ministros, y después de abrazarlo con tierna efusión, le previno que convocase el Consejo y redactase un decreto declarando que resignaba en el Consejo toda la autoridad que le habían conferido los pueblos; que el Congreso convocado para el 2 de enero de 1830, se reuniese inmediatamente, dictándose las medidas necesarias al efecto; que se redactase un decreto de indulto en favor de todos los conjurados, a quienes no quería conocer, bastándole saber quién era su jefe, del que nunca creyó que el odio llegase hasta el extremo de querer asesinarlo, causando la muerte de tantos inocentes, y trayendo sobre el país la anarquía y la desolación; que él (Bolívar), firmados los decretos, estaba resuelto a irse en el acto fuera del país, porque aunque quería más bien morir que vivir, le importaba mucho salvar su gloria, que era le gloria de Colombia; que en consecuencia se prepararse todo lo necesario para su marcha. El señor Castillo, que le oyó en silencio con los brazos cruzados y la cabeza caída sobre el pecho, manifestando en su actitud una dolorosa preocupación, le contestó aprobando aquella resolución en todas sus partes, menos la última, aconsejándole que se retirase a su quinta, en donde viéndole el mundo vivir pacíficamente como simple particular, salvaría mejor su gloria que ausentándose como prófugo, porque esto supondría que el odio de sus conciudadanos era general e implacable, lo que induciría a creer que era motivado. Esta última observación hizo fuerza al Libertador, quien contesto ..i señor Castillo estas precisas palabras: «Bien, me quedaré, por ahora; pero que se cumpla todo lo demás: después podré irme».

¿Por qué se frustró aquel arranque de generosidad y de alta política? ¿Por qué la Historia lo ha olvidado, cuando fué conocido generalmente? No sé. Sin duda sería porque a las ocho de la mañana ya se había resuelto otra cosa enteramente diferente: veamos cómo.

No bien hubo salido el señor Castillo del palacio habló con el general Urdaneta, secretario de Guerra, comunicándole las intenciones del Libertador, que él (Castillo) aprobaba; el general Urdaneta pensó que una resolución de tanta importancia no podía festinarse; y después de consultar con los jefes de las tropas, resolvieron éstos ir en cuerpo a suplicar al Libertador que desistiese de semejante resolución, en circunstancias en que el Perú amenazaba con una invasión poderosa los departamentos del Sur; que la España hacía lo mismo por el Atlántico; que Venezuela apenas pacificada no daba garantías de conservar la unión colombiana; que el castigo de los conspiradores daría fuerza al Gobierno, etc. Los militares que se presentaron al Libertador fueron los generales Urdaneta y Córdova, los coroneles Witle y Crofton, el mayor Antonio España y todos los oficiales de Vargas y granaderos en cuerpo; «quedaremos abandonados; seremos todos víctimas; Colombia se disolverá!» fueron las exclamaciones que salieron de todas las bocas, y no eran infundados los temores de aquellos veteranos. Sin embargo, para la gloria personal de Bolívar habría sido mejor que perseverara en su primera resolución; pero no pudo resistir a las súplicas de los hombres que lo habían salvado y habían salvado a la República de un cataclismo espantoso, y contestó: «que se cumplan, pues, las leyes», no teniendo por consiguiente lugar la reunión del Consejo.

Varias veces en la sociedad íntima del señor Castillo le oí deplorar que los militares hubieran desviado al Libertador de su primera generosa idea, de la que Baralt y Díaz apenas hacen una ligera mención. Yo, impuesto de aquellos sucesos, en todos sus pormenores, he debido regar algunas flores sobre el sepulcro de Bolívar, dándolos a conocer.

En consecuencia de esta resolución, pocas horas después, se declaró el Libertador en ejercicio de las facultades extraordinarias *que le habían conferido los pueblos*, es decir, quedaron suspensas las garantías. Situación siempre fatal que aleja del mandatario las simpatías de los pueblos; y hace aparecer la justicia como venganza, y que reviste la autoridad con el ropaje odioso de la arbitrariedad.

Se continuó diciendo y se ha escrito que el general Córdova tuvo parte en la conjuración, por el incidente de que ya he hablado, pero hay un hecho que prueba concluyentemente lo contrario: Córdova tomaba declaración al capitán Silva, y preguntándole que de dónde hubo, por orden de quién y con qué objeto las municiones que había distribuido a los artilleros, dijo Silva: «que conteste esa pregunta el coronel Guerra, que dió la orden.» A semejante respuesta, volvió Córdova a ver a Guerra, y notándolo inmutado le tomó por el brazo, diciéndole con voz de trueno: «Usted es conspirador», y mandó reducirlo a prisión, Si Córdova hubiera sido de los conjurados, ¿cuál habría sido la respuesta de Guerra, que no podía ignorarlo?

VIíí

Los conjurados que se aprehendieron fueron juzgados breve y sumariamente en juicio militar, conforme al decreto expedido por el Libertador siete meses antes en uso de las facultades extraordinarias de que se hallaba revestido constitucionalmente; y los que fueron condenados a muerte lo fueron con el dictamen del auditor de guerra, con arreglo a las leyes vigentes. Catorce la sufrieron pasados por las armas, de los cuales cinco eran clase de tropa de la artillería, infelices gentes que obedecían no pudiendo hacer otra cosa; este exceso de severidad innecesaria excitó la compasión pública y perjudicó al Libertador, que no tuvo en ella más parte que la de dejar hacer. Bajo el punto de vista de la disciplina militar puede justificarse, pero debió tenerse en consideración la posición, la inocencia, me atrevo a decirlo, de aquellos infelices hombres ignorantes. Al general Padilla y al coronel Guerra se les colgó en una horca por algunas horas, porque a esta pena se les condenó; mas como no había verdugo que la ejecutase se les fusiló antes. Hace muchos años que los soldados son forzados, a palos, a hacer el oficio de verdugos, porque parece que de todas maneras se ha procurado intencionalmente degradar la que debía ser realmente «la noble carrera de las armas». Malísimo efecto causó también el espectáculo de los cadáveres de dos beneméritos servidores de la patria, colgados, como para afrentarlos vengativamente. Las penas que interesan el sentimiento público, excitando la compasión, se hacen contraproducentes: no se ve en ellas el castigo de un delito, sino la pasión del que las aplica.

Pedro Celestino Azuero, joven distinguido por sus talentos precoces, y que daba las más grandes esperanzas, fué generalmente sentido. En los jefes y oficiales se consideraba la violación de la confianza, y esta circunstancia, verdaderamente agravante, hacía ver con menos interés su suerte. Otra pérdida deplorable hizo la patria en aquellos tristes días en el joven Vargas Tejada, de noble carácter y de talentos distinguidos, que se ahogó al pasar un río huyendo hacia Casanare.

El Consejo consultó al Libertador presidente la conmutación de la pena de muerte por otra menos grave a los demás acusados, y conformándose el presidente con aquel dictamen, fueron condenados los más a expatriación, unos pocos a reclusión y otros a servir en el ejército. Respecto del general Santander, dijo el Consejo que la sentencia era justa, aunque no había concurrido personalmente a la ejecución del asesinato; pero que habiendo tenido conocimiento de la trama, dado consejos, etc., y no habiendo avisado a las autoridades del peligro, estaba comprendido en el decreto sobre conspiradores, y esto era incontestable. Mas proponía el Consejo la conmutación de la pena de muerte por privación de empleo y expulsión del territorio de la República, dictamen con que también se conformó el presidente. El comandante Carujo, a quien tenía oculto, no al generel Córdova, como se ha dicho, sino el padre Mora, fraile *liberal* de Santo Domingo, ofreció presentarse y hacer revelaciones importantes si se le perdonaba la vida. El padre Mora negoció esta presentación con el prefecto, general Herran, y aunque Carujo no hizo las revelaciones que prometiera, sino algunas insignificantes, se le cumplió lo que se le ofreció, y con esto quedaron terminados los ruidosos procesos consiguientes a la conspiración del 25 de setiembre.

Algunos de los presos condenados a extrañamiento, entre ellos el general Santander, fueron detenidos unos pocos meses en los castillos de Bocachica y Portocabello; cosa que fué mal vista; pero se alegó una razón que yo no me atrevo a rechazar, y fué la de que se corría el riesgo de que el general Santander con algunos de sus compañeros se fueran al Perú a atizar la guerra, lo que era más que probable.

IX

Voy a ocuparme, con temor, de una cuestión sumamente delicada. ¿La conjuración del 25 de setiembre imprime afrenta sobre sus perpetradores? Si la afrenta no la imprimen sino los delitos que demuestran mala índole, corrupción moral, vil interés, innoble venganza, fría crueldad al ejecutarlos, es indudable que aquella conspiración no imprime afrenta sobre el mayor número de los conspiradores. El fanatismo político, como todos los fanatismos, arrastra al delito con la convicción de obrar bien. Aquellos jóvenes exaltados tenían con sinceridad la íntima persuasión de que servían a la causa pública en aquel acto, y sin malos motivos se lanzaron con valentía incomparable, arrostrando todo riesgo, a ejecutarlo. Pero Arganil y Orman, advenedizos, sin hogar y sin vínculos de ninguna clase en el país, Carujo y Zuláibar, realistas, ¿estaban en el mismo caso? Y si un hecho es condenable por sí mismo, ¿puede hacerlo plausible la pureza de las intenciones? Ravaillac asesinó al rey de Francia Enrique IV, de la mejor buena fe, por fanatismo religioso, y, sin embargo, la historia lo ha condenado.

Dice el señor Ezequiel Rojas que la opinión pública ha fallado sobre la moralidad del hecho y sobre sus autores, habiendo conferido, a los más de ellos, altos empleos políticos, militares y diplomáticos: esto sería exacto si entre nosotros hubiera sanción moral; mas otros hechos prueban que no la hay en nada, ni para nada. Un hombre condenado a muerte por los tribunales como asesino, y después indultado ¿no es hoy uno de los más mimados coroneles de los *Estados Unidos de Colombia*? (1). El general Mosquera que escribía él mismo, y hacía escribir a su costa libros enteros para probar que el general Obando era el asesino del Mariscal de Ayacucho, y que personalmente fué a las repúblicas vecinas a perseguirle como a reo prófugo, derramando a torrentes el oprobio sobre él, ¿no se le unió después como amigo, para derrocar el Gobierno legítimo e inundar de sangre su patria que antes inundaian como encarnizados enemigos? El mismo general Mosquera que el año 1841 inmoló tantos *liberales* ¿no es hoy el caudillo de ese partido que le odiaba y maldecía? Los asesinos de Aguilar, Morales, Hernández, Ibañez, del coronel Indaburu, del coronel Patrón y de su hijo, del doctor Moncada, del señor Rufino Vega, del señor Nicolás Pérez Prieto, del señor Arboleda y su hijo, del coronel del Río, del señor Guardia gobernador del Estado de Panamá, del general Arboleda... y de tantos otros ciudadanos

_____

(1) Ya es general el asesino a quien aludo, y esto refuerza mas mi argumento.

inocentes y beneméritos, sacrificados bárbara e inicuamente, ¿no son presidentes, gobernadores, prefectos, generales, coroneles, prohombres en fin del partido que hoy domina en mi patria?

No hay ¡no! regla fija entre nosotros para juzgar si la sanción moral justifica o condena los actos sobre que ella debiera fallar. Por tanto, respecto de la conjuración del 25 de setiembre, no puedo decir sino como se decía en el Areópago de Atenas: «Comparezcan las partes dentro de cien años.»

CAPITULO XIII

I

En los primeros meses de este año de 1828, se presentó en esta capital don José de Villá en calidad de enviado extraordinario del Gobierno del Perú cerca del nuestro. Sus primeros pasos indicaban que a la sombra de su misión ostensible traía otra secreta, que era la efectiva: «la de acalorar los bandos políticos, y excitar conmociones en Colombia, ofreciendo a los malcontentos auxilios del Perú,» y esto lo prueba el que sin precauciones ni miramientos se ligó estrechamente con los primeros personajes del partido de oposición. Mal recibido el señor Villa por el Libertador, no tuvo su misión otro resultado que alentar en Colombia aquel partido, y preparar los ánimos para que por él fuese apoyada la invasión que el Perú se proponía ejecutar sobre nuestros departamentos del Sur. Logrado que hubo esto, sin arreglar nada con el Gobierno, pidió pasaporte y se retiró. Contando ya el Gobierno del Perú con la cooperación del partido *liberal granadino*, tomó sus medidas para llevar a cabo la ocupación de nuestros departamentos del Sur, para anexarlos al Perú, siendo la principal la de deshacerse del general Sucre y de la división colombiana en Bolivia. Al efecto, un ejército peruano de 4.300 hombres se estacionó en la frontera de aquella República, bajo el mando del general don Agustín Gamarra, quien derramando el oro, haciendo promesas halagüeñas y empleando otros medios de seducción, promovía la defección de las tropas colombianas y bolivianas, logrando su objeto. En uno de los motines militares que ocurrieron, queriendo el general Sucre reprimirlo, se le hizo fuego, y una bala traidora le rompió el brazo derecho, fué hecho prisionero con sus ministros, y solo Dios sabe la suerte que habría corrido si otras tropas fieles, llegando a tiempo, no lo hubieran rescatado con aquellos. Imposibilitado el general Sucre, por la gravedad de su herida, de continuar en el ejercicio del Poder ejecutivo de aquella república, formó un consejo de gobierno y entregó el mando a su Presidente, delegándole las facultades de que él podía usar constitucionalmente.

Pretextando primero Gamarra defender la persona del gran Mariscal de Ayacucho, que declaraba sagrada por los servicios que había prestado a la Independencia del Perú, y Bolivia, y luego que iba a dar libertad a los «alto-peruanos,» como se llamaba a los bolivianos, que oprimidos, según decían, por un gobierno vitalicio, invadió con su ejército aquella república, obligando al Consejo a una capitulación vergonzosa, estipulándose en ella que al día siguiente de su ratificación se convocaría el congreso que estaba en receso, para que oyera el mensaje y admitiese la renuncia del general Sucre, quien como se ha visto antes, no aceptó la presidencia sino hasta la primera reunión constitucional del congreso.

El día 1 de agosto (1828) señalado para la instalación faltó un diputado para completar el *quorum* constitucional. No pudiendo verificarse la reunión, llamó el general Sucre al presidente y en presencia de seis diputados le entregó entre otros pliegos cerrados, su mensaje al Congreso; e inmediatamente emprendió su viaje, embarcándose para Colombia.

Antes de estos sucesos había el general Sucre ido mandando algunas de las tropas colombianas acantonadas en Bolivia y con él se trajo los últimos restos, que en todo, con jefes, oficiales y tropa no llegaron más que a 925 hombres: las batallas, las enfermedades, las defecciones y la deserción dispusieron de las dos terceras partes que faltaban.

El jefe del ejército peruano quedó, pues, árbitro de Bolivia y obró como tal; más a pesar de todo nunca pudo el Perú persuadir ni obligar a los bolivianos a renunciar a su soberanía, y a incorporarse a aquella república. Con su independencia conserva Bolivia su inmarcesible nombre con orgullo. Dios la proteja y la prospere: ese nombre es un florón en la página de oro de lo historia de la guerra de la emancipación de Hispano-América que recuerda mucha gloria.

Al despedirse para siempre el invicto gran Mariscal de Ayacucho del pueblo boliviano, renunció, en su mensaje, su inviolabilidad constitucional, sometiéndose en cualquier tiempo a responder en juicio, si había infringido alguna ley durante su administración, y terminaba aquel importante escrito, monumento eterno de honor americano, con estas hermosas y tiernas palabras: «De resto, señores, es suficiente remuneración de mis servicios regresar a la tierra patria, después de seis años de ausencia sirviendo con gloria a los amigos de Colombia: y aunque por resultado de instigaciones extrañas llevo roto este brazo que en Ayacucho terminó la guerra de la independencia americana, que destrozó las cadenas del Perú, y que dió sér a Bolivia, me conformo cuando en medio de difíciles circunstancias, tengo mi conciencia libre de todo crimen. Al pasar el Desagüadero, encontré una porción de hombres divididos entre asesinos y víctimas, entre esclavos y tiranos, devorados por los enconos y sedientos de venganza. Concilié los ánimos, he formado un pueblo que tiene leyes propias, que va cambiando su educación y sus hábitos coloniales, que está reconocido de sus vecinos, que está exento de deudas exteriores, que sólo tiene una interior y en su propio provecho, y que dirigido por un gobierno prudente será feliz. Al ser llamado por la asamblea general para encargarme del gobierno de Bolivia, se me declaró que la independencia y la organización del Estado se apoyaban sobre mis trabajos. Para alcanzar aquellos bienes en medio de los partidos que se agitaron quince años y de la desolación del país, no he hecho gemir a ningún bolíviano; ninguna viuda, ningún huérfano llora por mi causa, he levantado del suplicio muchos infelices condenados por la ley, y he señalado mi gobierno por la clemencia, por la tolerancia y la bondad. Se me culpará acaso, y se dirá que esta lenidad es el orígen de mis heridas: pero estoy satisfecho si mis sucesores con igual lenidad acostumbran al pueblo boliviano a conducirse con arreglo a las leyes, sin que sea necesario que el estrépito de las bayonetas esté perennemente amenazando la vida del hombre y acechando la libertad. En el retiro de mi vida privada, veré mis cicatrices y nunca me arrepentiré de llevarlas, cuando me recuerden que para formar a Bolivia preferí el imperio de las leyes a ser el tirano o el verdugo que llevara siempre una espada pendiente sobre la cabeza de los ciudadanos.

«¡Representantes del pueblo! ¡Hijos de Bolivia, que los destinos os protejan! Desde mi patria, desde el seno de mi familia, mis votos constantes serán por la prosperidad de Bolivia.»—¡Y este hombre fué alevosamente asesinado en la Nueva Granada! ¡Y hubo un partido que aplaudiera este horrendo crimen! ¡Y este partido se titulaba *partido liberal!*

II

Seguro ya el Gobierno peruano por la parte de Bolivia, se apresuró el general Lamar a llevar adelante sus proyectos movido por interés persónal, pues sin la calidad de peruano de nacimiento no podía conservarse a la altura a que con aquel fin lo habían elevado. Para esto contaba con un poderoso auxiliar: ¿quién era éste? Apenas podría decirse quién era, si los hechos históricos no hablaran, era el partido que se llamaba *liberal* en Colombia, o más bien dicho, en la Nueva Granada.

Desde el mes de julio pensó el Libertador anticiparse al Perú llevándole la guerra que su Gobierno iba a traer a nuestro territorio; cosa ya evidente y que no podía dudarse, y al efecto hizo publicar un manifiesto amenazador, con éxposición de los principales agravios que recapitulados, eran: «el motín de la 3.ª división auxiliar que se atribuía a los gobernantes del Perú; su regreso a Colombia sin órdenes de su Gobierno, convoyadas las tropas por buques de guerra peruanos; la expulsión de nuestro agente en Lima dentro del término de cuarenta y ocho horas con ignominia y afrenta la prisión injusta de ve varios oficiales colombianos, y el haber acogido a traidores a nuestro Gobierno; el envío de un ministro plenipotenciario sin instrucciones sobre los puntos capitales que se disputaban, con las siniestras miras de auormecer la vigilancia del Gobierno colombiano y de turbar la tranquilidad de la República; el haber negado el paso por su territorio a las tropas libertadoras existentes en Bolivia; el haberlas sublevado por instigaciones de generales peruanos; el haber, en fin, invadido en plena paz, y con la más negra perfidia a Bolivia, con cuya Repúbica tenía Colombia íntimas relaciones de fraternidad y amistad. A tan poderosos motivos para hacer la guerra, añadía que el Gobierno del Perú acumulaba tropas en nuestras fronteras meridionales; enviaba una escuadra para bloquear los puertos colombianos del Pacífico, y publicaba las injurias más atroces contra Colombia y su Gobierno» (1).

El Congreso del Perú dictó un decreto autorizando al presidente Lamar, para hacer la guerra y mandar en persona las tropas, lo que era la pretensión ya manifestada de este general. Mas no se caía en cuenta de que el pretexto era posterior a la invasión de Bolivia, estando ya el general peruano Gamarra, dominándola, desarmándola, encadenándola, para privar a Colombia de un aliado fiel; que las tropas peruanas se equipaban como para hacer guerra y se aumentaban más de lo que el estado de paz exigía; cosa que en todas las naciones limítrofes se mira como un acto de hostilidad, pro-

---

(1) Restrepo *Historia de Colombia*.

duce reclamaciones y exigencias ·de explicaciones, y casi siempre se considera como un perfecto *casus belli*, principal mente cuando su objeto es conocido, y cuando otros agravios lo hacen evidente.

El Libertador también hizo preceder su manifiesto de que he hablado, de otra proclama (3 de julio), en la que en represalia de los insultos que a él y a Colombia prodigaba la prensa del Perú, se permitió expresiones coléricas, impropias de un documento de aquella clase, excitando a los pueblos del Sur a armarse y volar a las fronteras, y diciéndoles: «mi presencia entre vosotros será la señal del combate», frase que después con sobra de jactancia ridícula ha repetido el general Mosquera para combatir a conciudadanos suyos, que fueron sus leales amigos, hasta que se hizo el instrumento de la implacable venganza de sus eternos enemigos, contra aquéllos.

La guerra, pues, era ya irremediable, y hasta cierto punto urgente, porque el ejército del Sur carecía de recursos de subsistencia, estaba desnudo, y era indispensable o disolverlo entregando el país a los enemigos exteriores y a los internos, o buscar nna pronta solución en el campo de batalla, porque aunque al jefe del Estado se le llamaba *tirano* eran bajo aquella *tiranía* desconocidos los medios *liberales* a que recientemente se ha ocurrido para obtener dinero, caballos, vestuarios, equipos, y toda clase de recursos.

Pero el Consejo de gobierno unánimemente se opuso a que Colombia tomase la iniciativa, y aconsejó al Libertador que antes de dispararse el primer cañonazo, se intentasen, hasta agotarlos, todos los medios de conciliación posibles, para desmentir, con una conducta moderada y prudente, las imputaciones calumniosas de ambición y proyectos liberticidas que le hacían sus enemigos. Bolívar, siempre dócil a la razón, y no pensando ya en otra cosa sino en salvar su gloria, se conformó con el dictamen del Consejo. En consecuencia declaró a su primer edecán, el coronel Daniel F. O'Leary de una misión cerca del Gobierno del Perú para negociar una suspensión de armas, a fin de que los dos Gobiernos pudieran entenderse y arreglarse por medio de la negociación y trámites acostumbrados entre las naciones, cuando prefieren este medio racional al de la guerra. ¡Tiempo perdido! Cuando el coronel O'Leary llegó a Guayaquil, ya había sonado el primer cañonazo: lo disparó la corbeta de guerra peruana *Libertad*, sobre la goleta colombiana *La Guayaquileña*, que salvó el honor del pabellón, aunque tuvo que retirarse, porque la corbeta *Pichincha*, que la acompañaba, se quedó atrasada. Aquella corbeta peruana cruzaba sobre nuestras costas, registraba y detenía los buques mercantes que entraban a Guayaquil, sin que precediera declaración de guerra en forma. Desatendiéndose de este grave incidente, dirigió O'Leary a Lima su credencial pidiendo un salvo conducto para trasladarse a aquella ciudad. El presidente Lamar sin mandar el pasaporte pidió a O'Leary que enviara los bases sobre que rodaría la negociación, lo que, rotas las hostilidades, equivalía a una negativa formal. Con este paso salvó Colombia su responsabilidad ante Dios y ante los hombres.

El general Lamar habiendo contestado en Lima la proclama y manifiesto del Libertador en términos mucho más impropios que los que éste usara, se embarcó en una fragata de guerra trayendo dinero, otros recursos y refuerzos al ejército que venía a mandar; y desembarcado en Piura, publicó otra proclama contra Bolívar, más injuriosa que la anterior. Con la llegada de Lamar ascendió el ejército peruano sobre nuestra frontera a más de 4.000 hombres, y allí debía esperar otros 4.000 que conducía el general Gamarra después de haber imposibilitado a Bolivia para ayudarnos. En el entretanto, la escuadra peruana compuesta de una fragata, de una corbeta, de una goleta, tres lanchas cañoneras, y de nuestra corbeta *Pichincha*, cuya tripulación extranjera se sublevó contra sus oficiales y se pasó al Perú, donde pagaban mejor, estableció un riguroso bloqueo sobre la ría de Guayaquil, donde no había buques colombianos que oponerle, privando a la República de los productos de la Aduana; que formaban la renta principal de aquellos departamentos. '.

Dije que el Perú contaba con un poderoso auxiliar para su injusta agresión en el partido llamado *liberal* en la Nueva Granada: va a verse que dije verdad.

Los coroneles José María Obando y José Hilario López, el último de los cuales había sido convencionista de Ocaña, se *pronunciaron* en la provincia de Popayan el 12 de octubre (1828) contra el Gobierno establecido, manifestando que lo hacían en defensa de la Constitución que el general Páez, el Congreso de 1827, la mencionada Convención y las actas populares habían despedazado. Pero lo particular de este pronunciamiento del 12 de octubre en algunos pueblos de la provincia de Popayan, es que la prensa peruana lo anunciara, lo asegurara y casi lo detallara en Lima, un día antes que se verificase; y que el mismo día 12 en su primera proclama dijera el coronel Obando: «La poderosa Perú marcha triunfante sobre ese ejército de *miserables*». Esos miserables de que hablaba el coronel Oblando eran los viejos veteranos de Colombia, que formaban el ejército del Sur. Y no se contentó con tal blasfemia el coronel Obando, sino que dijo también que el Perú, *triunfante de Bolivia y de Colombia*, marchaba a proteger su alzamiento. ¿Qué se deduce de todo esto? Dedúzcalo el lector.

III

Era intendente y comandante general del departamento (hoy Estado) del Cauca, el coronel Tomás C. Mosquera cuando tuvo lugar el pronunciamiento de Obando y López en los pueblos de Patía, Limbío y otros al Sur de Popayan. Veamos cómo lo describe Mosquera en su *Examen crítico*. «Volví (dice) al valle del Cauca a regularizar algunas oficinas y concluir mi visita en los primeros días de octubre y debía regresar el 13 de aquel mes. Obando, para corresponder à la deferencia que había tenido con él, promovió una rebelión a mano armada y se preparaba a dar el golpe asesinándome el 13 en el río del Cofre. Mi muerte debía ser el primer hecho para revolucionar el departamento. Un posta que recibí del secretario de lo interior comunicándome el atentado del 25 de setiembre en Bogotá, me hizo precipitar la marcha y entré a Popayán el 11 de octubre por la tarde. En el momento pasó a mi casa el doctor José María Grueso, provisor y vicario general del obispado, a informarme que sabía por la mujer de uno de los conjurados la conspiración, y cómo debía darse principio a ella el 13 inmediato y que mi anticipación me había salvado».

Llegado el coronel Mosquera a Popayan, dió algunos pasos conciliatorios con el coronel Obando, mandándole comisionados a persuadirle que desistiera de su intento, y entre otros lo fué uno de los más respetables ciudadanos que ha tenido la República, cuya reciente pérdida ha aumentado la lista de las inmensas que ha hecho la Patria de hombres distinguidos en estos últimos tiempos: hablo de mi paisano y amigo de mi juventud, el señor Lino de Pombo y O'Donell, entonces teniente coronel de ingenieros y jefe de Estado Mayor del departamento militar del Cauca. El general Obando en sus Apuntamientos para la historia dice que el general Mosquera por aquellos conductos le ofreció unirse a él, si Venezuela se pronunciaba. El general Mosquera niega esta inverosímil aseveración con muy buenas razones, refiriéndose a documentos que dice tenía en su poder y que publicaría. y añade: «¿Por qué Obando no hace otro tanto? ¿Por qué cuando le dijo al Libertador en Chaca-Pamba que el doctor Valencia, Castrillón y el coronel López (el actual general López) lo habían perdido con sus consejos; y que yo estaba de acuerdo con ellos para entrar en una revolución, no presentó estos documentos? El Libertador espantado de la maldad de Obando, me lo recibió todo. Por fortuna yo había dado cuenta de todo oficialmente para que este chisme no

hiciera impresión en el Libertador. ¡LECTOR CONOCED A
OBANDO!» (1).

Dice también Mosquera hablando de aquel *pronunciamien-*
to: «Este (Obando) mandó atacar los correos del Sur y occi-
dente para robarse los caudales que traían, y sublevó a los
Patianos y Timbianos, enarboló la bandera de la cruz, y tocó
todos los resortes que le sugería su malicia, para sacar a los
bandidos que andaban prófugos en la provincia de Pasto;
llamó los esclavos para darles libertad, y entregó al pillaje
las haciendas de los vecinos de Popayán, y entre otras las de
los señores Joaquín y Rafael Mosquera, que pertenecían a los
diputados que sostuvieron hasta el fin (en Ocaña) la existencia de la Convención (2).

Todo este relato es cierto. Uno de los correos asaltados fué
el de Micai, que conducía una fuerte suma en barras de oro
para la casa de moneda de Popayán, y la devastación de
muchas haciendas fué completa. Desgraciadamente, como
consecuencia natural de la putrefacción moral que corroe el
país, estos robos, estos pillajes, estas espoliaciones, estas ini-
quilidades, han ido siendo mayores sucesivamente en cada
revolución; y se han excedido en ellas los mismos hombres
que antes los condenaron en sus adversarios.

Perdida, pues, toda esperanza de sometimiento voluntario
de los jefes *pronunciados,* hubo el coronel Mosquera de prepararse a someterlos por la fuerza; pidió al Gobierno cien
veteranos, que no le llegaron. El coronel Pedro Murgueitio,
uno de los servidores más antiguos y más beneméritos que
tuvo la República, le llevó un refuerzo de milicias del valle
del Cauca, y con éstas, las de Popayán, unos pocos veteranos de infantería y un escuadrón de caballería, pudo disponer Mosquera de unos 700 hombres. Los coroneles Obando
do y López habían reunido a la sazón cerca de 400. En las
fuerzas de Mosquera abundaban las milicias; pero había al-

(1) Apéndice al *Exámen crítico.*
(2)· *Exámen crítico.*

gunos veteranos, todos bien armados y municionados, y la milicia de Popayán ha sido siempre superior. En las de los jefes disidentes, no había ni un solo veterano, sino indios y negros de los campos a medio armar y con muy pocas municiones, de manera que en número, calidad y medios de destrucción, todas las ventajas, todas las probabilidades estaban de parte del coronel Mosquera. Sin detenerse por esto, los coroneles Obando y López marcharon con su *montonera* hasta el ejido de Popayán amenazándole de cerca. El coronel Mosquera, que había recibido del secretario de Guerra orden de atacar, para no dejar tomar cuerpo a un movimiento que podría propagarse, y confiando en la superioridad de sus fuerzas, aceptó el reto más por obedecer aquella orden que voluntariamente (11 de noviembre). Empeñóse desde luego un corto tiroteo, y Obando y López fingieron retirarse en desorden hacia la colina llamada *Ladera*, detrás de la cual habían dejado la mitad de su fuerza. En aquel momento se incurrió en un error muy común entre nosotros, y aun en otras partes, y fué el de creerse vencedores los engañados, y mandar cargar la caballería, que tuvo que pasar en desfilada por un mal puentecillo sobre la honda zanja de un arroyuelo que divide el llano del ejido de la Ladera, y continuando la carga cuesta arriba, al llegar a la cima se vió a su vez cargada, arrollada y acuchillada, en imposibilidad absoluta en repasar la zanja por tan estrecho y débil puente, a ponerse bajo la protección de la infantería que había quedado en el llano del ejido. Pocos del escuadrón se salvaron. porque en las guerras del Cauca se acosbra en lo general no dar cuartel, y los asesinatos de hombres indefensos rendidos, no se consideran criminales; costumbre que se ha generalizado mucho entre los revolucionarios de nuestros días. En aquella matanza, perecieron los dos jefes de la caballería del coronel Mosquera, el comandante Sira Koski, polaco, y el comandante Cedeño, llanero venezolano, cuya muerte, siendo estos dos jefes de gran prestigio por su valor, haciendo más grave el revés sufrido, desmoralizó el resto de la columna *Mosquera*, que se replegó sobre la ciudad. El coronel Murgueitio, que mandaba la columna de ataque fuerte de 200 hombres, acuchillada la caballería y habiendo perdido una guerrilla de infantería que pasó la zanja, tuvo que replegarse sobre la ciudad, perdiendo más de la mitad de su gente. Hasta ese momento no se atrevió el coronel Mosquera a salir del cuartel a proteger ya en las calles los restos de la columna Murgueitio. El general López, en sus *Memorias*, dice que hicieron como 400 prisioneros en la acción, lo que no es cierto, y hace un cargo de felonía al coronel Murgueitio, que no puede creerse del noble carácter de aquel caballero: dice López que estando hablando con Murgueitio, cada uno frente a su tropa, le mandó éste hacer fuego.

Lo que hay de positivo es que los vencedores asesinaron unos 60 hombres, acorralados sin poder defenderse y pidiendo gracia de la vida. Las consecuencias de este revés fueron las que generalmente tiene en las guerras civiles todo revés de alguna importancia: la desmoralización de la tropa, el desaliento en todos y la deserción de muchos; unos que se vuelven al seno de su familia; otros que en grupos armados se enrolan en las fuerzas del enemigo que combatieron viendo aumentarse las probabilidades favorables a su lado.

«Propuse a Obando—dice Mosquera—canjear los prisioneros y suspender las hostilidades para entendernos. Aceptó, y en el lugar designado para el canje se apoderó traidoramente de los que yo le mandaba, y no me devolvió ninguno. Cargó de grillos al comandante Luque, que había caído en su poder con un brazo roto, y a mi cuñado el señor Vicente Arboleda» (1). Este hecho lo calificó el general Mosquera en su citado libro de felonía, y, si es cierto, merece la calificación.

---

(1) *Examen crítico.*

IV

Al siguiente día resolvió el coronel Mosquera abandonar la ciudad, que calculó no podía ya defender, y al anochecer se retiró con el coronel Murgueitio hacia la Plata con 55 soldados, según el señor Restrepo, y según Mosquera con 25, entregándole antes el mando al comandante Pombo y ordenándole que capitulara con el enemigo. «Cuando le dió parte.a Obando de mi marcha—dice Mosquera en su libro—un empleado ,fallido a quien yo perseguía por dilapidaciones que hacía de la renta que tenía a su cargo (1), se llenó de furor porque sin mi sangre no llenaba sus deseos. Me persiguió con una columna de 75 hombres, y fuí atacado en la cordillera de Guanácas...» Efectivamente, el coronel Obando supo por el coronel Angel María Varela la fuga de Mosquera y Murgueitio, y rabioso los persiguió con un encarnizamiento que manifestaba a un mismo tiempo encono personal y pasión política, y alcanzándoles en el tambo de Gabriel López, al pie del páramo de Guanácas, los atacó, matando al capitán Salgar, ayudante de Mosquera y a algunos de los pobres soldados, y cogiendo los más. Mosquera y Murgueitio huyeron, alejándolos de aquel lugar sus excelentes caballos. Obando, irritado por no haber podido hacerse a ellos, les puso a la pista una partida de jinetes bien montados, mandados por un capitán Guevara, con orden de alanzearlos donde los alcanzasen; pero los fugitivos, al llegar al páramo, tuvieron la precaución de echar pie a tierra, y abandonando sus caballos y separándose del camino real, pudieron salvarse trasmontando la cordillera, burlando así a sus perseguidores; éstos siguieron por todo el camino, hasta que perdida la esperanza de alcanzarlos, regresaron.

Esto prueba que Mosquera dice verdad en sus aseveraciones sobre el proyecto de Obando de asesinarlo en el río del

---

(1) El señor Manuel José Castrillon.

Cofre, y sobre el furor que se apoderó de éste cuando supo su salida de Popayán, «porque sin su sangre no ¡llenaba sus deseos».

¿Qué decís, jóvenes, de estos nuestros *grandes* hombres? ¿Qué dirán los extranjeros al saber estas cosas? Y todos ellos han sido presidentes de la República y... El patriotismo se contrista, el ánimo se aflige, se oprime el corazón al escribir estos hechos.

Pero, ¿qué hace? La Historia es el juez inexorable de los hombres públicos, es el castigo que inflige la posteridad a los culpables, y su anatema es un freno que contiene a los que se estimen en algo y quieran vivir con honor en la memoria de los hombres después de muertos.

En Popayán se hicieron los vencedores a 1.600 fusiles a todos los elementos de guerra que allí existían, que eran cuantiosos, incorporaron en sus filas la milicia cívica y los restos de las otras tropas que dejara el coronel Mosquera y que capitularon, y con todo esto se hizo muy serio un movimiento que al principio no lo era. Túvo, pues, razón el general Obando en decir en sus *Apuntamientos* que había obtenido «un espléndido triunfo en la *Ladera*»; y no la tuvo el general Mosquera, en su *Exámen crítico*, para rebatirle esta aserción desfigurando los hechos y suponiendo deslealtad en su tropa, porque después de su fuga se reunieran algunos, mas bien por necesidad que por voluntad a los vencedores. Prescindiendo de la justicia o injusticia de la causa; vencer en combate desigual al enemigo; obligar a sus jefes a salvarse por medio de la fuga, y a la fuerza vencida a capitular; apoderarse de todos los elementos de guerra que aquellos abandonaran y ocupar la capital y una gran parte de su territorio; es un triunfo, no sólo espléndido, sino glorioso, militarmente hablando.

Con referencia a la orden de atacar dada por la Secretaría de Guerra, dice el general Mosquera: «Siempre me quejaré de que haya Gobiernos que quieran entrar en los pormenores de las operaciones militares a tantas leguas de distancia, y a ello se debió la pérdida de Popayán. Si hubiera tenido la libre dirección entonces, con cuatro días de demora en atacar a los revolucionarios, me habría encontrado con fuerzas veteranas, y la milicia nacional tampoco habría sido seducida. A esta orden debo la única desgracia militar de mi vida.»

Respecto a que los Gobiernos, y por la misma razón los generales en jefe, entren en los pormenores de las operaciones militares, dando órdenes de atacar u otras a grandes distancias, sin poder, por consiguiente, estimar las circunstancias en que se encuentre el jefe que las recibe, tiene el general Mosquera razón en su censura, y ruego al lector que no la olvide para cuando lleguemos a mis campañas en 1841 en la provincia de Neiva, y en 1854 en la de Santamarta. Mas en cuánto a que con cuatro días de demora no habría sido seducida la milicia, no cayó en cuenta el general Mosquera de que incurría en un solemne despropósito. Si la milicia estaba seducida cuatro días antes, con mayor razón lo estaría cuatro días después; si había riesgo de seducción de la milicia, pudiera ser que no hubiera sido seducida cuatro días antes y que lo fuera cuatro días después. Examinando, pues, los hechos con imparcialidad, no puede atribuirse la pérdida de Popayán a la orden de atacar, porque sobraban medios de vencer, sino a impericia en el ataque; y en cuanto a la supuesta infidencia de la milicia, nada la indica, ni es prudente el que Obando la incorporara en sus filas después de la capitulación, porque esto se hace siempre entre nosotros.

En aquellos días se censuró a Mosquera que hubiese expuesto la columna Murgueitio sola, quedándose él con una fuerza mayor que la que sacó Murgueitio. La ciudad nada tenía que temer sino del enemigo que estaba al frente: fué, pues, aquello una falta inexcusable, y si hubiera ocurrido en estos tiempos no se habría atribuído a error o incapacidad, sino a traición.

V

Ocupada la ciudad por el vencedor, se hicieron las correspondientes actas populares en favor de los principios, esto es, de las palabras pronunciadas, y tomaron partido casi todos los oficiales subalternos que en ella había, recibiendo uno o dos ascensos, según el *entusiasmo* que manifestaban; como se practica en todas las revoluciones. El contagio, sin embargo, no cundió al bajo Canca: por el contrario, las grandes poblaciones de Cali, Palmira, Buga y Cartago, .todos los pueblos de menor importancia y los militares de alguna respetabilidad, se armaron espontáneamente para resistir a los vencedores del coronel Mosquera si intentaban una invasión al valle; así fué que el coronel López, que marchó con una columna sobre él, hubo de regresar a Popayán desde Caloto, vista la actitud de todos los pueblos dispuestos a rechazarlo, sin que las proclamas, los emisarios ni ninguno de los otros medios que se emplearon para generalizar la revolución en dichos pueblos, surtiera efecto.

No teniendo, pues, Obando y López esperanza de propaganda en el bajo Cauca, se propusieron extender la revolución a la provincia de Neiva, y al efecto enviaron dos columnas de tropas a la ciudad de la Plata, una por el páramo de Guanacas y otra por el de Pitayó. Esta fué batida por el coronel Murgueitio con fuerzas de la Plata, y la primera contramarchó al recibir la noticia de aquella derrota.

Volvió, pues, el coronel Obando sus miradas hacia el Sur del departamento, que le daba más esperanzas, y dejando al coronel López en Popayán, marchó sobre Pasto con 200 hombres, llevando armas y municiones para levantar los pastusos, y lo consiguió, *ofreciéndoles proclamar al rey de España*, que era el ídolo de aquellos pueblos. En una réplica del general Obando al general Flórez, sobre cargos que éste le hacía por la imprenta, dice Obando: «Es una farsa bien ridícula y muy propia del libelista la invención de haber proclamado al rey de España cuando extendí la revolución hasta Pasto». Ciertamente la *proclamación* no llegó a hacerse; pero sí hizo la promesa formal en arengas, en excitaciones confidenciales, y por medio de emisarios, a todos los guerrilleros realistas, sus compañeros en los tiempos en que él lo era; y así fué·que alucinando a los indios con la defensa de la religión y del rey llegó a poner en la provincia de Pasto 3.000 hombres sobre las armas. Esto me consta, porque hombres respetables me lo aseguraron en Pasto, y es un hecho notorio.

CAPITULO XIV

I

Desde que el Libertador tuvo noticia de la llegada del general Sucre a Colombia, le nombró jefe superior civil y militar de los tres departamentos del Sur, confiriéndole facultades extraordinarias hasta para hacer la paz con el Perú, si era posible, y poniendo a sus órdenes al general Flórez, que era el jefe inmediato del ejército en ellos acantonado; y tan luego como la tuvo del pronunciamiento de los coroneles Obando y López, que coincidía con la invasión peruana, hizo salir al general Córdova con una división de 1.500 hombres sobre Popayán. También dió órdenes para que algunas tropas de Cartagena y de otras partes se movieran sobre la misma ciudad, a fin de formar un ejército de reserva para hacer frente a una desgracia posible en el Sur; y se proponía seguir en persona, considerando ser necesaria su presencia en aquellos departamentos, pues en el resto de la República se conservaba la paz y la obediencia a su gobierno, a pesar de los deseos y esfuerzos del partido *liberal*.

Antes de ponerse en marcha, dictó el Libertador muchos decretos importantes, cuyo relato y analisis son ajenos del objeto de este escrito. Sin embargo, citaré, como más trascendental el de 24 de diciembre de 1828, convocando el Congreso constituyente para el 2 de enero de 1830, y prescribiendo las reglas para las elecciones de diputados, con toda la liberalidad del sistema electoral de la Constitución de Cúcuta, la cual, como muy bien ha dicho recientemente el doctor Ezequiel Rojas, «daba más garantías de acierto que *todas* las inventadas posteriormente». Encargó al Consejo de ministros su cumplimiento de preferencia, encargo que el Consejo llenó con la más honorable rectitud, y habiendo con este acto demostrado Bolívar la buena fe con que lo prometió al investirse del poder dictatorial partió para Popayán (28 de diciembre).

El general Córdova con la división de su mando, unido en la Plata al general Mosquera, había ocupado a Popayán (27 de diciembre) sin encontrar resistencia, por consiguiente sin pérdida, pues sólo en un tiroteo de dos guerrillas cayeron en manos del tan terriblemente célebre comandante Juan Gregorio Sarria, un oficial y dos soldados, y al rescatarlos una columna de la división Córdova, según dice el general Mosquera los alanceó Sárria, los dejó moribundos en el campo, y huyó con el piquete de caballería que le acompañaba.

El coronel López no teniendo fuerza para resistir, se replegó con su pequeña columna sobre el valle de Patía. Córdova le persiguió a la ligera dejando todo la pesado en Popayán y habiendo alcanzado la retaguardia en la Horqueta (7 leguas de Popayán) y hecho que cargase sobre ella una columna de cazadores al mando del teniente coronel Lino de Pombo, la dispersó, con muy poca resistencia. Córdova, que no iba en disposición de continuar operaciones a larga distancia, regresó a Popayán a prepararse debidamente para abrirlas sobre Pasto. Esto no era cosa de poca monta, y requería medios suficientes no sólo en hombres sino en bagajes, municiones de boca y guerra y dinero.

Véamos cómo refiere este suceso el general Mosquera: «Alcanzada en la Horqueta (la columna de López), y deshecha por una carga de cazadores que mandó ejecutar el teniente coronel Pombo, López huyó solo, y todos hubieran sido aprehendidos si el general Córdova no manda cesar él fuego y contramarchar a toda la columna que conducía. Este suceso me hizo desconfiar de la pureza de las intenciones de Córdova, y resolví en mi calidad de prefecto y co-

mandante general del departamento, oponerme a sus des-
propósitos. El Libertador estaba en la provincia de Neiva, y
le escribí manifestándole la necesidad de dar una orden terminante de no obrar hasta que él no llegara; y lo conseguí.»

En esta acriminación, suponiendo en Córdova deslealtad,
resalta la más apasionada injusticia: voy a demostrarlo. Si la
columna enemiga había sido deshecha, si Lopez había huí-
do solo, ¿contra quién debía continuar haciendo fuego Córdova? No habiendo, pues, contra quién continuarlo, en qué
faltó mandando que cesase? Y ¿cómo es que habiendo continuado el fuego se hubiera podido aprehender a *todos* los
fugitivos? Pretender que una tropa rendida de cansancio en
una marcha desde Bogotá hasta Popayán, pudiera aprehender a timbianos y patianos, descansados, en un territorio di-
ficilísimo, de cañadas, de lomas, de faldas, de malezas que
ellos conocían a palmos y sus adversarios no, y pretender
que esto pudiera hacerse sin haber rodeado y cortado al enemigo en todas direcciones, ¿no es una injusticia que demuestra una malquerencia pronunciada? Teniendo Córdova
que regresar a Popayán, ¿hasta dónde se quiere que continuara una persecución ineficaz con atraso de su principal
atención y objeto?

A renglón seguido, dice el general Mosquera: «Al entrar
en Popayán traicionado y vendido vilmente, como dejo expuesto (1), ¿cuál debería ser mi conducta? Respondí a los
agravios con favores, no permití que se juzgase a nadie, y no
permití que el general Córdova usurpase mis facultades para
fusilar unos prisioneros. El auditor, doctor Escovar, que hoy
vive en Quito, recibió orden de condenarlos a muerte, y
avisándome lo que deseaba el general, le manifesté que debía contar con que yo era el juez de la causa y no el general
de la división, y que no se fusilaría a nadie arbitrariamente.
El auditor apreció mi resolución de apoyarlo para negarse

(1) Cuando habla de su regreso de la Plata con Córdova.

con más firmeza a la despótica orden de Cordova. Expedí
un indulto hasta donde me lo permitían mis facultades, que
cumplió después el Libertador. Al cabo de once años los
mismos rebeldes atacaron el Gobierno constitucional, con
las mismas palabras y con las mismas protestas, con los mismos asesinos y cometiendo los mismos robos» (1).

Estas dos gravísimas y contradictorias acusaciones requie-
ren el análisis severo de la Historia. En la primera se presenta a Córdova como un traidor que intencionalmente salvó a
los enemigos que perseguía, pudiendo cojerlos a todos; en la
segunda se le acusa de haber procurado el asesinato judicial
(que es el peor de los asesinatos) de los prisioneros hechos a
aquellos mismos enemigos a quienes protegía, crimen que
no cometió por la energía del prefecto Mosquera, el cual *parece reprobaba en aquella época los fusilamientos arbitrarios.*
¿Cómo pueden conciliarse estas dos proposiciones? Yo no lo
sé. Si Córdova hacía traición, si protegía a los enemigos que
iba a combatir, ¿por qué se empeñó en inmolar odiosamen-
te a los que de ellos cayeron en sus manos? Este contrasentido ¿no hace presumir un odio concentrado de un subalterno resentido contra su jefe? ¿No es esta la única solución
que admite semejante contradición?

Se dijo generalmente en aquellos tiempos que el general
Córdova cuando llegó a la Plata, y los coroneles Mosquera
y Murgueitio se le unieron, ofendió al primero, llamándole
inepto y cobarde, y fué también notorio que en toda campaña, trataba Córdova a Mosquera con dureza y desprecio, a
pesar del apoyo que éste tenía en el Libertador, quien siempre distinguió a la familia Mosquera con una predilección
notable. La aversión, pues, del uno contra el otro, y más la
del ofendido contra el ofensor, debía ser profunda y traer
más tarde funestos resultados para el uno o para el otro, y
esto lo explica todo. El general Obando en sus *Apuntamien-*

---

(1) *Examen crítico.*

tos para la Historia refiere que el Libertador le dijo, hablando de la acción de la Ladera y de la pérdida de Popayán, que no había fusilado al general Mosquera por su mal comportamiento, por las consideraciones que tenía por el señor José María Mosquera, su padre, y por el señor Joaquín Mosquera, su hermano. Aunque Mosquera en su *Examen crítico* rechaza esta aserción como una calumnia de Obando, es indudable que el Libertador se expresó con varios jefes y amigos desde antes de llegar a Popayán, en términos acres contra Mosquera.

El general Córdova era un joven infatuado con el brillo de su bien merecida gloria militar, de carácter impetuoso y pródigo para con sus subalternos en injurias de cuartel· no es pues extraño ni dudoso, sino muy verosímil, que se comportara con el coronel Mosquera como generalmente se dijo. Siendo este último conocido por su incansable perseverancia en la intriga, insinuante para obtener de los demás lo que desea, teniendo acceso con el Libertador, habiendo sabido introducirse en su confianza, seguro era que Córdova, que se evaporaba en sarcasmos y bravatas, había de sucumbir bajo una persecución sorda, disimulada, constante, que sabía explotar hábilmente las sospechas con que lo iban minando sus émulos en el ejército, por su inocente equivocación en la noche del 25 de setiembre. En cuanto a esos mismos rebeldes que al cabo de once años, dice el general Mos_quera, atacaron al Gobierno constitucional, con las mismas palabras, protestas, con los mismos asesinos, y comentiendo los mismos robos que en 1828, debe aclararse en obsequio de la juventud, que el general Mosquera habla de los revolucionarios de 1839 a 41, que todos los que viven y los hijos de los que han muerto son sus comilitones de hoy, y muchos de los que entonces-quiso fusilar arbitrariamente, y·persiguió, y expatrió, son sus generales, sus secretarios, sus satélites, en fin. Táles son los cambios extraordinarios, inexplicables, incomprensibles que, con ultraje de la moral, se ven en nues-

tro país. Y pretende el doctor Rojas que hay en él sanción
moral!

II

Volvamos un poco atrás, y pasemos a los departamentos
del Sur. La invasión peruana se verificó de una manera formidable. La ciudad de Guayaquil sin medios de prolongada
resistencia, cañoneada por la escuadra enemiga, y casi destruída, tuvo al fin que rendirse por capitulación después de
dejar bien puesto el honor de las armas colombianas en una
heróica y temeraria resistencia con casi solo sus milicias.

El ejército enemigo fuerte de 8.000 hombres, bajo el mando del mariscal Lamar, se extendió en el departamento del
Asuai, desechando este general las diferentes proposiciones
de paz que le hizo el general Sucre, a quien consideraba en
impotencia de resistirle. En efecto, todas las probabilidades
estaban en favor del invasor: nuestro ejército le era inferior
en número, carecía de todo recurso, casi sin medios de
subsistencia para mantener la vida, desnudo y sin abrigo en
páramos frigidísimos; el peruano bien vestido, calzado, con
mucho dinero, gozaba de comodidades y llamando a sus
campamentos con el incentivo de la ganancia a los vivande-
ros de la comarca, no carecía de nada. Pero el general Lamar se olvidaba de que los pocos y hambrientos soldados
que tenía que combatir, eran colombianos, mandados por
el mariscal Ayacucho y por el general Juan José Flórez, con
jefes y oficiales de mérito reconocido, que se creian y eran
en efecto invencibles. La principal esperanza del general Lamar se fundaba en la poderosa ayuda que le prestaban los
coroneles Obando y López ocupando todo el Sur del departamento del Cauca con una fuerza ya muy considerable; pero
estos jefes tenían a su frente al Libertador, que se había unido a la división Córdova y había reunido unos 3.000 hombres en Háto-viejo, en las riberas del Juanambú, y por consiguiente no podían obrar en combinación con el ejército in-

vasor; tanto más cuanto que a mediados de diciembre, cuando lo intentaron con una columna de 300 hombres, fueron completamente batidos en el cantón de Túquerres por otra volante del ejército del general Flórez. Pero interceptando completamente la comunicación entre el Libertador y el mariscal de Ayacucho, con solo esta hostilidad prestaban un gran servicio al ejército extranjero; e impidiendo que las fuerzas que el Libertador conducía pasaran a incorporarse al del ejército del Sur, daban al enemigo todas las probalidades de triunfar. El general Obando en sus *Apuntamientos* dice que lo hizo porque el Perú no tenía más mira en la invasión que el restablecimiento de la Constitución en Colombia, y la separación del Libertador del mando, pues así lo aseguraba el mariscal Lamar en sus proclamas: de manera que, según Obando, el Perú movía un ejército de 8,000 hombres y una fuerte escuadra, y gastaba tres millones de pesos fuertes sólo con un objeto en que no tenía el menor interés. ¿Puede admitirse, ni en gracia de controversia, semejante pretensión? Todos los antecedentes de la invasión, su fuerza misma, los inmensos gastos que en ella se hacían, el rechazo brusco de la negociación propuesta por O'Leary, probaban que el mariscal Lamar venía como conquistador y no como auxiliar de ningún partido: por tanto, los colombianos que le ayudaban hacían traición, por más que procuraran negarlo con razones espaciosas. Si la victoria hubiera abandonado su pabellón predilecto y pasado al lado del conquistador, los límites de la República del Perú serían hoy día las riberas del río Mayo. Pero esto no importaba al partido *liberal* con tal que cayera Bolívar, que se disolviera Colombia, y que volviera triunfante el general Santander a gobernar a Nueva Granada, que sin la provincia de Pasto, quedaba bastante grande y suficientemente rica para pagar muchos empleados, que es la gran cuestión en la política Sur-americana. Que los tres departamentos del Ecuador fueran peruanos importaba todavía menos que el que lo fuera la provincia de Pasto; y que el honor de las armas colombianas sucumbiera tristemente con ignominia y afrenta de los libertadores, se aceptaba, porque daba el señorío del pedazo de tierra restante al parti_ do que lo ambicionaba en nombre de la Constitución colombiana que no existía. También el orgullo de humillar al adversario interior, entraba por mucho en estos deseos antipatrióticos.

Confesó el general Obando en sus *Apuntamientos* que había escrito al mariscal Lamar, pero dice que lo hizo después de la invasión y no antes; cosa que no puede sostenerse: to dos los antecedentes conocidos indican que la inteligencia entre ambos venía de atrás. Como algunas cartas de Lamar para Obando, y de Obando para Lamar fueron interceptadas, no podía esto negarse, y la confesión era forzosa, no sucediendo lo mismo con la correspondencia confidencial no interceptada.

III.

En el entretanto se desesperaba el Libertador sin saber lo que sucediera en el Sur, pues aunque confiaba en la excelencia de nuestras tropas, mandadas por jefes del mayor crédito, no era imposible un desastre por razón de la inferioridad del número, por la falta de recursos que podía producir la deserción y las enfermedades, y por la traición posible de algunos militares y de algunas poblaciones. La barrera de Pasto era insuperable aun con dobles fuerzas de las que el Libertador tenía; y en semejante angustiosa situación, calculando las consecuencias palpables que tendría la derrota de nuestras tropas, la gloria del ejército colombiano deslustrada, la República disuelta, los partidos interiores despedazándose, su gran nombre perdido en América y Europa; era na_ tural que su ardiente imaginación se afectase causándole como le causó una enfermedad gravísima que lo puso a las puertas del sepulcro. Desde mucho antes su salud declinaba rápidamente: ya no podía andar dos horas a caballo sin cansarse; su energía había caído en languidez, y desde la noche fatal del 25 de setiembre, podía decirse que Bolívar había muerto moralmente. Semejante situación alarmaba a los generales, a los jefes, a sus amigos todos, y alegraba a sus ene. migos, aguardando unos y otros de diferente manera el término de las crisis. Bien podía, pues. Bolívar prever y decir como Alejandro: «Mis funerales serán sangrientos.»

Desde Popayán, al ponerse las tropas en marcha, fué nombrado el coronel Mosquera Jefe de Estado Mayor interino del Ejército, y este destino le ponía más en contacto con todos los jefes, y le daba más medios de minar al degraciado general Córdova, introduciendo la desconfianza en el ánimo del Libertador y de los jefes de los cuerpos: a ello ya no sólo le impulsaba el resentimiento sino el interés de conservar su destino, pues estando el ejército reunido en el Sur habríasido Córdova nombrado Jefe de Estado Mayor general, cuando la naturaleza de las cosas, las circunstancias, todo en fin, exi. gía que el general Flórez continuase en el puesto que ocupaba.

Todo esto que yo digo, prescindiendo de ciertas intrigas de menor cuantía que la Historia tiene que dejar pasar desapercibidas, fué notorio en el ejército, y lo saben cuantos viven de los que vivían en aquella época. Pero no pretendiendo yo que se me crea sobre mi palabra, voy a someter al criterio del lector concienzudo lo que el mismo general Mosquera ha referido sobre el particular, que por poco que se me analice, persuadirá que es verdad cuanto yo digo, oigámosle:

«En este lugar (dice Mosquera) es donde debo desmentir la calumnia de Obando estampada en la página 70 de su libelo, en que dice: «Aquel que no había tenido valor para ver siquiera el desenlace del choque de la Ladera, era preciso que hiciera algunas reparaciones de aquel acto vergonzoso de cobardía y escogió a una mujer para mostrar su bravura. Mi virtuosa consorte, que no había podido emigrar por su avanzado embarazo, se había refugiado en el monasterio

de la Encarnación. Mosquera lo supo y empezó a mandarle
órdenes tiránicas para hacerla salir, sin que ni el embarazo,
ni el comportamiento que yo acababa de tener con la suya,
fuesen parte para aplacar su saña; ya la había amenazado
con sacarla con soldados cuando entendió esta canalla-
da el valoroso general José María Córdova, y en el momento pasó en persona a decirle a mi señora que Mosquera
no mandaba en Popayán, sino él; que nada tenía que temer
de aquel perdonavidas, y que en el concepto de que él impe-
diría cualquier intentona suya, podría salir cuando quisiera
o no salir si no quería.» Es falso (continúa Mosquera) cuanto dice Obando: Córdova no era el prefecto sino simple general de la division; no tenía autoridad ninguna ni política
ni civil, ni se mezcló en negocios de este resorte. ¿Más cómo
había de perder el libelista, aunque fuese tergiversando los
hechos una ocasión cualquiera de insultarme? ¿Cómo habría
de inventar atroces calumnias, agotando el catálogo de las
injurias, a fin de vengarse de las derrotas que le hecho sufrir en sus proyectos de robos y matanzas sistemadas? (así
está).

La verdad del suceso es esta. Al llegar a Popayán supe
que muchas mujeres, consortes o allegadas a los fugitivos revolucionarios se habían acogido al monasterio de la Encarnación. Puse una orden general para que todas se restituye-
sen a sus casas, porque no tenían que temer, y aquel asilo
era ya ofensivo a la conducta generosa de las autoridades.

La señora de Obando, Dolores Espinosa, mi amiga de niñez
(así está) y con quien tuve muchas relaciones como hermana de mi maestro de gramática, señor Cayetano Espinosa,
me mandó llamar al locutorio del monasterio para pedirme
en presencia de la priora, señora Ana María Urrutia de Santa Catalina, y de la señora Nicolasa Caldas de Santa María,
que le permitiese permanecer allí mientras lo estimase conveniente. Tuve el gusto de complacerla, y me refirió cuanto

había hecho porque su marido no se comprometiera en aquella revolución» (1).

¿Cuál de estos dos relatos será el verdadero? Eso no me corresponde aclararlo. El carácter conocido del general Mosquera, los actos recientes, el trato cruel que se ha dado a muchas respetables matronas de Bogotá y de otras partes, en dictadura la feroz que ha pesado sobre el país en estos últimos tiempos, y lo que por sus órdenes y en algunas ciudades a su vista se ha hecho con las vírgenes del Señor, son en sana crítica razones para persuadir que el general Obando dijo verdad. Pero esto es el lector quien ha de juzgarlo; yo debo contraerme a la cuestión.

¿No resaltan en el trozo que he transcrito, los celos, la rivalidad, la competencia de autoridad del coronel Mosquera para con el general Córdova. El mismo Mosquera dice en otras partes de su libro que había sido nombrado 2.º jefe de la división Córdova desde antes de llegar a Popayán; luego le estaba subordinado. Córdova obraba con facultades extraordinarias bajo un régimen dictatorial y de ley marcial; luego podía intervenir en hechos semejantes al de que se trata; la prefectura civil de Mosquera era poca cosa comparada con el poder militar ampliamente autorizado? ¿Y cómo puede explicarse que Mosquera fuese a un mismo tiempo 2.º jefe de la división subordinado a Córdova, y primer magistrado civil, a quien en sus casos, debiera estar Córdova subordinado? Lo que a mi me parece ver es lo que ya he dicho: los celos, la rivalidad, la competencia; y tres cosas se ven más claras todavía: la presunción, la vanidad, la envidia

IV

Lo que sigue es de otro carácter más grave, más transcendental, más reprehensible: es un crimen militar que se perpetra por un inferior contra su inadvertido superior. Refiéra-

(1) *Exámen crítico.*

lo el mismo Mosquera: «Cuando llegamos (dice) con el ejército al Mazo, sufrió el Libertador un fuerte ataque pulmonar que le tuvo bastante afectado, y a sus amigos más, pues su vida nos era tan importante. Como era natural, el comandante en jefe (Córdova) y yo, que era su segundo, nos ocupábamos en algunos momentos de los negocios públicos y del éxito de nuestra campaña. Me habló el general Córdova de la necesidad de pensar únicamente en la suerte del país, y me dijo que al entrar en Pasto, luego que hubiéramos salido de los riesgos de la campaña contra el Perú, debíamos pensar en segregar la Nueva Granada de Venezuela, porque el Libertador estaba muy enfermo, Y SIN FALTARLE AL RESPETO, separarle del mando; que el Ecuador constituiría otro Estado; y que los jefes granadinos nos encargaríamos cada uno de una parte del plan; que él tomaría el mando supremo, y yo sería su mayor general y secretario de Guerra, fijándose el cuartel general en Cartagena; que el general Herrán conservaría el mando interior y su cuartel general en' Bogotá; el coronel López mandaría en Popayán, el coronel Borrero en el Cauca, el coronel Córdova (Salvador) en Antioquia; que a Obando, puesto que ya no era dudoso que se sometería se le dejaría en Pasto, país que conocía, y el coronel Espinar iría a mandar al Ismo. Pregunté al general: ¿Y dónde reune usted la representación nacional? ¡Qué representación! me respondió: es necesario exterminar a los abogados; nuestra República debe tener una organización enteramente militar.

Quedé admirado de tan descabellado proyecto, y le hice ver al general que no era practicable, y a cuántos males conduciría semejante revolución, y que los amigos del Libertador no debíamos serle infieles. La primera vez que los dos jefes del ejército somos granadinos de nacimiento, añadí, fuera una mancha para el país el abusar de nuestra posición para aprisionar al Libertador. Esto no es digno ni de usted ni de mí. Sorprendióse un poco de mi respuesta, y me dijo que no había consultado el asunto sino ligeramente con Espinar, pero si no me parecía bien aguardásemos el desenlace de los negocios para pensar en el particular. Un asunto de tal magnitud me llamó mucho la atención, y entonces pude ya explicarme a mí mismo los desconcertados movimientos que ejecutó el general Córdova al principio de la campaña, faltando a las combinaciones que había hecho conmigo. Salvar al Libertador de una asechanza, no permitir una rebelión en las tropas de la división que mandábamos Córdova y yo, ni amargar al general Bolívar sus días de convalecencia con descubrirle semejantes pensamientos y deslealtad de Córdova, fué el objeto de mis meditaciones por muchas horas para obrar en consonancia. Tampoco un jefe de mi representación en el ejército podía ser un delator. Resolví llamar en esa noche a mi tienda de campaña a los coroneles Whittle y Ferier, que mandaban los batallones Vargas y Carabobo, para recomendarles la vigilancia de sus cuerpos, e hice otro tanto con los comandantes de caballería España y Díaz, dándoles un conocimiento ligero de las ideas de Córdova. Me vi al día siguiente con el coronel de granaderos, Portocarrero, y me manifestó que algo había él sospechado, pero que no tuviese cuidado. Desde ese día me empeñé más en que ninguna orden se diese a la división que no fuese por mi conducto como jefe de Estado mayor. «Y... Suspendo aquí estas inadmisibles acusaciones de Mosquera contra su jefe para que pasemos a ver al gran mariscal de Ayacucho salvar el honor de las armas colombianas; desbaratar los planes proditorios del partido interior que llamó a los peruanos, fundando en ellos sus esperanzas; y sacar al Libertador de la situación más angustiada en que quizá jamás se viera.

V

Obrando el mariscal Lamar en el departamento del Asuai, habiendo encontrado simpatías y apoyo en las autoridades y en el pueblo de la provincia de Loja, hubo el general Flórez de reconcentrar el ejército colombiano en Cuenca. El general

Sucre estaba todavía en Quito, pero siendo las órdenes del Libertador terminantes de que como jefe superior civil y milltar de aquellos departamentos dirigiese las operaciones de la guerra, que tan impotente se anunciaba, y perdidas las esperanzãs de que el mariscal peruano entrase en ningún arreglo pacífico aceptable por Colombia, pasó Sucre a Cuenca, en donde fué reconocido en el mando superior que el Gobierno le había confiado, quedando Flórez a sus órdenes. El mismo día anunció su entrada al mando, manifestando en una proclama a las tropas (28 de enero 1829) los motivos por que no lo había hecho desde que se le confirió, pero que su deber le llamaba «cuando enemigos extranjeros ingratos a nuestros beneficios y a la libertad que nos deben han hollado las fronteras de la República. ¡Colombianos! añadía, una paz honrosa o una victoria espléndida son necesarias a la dignidad nacional y al reposo de los pueblos del Sur. La paz la hemos ofrecido al enemigo: la victoria está en vuestras lanzas y bayonetas.

«Un triunfo más aumentará muy poco la celebridad de vuestras hazañas, el lustre de vuestro nombre, pero es preciso obtenerlo para no mancillar el brillo de vuestras armas.»

Enumeraba en seguida los nombres de los más célebres combates de la guerra de la independencia y concluía así: «Cien campos de batalla y tres repúblicas redimidas por vuestro valor en una carrera de triunfos del Orinoco al Potosí, os recuerdan en este momento vuestros deberes para con la patria, para con vuestros compañeros y para con Bolívar.»

Esta proclama excitó en el ejército un vivo entusiasmo, por el crédito inmenso del hombre que la expedía, por la confianza que él inspiraba, más que por las palabras que contenía, y por los recuerdos que evocaba. El prestigio del general en jefe en un ejército es casi siempre la mejor probabilidad de la victoria, y el de Sucre era ya igual o mayor que el del

Libertador, pues éste declinaba visiblemente y se le veía rodar al sepulcro con la rapidez alarmante. Este predicamento era para el general Sucre un peligro que no muy tarde le hundió en la eternidad, por el plomo de cobardes asesinos, antes que Dios llamase a sí a Bolívar.

Al general Flórez principalmente se debía la formación de aquel ejército, cuya base la formaban los viejos veteranos de la 3.ª división, que él había vuelto a las banderas del deber; y por tanto el gran mariscal le conservó en su mando inmediato, reservándose únicamente la dirección superior de la guerra.

Cumpliendo Sucre con las órdenes y deseos del Libertador de procurar la paz por un avenimiento, si podía conseguirse sin deshonor, excitó al enemigo a entrar en negociaciones, quien contestó con desdén, haciendo proposiciones inadmisibles, y sin dar al Libertador los títulos con que el país le reconocía, cuya validez no tocaba a un general extranjero decidir, y por esta falta devolvió Sucre las notas, manifestando que no admitiría documento alguno que tuviera aquella informalidad. Sin embargo volvió Sucre a proponer a Lamar que ambos nombraran diputados que discutieran las pretensiones mútuas, en lo que convino Lamar; se reunieron, pues, los comisarios de ambos, pero no pudieron avenirse y rompieron por unanimidad las conferencias. Sucre temió desde el principio que esto sucediera, pues Lamar confiando en la superioridad de sus fuerzas, en las ventajas que había obtenido en Guayaquil, en el apoyo que le daba la provincia de Loja, en el de los coroneles Obando y López en Pasto, y en la penuria extrema a que se veía reducido nuestro ejército, hacía exigencias exageradas que ni vencida habría Colombia aceptado. Pero quiso Sucre probar al mundo y dejar consignado en la Historia, que no era su Gobierno quien promovía la guerra, ni el que rehusaba una paz razonable.

Disuelta la Comisión de paz, se vió claro que el mariscal

peruano no pensó en ella; el mismo día que firmo la credencia para su principal comisario, disponía un moviviento secreto con una columna volante de 300 hombres a fin de ocupar a Cuenca y obrar a retaguardia de nuestro ejército, privándolo de todo recurso de subsistencia. En Cuenca no teníamos mas que los hospitales con 500 enfermos. Apenas 70 convalecientes podían tomar las armas, y con ellos se situó el prefecto, general de brigada Vicente Gonzalez, en la torre de la Catedral, haciendo una vigorosa resistencia que le facilitó obtener una capitulación honrosa, salvando con ella a Cuenca de las violencias y exacciones frecuentes en la ocupación de una ciudad por la fuerza (12 de febrero de 1829); pero bien pronto tuvo la columa peruana que evacuar la ciudad, obligada por los movimientos de nuestras tropas.

En estas operaciones la pericia del general Sucre, perfectamente obedecido y secundado por los jefes del ejército y por el valor y disciplina del soldado, lo hizo todo sin que la fortuna tuviera la menor parte en los resultados. Como por inspiración sospechó Sucre cuáles serían las que el enemigo ejecutara y obrando en consecuencia no se equivocó. Una sorpresa que ordenó al general Florez sobre el puente del pueblo de Saraguro, en donde se hallaba la 3.ª división peruana y que se ejecutó en efecto a las órdenes del general Luis Urdaneta con dos compañías escogidas, tuvo el éxito más completo (en la noche del 12 de febrero). El enemigo, creyéndose atacado por todas. nuestras fuerzas, se retiró en desórden sobre el grueso de su ejército abandonando sus almacenes, equipajes, algún armamento, municiones, caballos y acémilas.

Al día siguiente hizo el general Florez perseguir a los fugitivos, entre los que iba el mismo mariscal Lamar, que estaba en el pueblo de Saraguro, cuando la sorpresa del puente, y en la persecución se le cogieron 200 mulas, 80 cargas de municiones, 2 piezas de batalla y muchos prisioneros. Empero, a pesar de esta ventaja, quedaba siempre el ejército enemigo doblemente fuerte que el nuestro, en cuanto al número, pero no así en la confianza que se aumentó en los colombianos y disminuyó en los peruanos.

La relación detallada de las operaciones estratégicas del mariscal Sucre para buscar la victoria entre tantas probabilidades contrarias, no es de mi incumbencia: me bastará decir para llenar mi objeto que en el Portete de Tarqui, Sucre en persona sorprendió con 1.500 hombres de infantería y un escuadrón de caballería una fuerte división peruana allí situada, al mando del general Plaza; que derrotada esta división, apareció el general Lamar con otra de su ejército y restableció la batalla, teniendo ya en aquel punto 5.000 hombres; que sin embargo de esta superiorioridad obtuvo Sucre en tres horas de combate una victoria completa, llegando la segunda división colombiana, a marchas forzadas, cuando los peruanos se replegaban en plena derrota.

El enemigo perdió en la sorpresa de Saraguro y en la batalla del Tarqui más de 2.500 hombres, entre muertos, heridos, prisioneros y dispersos, inclusos 60 jefes y oficiales, contándose entre los prisioneros el general Plaza, además, muchos fusiles, banderas, cajas de guerra y otros despojos. Nuestra pérdida fué de 154 muertos, entre ellos tres jefes y seis oficiales y 206 heridos, los más de mucha gravedad.

En el campo de batalla ascendió el gran mariscal de Ayacucho a general de división al de brigada Juan José Flóres, y a general de brigada al coronel Daniel F. O'Leary, por su distinguido comportamiento en la batalla y en la campaña, y concedió otros ascensos. Expidió también un decreto de honores y recompensas a los Cuerpos de su ejército, mandó que se erigiese una columna de jaspe en el mismo campo de batalla, en cuyos tres lados se leerían los nombres de los Cuerpos que habían combatido, de los generales, jefes, oficiales y soldados muertos, y que en el lado que miraba al campo enemigo se incrustase en letras de oro la siguiente inscripción: «El ejército peruano de ocho mil soldados que invadió la tierra de sus libertadores, fué vencido por cuatro mil bravos de Colombia el 27 de febrero de 1829.»

VI

El mariscal peruano, rehaciendo los dispersos y apoyándose en su retaguardia, hizo alto en Jirón, y allí recibió un heraldo que el mariscal de Ayacucho le envió el mismo día, ofreciéndole una honrosa capitulación que salvara los restos de su ejército, bajo las mismas proposiciones de arreglo que le hiciera antes de la batalla, al que Lamar con altivez contestó negativamente, pidiendo que Colombia abandonara a Guayaquil. Sucre, irritado con semejante exigencia, le pasó en el acto un mensaje lacónico y terminante diciéndole que si no aceptaba las proposiciones hechas, al amanecer del día siguiente (22 de febrero) no le concedería capitulación alguna sin que se estipulase «la entrega del resto de sus armas y banderas y el pago de los gastos de la guerra.» Tal imperioso *ultimátum* obligó a Lamar a pensar más detenidamente en su situación, y reuniendo una junta de guerra de todos los generales y jefes superiores de su ejército les consultó: 1.º Si siendo todavía tan fuerte en número como los colombianos, no podría esperarse mejor fortuna en una nueva batalla, y 2.º Si no podría emprenderse como último recurso una retirada hacia las fronteras del Perú apoyándose en Guayaquil, cuya ciudad y ría poseían. El Consejo de Guerra, unánimemente declaró que fuera cual fuese el partido que el mariscal adoptara, bien el de aventurar otra batalla, bien el de retirarse, el ejército se perdería infaliblemente, y que, por tanto, no creía la Junta que quedase otro recurso que el de capitular.

En consecuencia, apenas apuntó la aurora del siguiente día sobre aquellos campos teñidos de sangre americana y cubiertos de cadáveres insepultos y de heridos moribundos, un oficial del Estado mayor del ejército peruano se presentó en nuestros reales con el mensaje del general Lamar, proponiendo un armisticio para tratar, lo que en el acto le fué concedido; y en efecto, se celebró un convenio (1 de marzo), cuyas principales estipulaciones fueron: suspensión de hostilidades; que las fuerzas militares de los departamentos limítroics de una y otra república se redujesen a 3.000 hombres; que los límites de ambos estados se arreglarían por una comisión, según los que tenían los virreinatos de Nueva Granada y el Perú en 1809; que la misma comisión liquidaría la deuda del Perú a Colombia en el término que se conviniera; que se daría una satisfacción por haberse expelido al agente de Colombia en Lima; que ninguna de las dos repúblicas tendría derecho a intervenir en los negocios domésticos de la otra; que se devolvería por el Perú la corbeta *Pichincha,* entregada por traición; que el Perú pagaría 150.000 pesos para satisfacer las deudas contraídas por su escuadra y su ejército en los departamentos de Asuai y Guayaquil; que el territorio colombiano sería evacuado dentro de veinte días, devolviéndose todo lo que se entregó en depósito en Guayaquil, al tiempo de su capitulación; que ambos gobiernos otorgarían una amnistía para todas las personas que de cualquier manera se hubieran comprometido en la guerra; en fin, que dicho convenio se tuviese como base forzosa del tratado definitivo que debía celebrarse; y en consecuencia pudo el ejército peruano retirarse en orden sin ser molestado.

Sobre esta capitulación emite el señor Restrepo en su Historia de Colombia el concepto siguiente:

«En el estado en que se hallaba el ejército peruano, destruído en su mayor parte, perdida su moral enteramente desalentado, estas concesiones del jefe colombiano parecieron a todo el mundo demasiado amplias, y que Sucre había consultado en ellas más bien a la generosidad de su noble corazón, que a las exigencias de la política y de los intereses de su patria. En buena hora que no hubiese abusado de la victoria ni humillado al pueblo peruano, motivos que él mismo decía a su Gobierno habían influído en su conducta. Empe-

ro debió exigir garantías suficientes para asegurar la entrega
de la ciudad de Guayaquil y la terminación de la guerra. No
habiéndolo hecho, es claro que se dejó engañar por Lamar y
sus negociadores, y que en la mayor parte perdió el fruto
de la victoria y de tantos sacrificios como había costado la
guerra.»

En efecto, un clamor general se dejó oir en toda la República improbatorio de la capitulación concedida por el grande hombre que veía más lejos que sus censuradores. El cali-
ficativo de «demasiado bueno» con que se designaba a Sucre
por las capitulaciones que concedió a las tropas realistas que
venció en Pichincha en 1822 y en Ayacucho en 1824, se re-
pitió de la manera que se ha repetido después con respecto
de otros hombres a quienes se ha pretendido rebajar con él;
y Sucre sufrió las mismas censuras que después se han hecho
por actos semejantes a otros, diciéndole el que menos: «¡Aní-
bal! sabes vencer; pero no sabes aprovecharte de la victoria»;
Y estas críticas amargas se hacían al hombre que en una campaña de treinta días había salvado la República de un gran
desastre... Yo también he tenido que sufrir por actos aná-
logos... Pero no interrumpamos el orden de los acontecimientos...

El general Sucre trataba con el presidente de una república, gran mariscal y jefe de su ejército, que reputaba caballero, y no debía sospechar una felonía de un hombre que ocupaba tan elevada posición social. Esto por un lado. Por otro
tuvo Sucre razones de alta política que demuestran su clara
inteligencia. Dos naciones limítrofes, llamadas a ser amigas
por recuerdos gloriosos y por su propio interés; dos pueblos
hermanos, como son, o como debieran considerarse, los pueblos hispano-americanos no deben ofenderse de manera que
llegue a ser imposible entre ellos una reconciliación sincera
y durable. Las naciones más extrañas entre sí, como las que
tengan vínculos de fraternidad; los pueblos, *los partidos políticos*, los hombres todos, perdonan el agravio de hecho,

pero jamás olvidan la humillación. La humillación imprime afrenta; la afrenta ulcera el corazón, y es insensato el vencedor que hace beber hasta las heces el cáliz de la amargura al vencido; y lo es más todavía cuando por las peripecias inexplicables que ocurren en estos países ese vencido puede algún día ser vencedor. Sucre no se dejó engañar aunque después fuera engañado, pues obró como debía para no hacer de dos pueblos hermanos dos pueblos eternamente enemigos. Si Lamar faltó a lo estipulado, el oprobio cayó sobre su cabeza, y el Perú y su mismo ejército lo condenaron.

Tuvo también Sucre otra razón no menos fuerte que las manifestadas, y fué la de que aquel decreto que dictó en los primeros momentos de contento y de entusiasmo por la victoria obtenida, hirió profundamente, y con razón, el orgullo nacional de los peruanos, y quiso Sucre, siendo generoso, borrar aquellas impresiones para facilitar más un tratado de paz de que ambas naciones necesitaban urgentemente, en el cual podría, sin mengua suya, variarse el decreto, y prescindir de la construcción de un monumento que por sí solo bastaría a imposibilitar toda concordia entre los dos pueblos.

CAPITULO XV

I

Desde Popoyán, al tiempo de salir el Libertador para la provincia de Pasto, se hizo preceder de una misión de paz cerca de los coroneles Obando y López, llevando un decreto de amnistía sin más condiciones que la de deponer las armas y someterse al Gobierno, y una pastoral del reverendo Obispo de Popayán, español de nacimiento que había sostenido la causa del rey con tenacidad. Los comisionados fueron los doctores Mariano Urrutia y José María Grueso, sacerdotes de respetabilidad por sus virtudes, y de crédito entre los pastusos y patianos como antiguos realistas, y ésta fué una elección acertada: el valle de Patía, que era realista, se sometió con sus principales jefes, quedando la insurrección confinada al cantón de Pasto, y el coronel Obando vino a Juanambú a conferenciar con los comisionados. En sus Apuntamientos para la historia, ya citados, dice Obando: «Desengañado al fin el Libertador de que ni yo admitía salvo conductos, ni los pastusos me arrojaban a los torrentes, entró ya a dirigirme comisiones respetables, y comunicaciones comedidas provocándome a un avenimiento; acepté el medio, y con diferentes pretextos hice durar cuanto me convenía las discusiones de este negocio, dando tiempo a que me llegasen noticias del éxito que hubiesen tenido las operaciones del Sur. Al cabo de veinte días de conferencias, en que el Libertador estaba ya desesperado *porque no le dejaba pasar,* y yo impaciente por no saber nada de la invasión, recibi un parte de Quito que contenía la *noticia fatal del suce-*

so *del Portete*. En semejantes circunstancias me fué ya forzoso prescindir de la empresa de restablecer el orden constitucional por los medios adoptados hasta entonces, y traté
solamente de arrancar del Dictador la mayor suma de ventajas en favor de la causa y de los que padecían por su amor
a la Constitución, *prevaliéndome de la impaciencia de Bolívar
y de su ignorancia de aquel suceso impartante para él.*»

El general Mosquera en su libro mencionado dice: «La
batalla de Tarqui, que llama Obando *fatal suceso de Portete*, lenguaje propio de un traidor, tuvo lugar el 27 de febrero
de las cinco a las siete de la mañana»; y continúa probando
de una manera concluyente que el 2 de marzo, que se sometió Obando, no era posible, absolutamente, que hubiera tenido noticia de dicha batalla dada a 175 leguas de Pasto,
cuando en Quito mismo no se supo sino el 5 de marzo; y
pretende (Mosquera) que el principal motivo que tuvo
Obando para someterse, fué el de que los pastusos desenga-
ñados de que no se trataba de la defensa del rey y de la religión lo abandonaron, quedando reducido a unos mil hombres.

Ciertamente la llegada de los sacerdotes comisionados al
Juanambú influyó favorablemente en el ánimo de los pastus
sos, y esto, y el sometimiento de Patía produjo un fuerte
deserción en las tropas obandistas; pero lo que decidió a
Obando fué el triunfo de nuestras armas en Saraguro, cuya
noticia le llegó exagerada como una acción decisiva, no la
batalla de Tarqui, que no se supo en Pasto sino el 9 de
marzo. El general López en sus Memorias, también pinta el
sometimiento como consecuencia de la batalla de Tarqui;
pero dice que todavía tenían en Pasto 3.000 hombres.

En las conferencias de Obando con los eclesiásticos comisionados hizo exigencias exhorbitantes, y en efecto celebró
un convenio con dichos comisionados como de potencia a
potencia.

Dice el general Mosquera que el Libertador le pidió su

opinión sobre aquel acto y que él le contestó que en lo general lo encontraba bien, pero no en los términos en que estaba redactado; «que no podía dejarse a aquellos vagabundos que rodeaban a Obando, como oficiales; dándose nombramiento de tales solo a los que lo mereciesen, sin *reconocer por ningún motivo* como *generales a Obando y López.*» Sea como fuere, el Libertador improbó el convenio *de acuerdo con Obando*, ofreciéndole privadamente hacerlo general después y expidió una amplia amnistía en el siguiente decreto:

Vistas las concesiones pedidas por los comisionados del pueblo de Pasto como garantias bajo las cuales reconocen al Gobierno supremo, he venido en decretar y decreto

Artículo 1.º El Gobierno protegerá en Pasto y en toda la República la Religión C. A. R.

Art. 2.º Habiendo el Gobierno convocado para el 2 de enero del año entrante la representación nacional, quedan así satisfechos los votos de todos los buenos ciudadanos de la República.

Art. 3.º El decreto de perdón y olvido expedido en 26 de enero último, comprenderá a todos los que se han ingerido directa o indirectamente en el partido de oposición al Gobierno, hasta a los prisioneros de guerra, que serán puestos en libertad.

Art. 4.º Los eclesiásticos de Pasto y de su provincia, y los de otros lugares que hayan abrazado el partido gozarán indistintamente de la misma inmunidad.

Art. 5.º En la provincia de Pasto no se reclutará por un año un solo individuo para el servicio de las armas: ni se exigirá contribución alguna ordinaria ni extraordinaria, en atención de sus padeci_ cimientos.

Art. 6.º Todo auxilio que se exija a dicha provincia será indemnización por su justo valor.

Art. 7.º Se dejarán en Pasto todas las armas y municiones que sean necesarias para su servicio, a disposición de su comandante de armas, para cuyo empleo el Gobierno tendrá presentes los jefes que tengan más popularidad en dicha provincia.

Art. 8.º Se pagarán mensualmente por el Gobierno las tropas que quedan en Pasto, sin gravar de manera alguna a sus vecinos.

Art. 9.º El Gobierno premiará conforme a sus méritos a los jefes y oficiales que sirven actualmente en la provincia de Pasto.

Art. 10. Se impedirá que por ningún individuo del ejército se insulte a ninguna persona del partido que fué de Pasto.

Art. 11. Serán libres de responsabilidad todos los jefes y subalternos del mismo partido, por los efectos que hayan tomado para los gastos de las tropas.

Art. 12. Se admitirán en la casa de moneda de Popayán para su amonedación todos los oros en rieles o limayas que se presenten con certificación del colector de Pasto y que acrediten haber salido de ella o haber pagado sus derechos.

Art. 13. El Gobierno tendrá presente los méritos y servicios de los empleados públicos que emigraron de Popayán, [para destinarlos oportunamente.

Art. 14. No se compelerá a tomar servicio por el espacio de un año en el ejército permanente a ningún individuo de los que actualmente sirven en la provincia de Pasto. Los forasteros podrán restituirse libremente a sus casas con el correspondiente pasaporte.

Los ministros secretarios de Estado en los departamentos respectivos se encargarán de la ejecución de este decreto.

Dado en el cuartel general del Puente de Mayo a 2 de marzo de 1829, 19 de la Independencia.

Firmado: SIMÓN BOLÍVAR.—El secretario general, *J. D. Espinar·*

II

El comandante Manuel María Córdova, uno de los tenientes de Obando que se sometieron al Libertador, lo hizo con las guerrillas de que era jefe en la línea del río Mayo, y le presentó, como restitución, la barra de oro que le había tocado en el repartimiento hecho de las encomiendas del correo de Micai, ¡y el Libertador le dijo que la guardase, pues había sido habida en buena guerra! El general López dice en sus Memorias que este jefe se *vendió* a Bolívar por una cantidad en oro, y esto no es exacto. El comandante Córdova fué persuadido por los clérigos comisionados, y después de sometido fué cuando presentó dicha barra de oro que había recibido de sus jefes Obando y López.

Baralt y Díaz, en su Historia de Venezuela, hablando de este acto del Libertador. dicen: «Atento sólo a llevar a cabo su malaventurada confederación (la de Colombia, Perú y Bolivia), transige ignominiosamente con Obando y López.»

Este voto de cesura de la historia vonezolana, en cuanto al motivo, es erróneo, es injusto. Bolívar había ya probado de una manera indudable que no pensaba en la Confederación de las tres Repúblicas, proyecto ciertamente irrealizable, pero que no puede ser calificado en mal sentido; por el contrario, era grandiosa esa idea, aunque imposible; era en menor escala la misma que produjo el Congreso de Panamá, trasladado luego a Tacubaya en Méjico, para promover y establecer las bases de una Confederación de todas las nuevas Repúblicas hispano-americanas, idea que fué aplaudida entonces en Europa y en América, mereciendo encomios de escritores célebres, como el abate De Pradt y otros. El ruído inmenso de aquel Congreso, que llamó la atención del mundo, fué ciertamente el parto de los montes, y menos aún, pues no abortó ni un ratón; pero el pensamiento no era condenable aunque fuera una ilusión, un delirio del patriotismo. Las distancias, las dificultades insuperables de la comunicación por nuestras cordilleras, nuestros desiertos, nuestros pantanos; las ambiciones mezquinas agitándose incesantemente; la debilidad de los gobiernos establecidos de intento, con el depravado fin de facilitar a los ambiciosos, a los demagogos, a los fallidos, a los tinterrillos de covachuela el medio de engrandecerse a costa del infeliz pueblo que trabaja: todo concurre a hacer que ningún pensamiento que tienda a evitar aquellos males y a dar seguridad y bienestar a la sociedad sea aceptable ni de posible realización en esta América, a lo menos en muchísimo tiempo. Bolívar se equivocó pensando que desde el principio se podría hacer lo que no se podrá todavía en un siglo. La América está corriendo ahora su *Edad Media*; y así tiene que ser forzosamente, porque los pueblos no aprenden nada en lo pasado, y necesitan sufrir para ver claro. Por todas partes el feudalismo democrático, bajo el nombre de federación, se establece o pretenden establecerlo; la antigua anarquía feudal, las luchas de los barones unos con otros, o contra el señor feudal, o de éste contra aquéllos, se repiten en América con otros nombres. La soberanía de los Estados, que es el mayor de los absurdos, reemplaza a la soberanía de los barones, que la disputaban con la espada y con la sangre de sus desgraciados vasallos, contra el Rey o Emperador, que reconocían también por soberano, así como ahora los nuevos barones de los Estados la pretenden y la disputan entre sí con la lanza y el fusil, y al Poder nacional, que también es soberano: y con los más fútiles pretextos se derrama a raudales la sangre inocente. Por todas partes en nuestras Repúblicas desde que nacieron, las expoliaciones, el saquao, el pillaje bajo mil formas, el incendio, el asesinato, los crímenes todos recorren la tierra sin más diferencia que la de que en la Edad Media los barones gritaban: «*Dieu et mon droit*», para violar el derecho ajeno, y ahora se grita: «¡Viva la libertad!» para destruir la libertad ajena. ¡Siempre la misma cosa! ¡Pobres pueblos!... Pero estoy divagando. Perdone el lector este extravío de mi patriotismo, conturbado con el deplorable porvenir de esta tierra querida, que las previsiones, las sacrosantas y proféticas palabras de Bolívar me presentan a la vista, a la imaginación, en toda su espantosa realidad; y aunque triste y conmovido, vuelvo a mi asunto.

III

El general Obando fué más justo con el Libertador que los historiadores venezolanos, diciendo, como ya se ha visto, que el Libertador estaba desesperado porque no lo dejaba pasar, y que él (Obando) prevaliéndose de la impaciencia de Bolívar, trató de sacar la mayor suma de ventajas en favor *de la causa* y de los que padecían por su amor a la Constitución. También el señor Restrepo fué justo en cuanto al motivo: «Bolívar—dice—arrastrado por la necesidad de oponerse a los peruanos, se vió *compelido* a hacer tan excesivas concesiones: él solo pensó en evitar la sangre que podía correr en las formidables rocas del Juanambú *y en abrirse paso para defender el territorio colombiano.»*

He aquí, pues, la verdadera *y plausible causa que compe-lió a Bolívar a dictar aquel decreto. En cuanto a la califica-ción de *ignominioso* que le dan Baralt y Díaz hay que conve-nir en que sin las fuertes razones que lo disculpan sería exacta.

Lo que no se comprende es cuáles fueron *las ventajas en favor de la causa,* que dice Obando consiguió; pues todas las que presenta el decreto, o sea el convenio, fueron puramen-te personales, para asegurarse los empleos, los ascensos, y para salvar la responsabilidad de las espoliaciones consu-madas.

En el párrafo que he copiado de los *Apuntamientos* del ge-neral Obando, confiesa éste de una manera terminante su inteligencia, y la del partido *liberal,* en cuyo nombre obra-ba, con el conquistador extranjero; confiesa que estuvo en-treteniendo las discusiones con los comisarios del Liberta-dor, dando tiempo a que le «llegasen noticias del éxito de las operaciones del Sur»; confiesa que al cabo de veinte días cuando las tuvo del *fatal* suceso del Portete», fué cuando se resolvió a transigir: de manera que si el resultado hubiera sido adverso a las armas colombianas, habría auxiliado al extranjero continuando la guerra; es decir que confiesa una negra traición cuya mancha indeleble había de marcar no sólo su frente sino también la de todos sus compañeros, y la del partido que la sostenía, del que, ausente Santander, era él el jefe acepto. Tuvo, pues, Mosquera razón en decir que aquel lenguaje era «sólo propio de un traidor.» A tales extra-víos conducen frecuentemente las pasiones políticas, y más que estas pasiones la ambición; y la Historia, juez inexora-ble de estos de los partidos, no debe dejarlos pasar desaper-cibidos, ni debe prescindir por ninguna consideración de pronunciar sobre ellos su anatema.

Tres días después del convenio o decreto, esto es, del sometimiento de los coroneles Obando y López, con todos sus cómplices, entró el Libertador a Pasto, cuyas autoridades, empleados y habitantes le recibieron con tales demostraciones de júbilo y de regocijo, que Bolívar pensó que la reconciliación había sido sincera; y lo fué, en efecto, respecto de la masa general. El mismo Obando se mostraba tan enajenado de alegría y tan decidido a obrar en sentido contrario a lo que antes hiciera, que expidió y circuló con profusión la proclama siguiente:

«¡Pastusos, patianos y compañeros de armas! La discordia civil que afligía a nuestro país ha sido ahogada en brazos de la clemencia. El Libertador, con un decreto generoso, ha puesto término a nuestros males abriéndonos las puertas de la gloria en los campos del Sur, hollados ahora por los pérfidos de la tierra, por esos que nos deben todo, y que sin nuestros sacrificios aún serían colonos españoles. ¡Compañeros de armas: la Representación nacional va a reunirse en el año entrante; ella fijará nuestros destinos y no las armas! Entretanto, marchemos *tras el gran soldado que nos dejara gloria, libertad y patria;* y pues que estos son nuestros ardientes votos, yo le he ofrecido a nombre vuestro que seremos el modelo de la obediencia, de la constancia y de las virtudes. Pasto, 7 de marzo de 1829, 19.º — *José María Obando.*»

Con la acritud que usaba siempre el general Mosquera *en aquellos tiempos* al hablar del general Obando, le glosa esta proclama precisamente en lo que nada tenía de censurable, diciendo: «¿Quién al leer el lenguaje de Obando en su proclama que dejo copiada, no creería al menos que era de los vencedores de Junin y Ayacucho y que siempre había combatido contra los españoles?... Mas debo volver a mi relación y seguir la historia de las bajezas y felonías de este hombre (1).

_____

(1) *Exámen crítico,* página 85.

Esta glosa es pueril y baladí. Cuando Obando hablaba «de *los pérfidos de la tierra* que nos deben todo y que sin nuestros sacrificios aún serían colonos españoles», hablaba como colombiano, y para que, en calidad de tal, pudiera decir esto, no se necestiaba haber hecho la campaña del Perú y haber combatido en Junin y Ayacucho. Lo que tiene de muy notable la proclama, de muy censurable y oprobioso, es el contraste con la primera que publicó el mismo Obando en Pasto, en la que claramente se confesaba cómplice de la invasión; es el contraste todavía más fuerte con lo que después dijo en sus Apuntamientos para la Historia, llamando *fatal* el triunfo de las armas colombianas sobre esos mismos que en la proclama llamó «pérfidos de la tierra». Estas inconsecuencias en algunos de nuestros hombres públicos que indican que toda idea de pundonor y dignidad se va perdiendo entre nosotros, no querría quizás hacerlo notar el general Mosquera intencionalmente.

El recuerdo que hace Obando a los pastusos de que la Representación nacional iba a reunirse el año siguiente, que ella fijaría los destinos del país y no las armas, era una cosa sabida desde antes, y, por consiguiente, si era una razón entonces, lo era desde el principio, y debió detenerlo en su revolución, o, a lo menos, decretada positivamente la convocatoria del Congreso por el Libertador al marchar para Popayán, esto debió decidir su misión y la de sus cómplices, y no comprometer la suerte de la República, que pudo perecer en Tarqui, entreteniendo con dilaciones estudiadas a los comisionados del Libertador para impedirle pasar, hasta que, considerándose perdidos, lo engañaron ocultándole el suceso de Saraguro o el de Tarqui, si es cierto, como Obando y López lo aseguran, que en virtud de él fué que se vieron en necesidad de someterse.

El duelo que causó en el partido *liberal* este desenlace de la invasión peruana y de la Revolución de Obando y López, fué más ignominioso todavía que la traición misma, y demuestra de la manera más desconsoladora, que la pasión política puede hacer a hombres, por otra parte honorables, olvidarse de todo para satisfacerla.

Sea como fuere, habiendo sabido el Libertador el triunfo de Tarqui en Pasto, recibiendo al mismo tiempo el Convenio de Jirón, por el que consideró terminada la guerra, no dudando que el general Lamar lo cumpliese religiosamente, dictó varias órdenes para que se suspendiese la marcha de los Cuerpos que de diferentes partes se dirigían al Sur, avisó al Consejo de Ministros la fausta noticia, y el 11 siguió para Quito a donde llegó el 17 de marzo.

XI

Bolívar, que no podía guardar rencor veinticuatro horas contra sus mayores enemigos, enajenado de regocijo por haber concluído con la revolución de Obando y López sin efusión de sangre, y por el glorioso triunfo de nuestras armas en el Portete de Tarqui, trató a estos dos coroneles y a todos los demás revolucionarios con tanta afectuosa cordialidad, que los dejó contentos y casi amigos, como sucedía con cuantas personas lo trataban de cerca.

Es una gran cualidad en los hombres públicos la de tocar el corazón de los demás y hacerse querer. Maquiavelo en su *Príncipe* la reconoce; pero exige que a ella acompañe la de saber hacerse respetar, y dice que no pudiéndose conseguir ambas cosas, debe el Príncipe preferir hacerse temer a hacerse querer. Bolívar, por más que lo calumniasen, tenía la cualidad, no de hacerse querer, sino de hacerse idolatrar, mucho más que la de hacerse temer; sin embargo, de que sí sabía hacerse respetar; lo que le aseguró la supereminencia que sus talentos le daban sobre sus rivales. En la guerra de la Independencia, que se encarnizó cruelmente a muerte, también se hizo temer del enemigo. La guerra tiene exigencias terribles: la represalia es una de ellas, imprescindible. En aquella época horrorosa ejecutó Bolívar algunos actos que podrían tacharse de crueldad si no los *disculparan* los atroces del partido realista y las peligrosas circunstancias que los exijan, y una de esas exigencias era la de hacerse temer; pero también fué generoso y clemente cuando la clemencia no comprometía la suerte de la causa que sostenía: los treinta y nueve jefes y oficiales españoles prisioneros en Bocoyá que el general Santander fusiló en la plaza pública de esta capital, de la manera más bárbara, habían sido perdonados por Bolívar en el campo de batalla ofreciéndoles la vida; asi fué que se indignó cuando le llegó la noticia de esta fría ejecución, y la improbó con expresiones que obligaron al general Santander a disculparse,

El general López en sus *Memorias* hablando del alborozo de Bolívar al recibir la noticia de la victoria de Tarqui, dice que prorrumpió en vivas al ejército victorioso, a sus generales, a Obando y a él (López), y que les dijo: «Ninguna gracia habrían hecho ustedes, ningún mérito habrían contraído ustedes si el tratado de la Cañada se hubiera hecho después de la batalla de Tarqui. Yo no tendría entonces nada que agradecer a ustedes, porque no me habría sido difícil, en combinación con el ejército del Sur, reducir a ustedes por la fuerza.

«Ignoraba el general Bolívar, prosigue López, que nosotros éramos sabedores de aquel acontecimiento una semana antes que él, y que sin esa circunstancia no le hubiera sido dado ocupar un palmo de tierra entre el Guáitara y el Juanambú.»

He aquí también al general López ¡el general José Hilario López! declarando que si los defensores de la integridad del territorio colombiano hubieran sido vencidos, habrían él y Obando continuado la guerra; lo que es lo mismo que confesar que habrían continuado favoreciendo al conquistador y coadyuvando a la desmembración del territorio colombiano. ¡Es posible, Dios santo, que a tales extremos arrastre la pasión política a hombres respetables, antiguos y beneméritos servidores!

El magnánimo Bolívar agradecía el sometimiento creyéndolo nacido de algún sentimiento patriótico y generoso, y no sabía que la traición no se consumaba no por falta de voluntad, sino por otra causa innoble, por propia confesión de los caudillos a quienes manifestaba su agradecimiento.

Continúa el general López diciendo entre otras cosas: «Desde los primeros pasos que dió el dictador para entenderse con nosotros, nos hizo por medio de sus comisionados proposiciones muy lisonjeras al general Obando y a mí, con tal que le siguiésemos al Sur. En Pasto nos reiteró las ofertas en los términos más insinuantes. Yo me rehusé constantemente a sus halagos, y le manifesté que no deseaba sino volver a Popayán, lugar de mi residencia, vivir allí sin ningún empleo, hasta que el Congreso constituyente que había sido convocado por él para principios del año entrante diese la Constitución para Colombia. Bien, me dijo Bolívar, en este caso, yo espero que usted aceptará el despacho de coronel efectivo que le he mandado extender, y que mientras que usted permanezca en su país natal, reciba el sueldo íntegro de su empleo, aun cuando no esté usted en servicio activo, porque demasiado sé que usted es tan desprendido que rara vez tiene dos camisas que mudarse. Usted merece esta señal de distinción como ha merecido siempre bien de la patria. A estas expresiones tan lisonjeras agregó otras llenas de ternura, con demostraciones no menos interesantes. Sentado enmedio de Obando y de mí, dándonos repetidos abrazos, nos decía con lágrimas en los ojos: Hijos míos, ustedes han obrado de buena fe, si me han considerado tirano, porque este es el deber de un buen patriota; pero yo no soy el monstruo que han figurado mis enemigos. Yo amo siempre la libertad con todo mi corazón, y siempre tributaré mi culto a esta divinidad. Mis pecados políticos consisten en que no he creído que la Constitución de Cúcuta, después de los acontecimientos de Venezuela, era aparente para conservar la unidad de la gloriosa Colombia, reprimir los abusos, corregir los vicios de muchos de sus mandatarios, abrigados siempre con la égida de esa misma constitución que les prestaba la elasticidad suficiente para manejarla según convenía a sus intereses. ¿Pretenden ustedes que Páez, Sucre, Montilla, Urdaneta, Flórez y otros de nuestros generales hayan de permanecer contentos con sólo las prefecturas y comandancias generales? ¿Creen ustedes que asos corifeos del ejército no intenten dividir a Colombia, y distribuirse la presa aun antes de la muerte de Alejandro, y disputársela después encarnizadamente, envolviendo así al país en una discordia perpétua y entregándolo en manos de la anarquía? Yo tengo más motivo que ustedes para saber hasta dónde alcanzan las pretensiones de algunos de nuestros próceres, y día vendrá en que muchos de ustedes hagan la justicia debida a la rectitud de mis intenciones. Ofrezco a ustedes que se reunirá un Congreso para constituir el país de la manera que más plazca a los representantes, los cuales serán nombrados con la libertad necesaria. Protesto que mi influjo no se empleará sino para que ese Congreso consagre en el código los principios sacrosantos de un sistema republicano, para que la libertad sea asegurada para siempre al lado de la independencia, y para que no se piense más en mí como magistrado. Si tal no sucediera, por desventura, yo sería el primero que reclamaría con firmeza los derechos de los hombres libres; y ustedes, hijos míos, mis queridos amigos, ustedes quedan por mí autorizados para rebelarse, si no hubiese otro arbitrio para conquistar la libertad. En el entretanto, yo espero que ustedes emplearán su influjo para que el tratado de la Cañada de Juanambú sea respetado en todo el territorio que ha sido teatro de esta desgraciada contienda, que por mi parte será religiosamente observado.

«Ruego a ustedes por la patria que me presten toda su cooperación para reconstituir a Colombia, y no intenten despopularizarme y humillarme más, pues el resultado sería la

completa ruina del país, porque no veo otro hombre capaz
de refrenar la ambición y reprimir los excesos de muchos de
nuestros generales. ¡Ojalá que esta República y este ejército
no necesitasen de mí, que en ese caso yo me desterraría espontáneamente por no tener el dolor de oirme apellidar
tirano y quitar a mis adversarios este pretexto de discordia!»

Este relato del general López tiene todos los caracteres de
verdadero en su mayor parte. Bolívar aparece por él tal cual
era: franco, indulgente, sincero; y sus opiniones y el temor
que le inspiraban las aspiraciones *de los sucesores de Alejandro* han sido justificados por los acontecimientos posteriores.
Y ¿quiénes son hoy los sucesores de aquellos sucesores?—
¡Ah, qué mengua, Dios Santo!

En lo que el general López ha incurrido precisamente en
error, es en que el Libertador hubiese nombrado al general
Sucre entre los generales que presuponían no quedarían contentos con ser perfectos y comandantes generales de departamento. Pero el general López escribió después de haber
sido asesinado Sucre, y convenía hacerle aparecer siempre
bajo un punto de vista desventajoso.

Merece también refutarse el principio que sienta Bolívar,
si es que no comete el general López algún error al referirlo,
de que los autorizaba a Obando y a él a *rebelarse*, si el Congreso constituyente no establecía el sistema republicano, para
que la libertad fuera asegurada. En los términos latos en que
se expresa este pensamiento, autorizando la rebelión de dos
militares, haciéndolos jueces de la Representación nacional,
no me es posible suponerlo en Bolívar. Un Congreso constituyente, una convención nacional, un cuerpo, en fin, que re-
presente *legítimamente* la nación, reasume la soberanía en
toda su plenitud; sus miembros siendo elegidos *libremente*
por el pueblo han de saber y respetar lo que quieren sus comitentes; y autorizar a rebelarse contra sus decisiones es autorizar la anarquía de la manera más terminante y fatal. Negar el derecho a la representación nacional soberana de va-

riar la forma de gobierno, es negarlo a la nación misma, es destruir el sistema representativo, es alentar a los facciosos en minoría a la resistencia, es establecer el derecho de la fuerza. Falsear los principios propagando semejantes ideas es una de las muchas causas que concurren a hacer tan frecuentes las desastrosas revoluciones que devastan estos países.

CAPITULO XVI

I

Suplico al lector vuelva unas hojas atrás y repase, meditándolo, aquel trozo que transcribí de un capítulo del libro del general Mosquera, en que supone que el general Córdova le propuso separar del mando al Libertador, «sin faltarle al respeto», organizar la Nueva Granada militarmente, distribuirse entre ellos y otros jefes su porción a manera de bajalato, y que él (Mosquera) para salvar al Libertador de una asechanza, lo que indica que corría peligro de la vida, habló con los jefes de los cuerpos, previno que ninguna orden que no se diera por su conducto como jefe de Estado mayor se cumpliese, y releído esto le ruego que me siga con atención.

«El sometimiento de Obando (continúa Mosquera) y el buen aspecto que habían tomado los negocios del Sur, me alimentaron la esperanza de que Córdova no pensase más en tal locura; pero advertí que se esmeraba, contra su natural carácter, en atraerse el afecto de todos los subalternos y que fomentaba la desunión entre granadinos y venezolanos..

»El Libertador había dejado la división íntegra en Pasto, hasta saberse si se entregaría o no Guayaquil; temí que la falta de ocupaciones marciales pudiera traer una revolución capitaneada por el general, y para evitarlo dispuse que se prepararan los cuerpos a una revista de inspección; lo comuniqué al general, que tenía un carácter muy militar y le pareció bien. Hice más frecuentes visitas a su casa para estorbarle su plan, un desvío y no dejar que una brillante división que ganaba día por día, fuera a perderse. Al fin volvió a hablarme Córdova sobre su proyecto, fundándose para pensar en llevarlo a efecto en que era necesario separarnos cuanto antes de Venezuela, y me dijo que estaba resuelto a obrar si el Libertador no le daba el mando del ejército del Sur. Ya esto me pareció muy serio, y secamente le contesté que no contara conmigo, y que meditase mucho sobre su gloria y reputación. Comenzóse a resfriar nuestra amistad. Hice varias advertencias a los jefes de los cuerpos y aun a los segundos comandantes, para que no se efectuase nada sin darme parte; escribí a los generales Sucre y Torres a Quito para que influyesen con el Libertador a fin de que llamase a Córdova a su cuartel general para evitar una revolución en la división. El Libertador tomó el partido de escribirnos a todos una circular recomendándonos suma vigilancia porque sabía que se conspiraba. A los pocos días nos llamó a Córdova y a mí a su cuartel general, dando orden de poner en movimiento la división para Quito. Al llegar a Rumispamba se adelantó Córdova y se condujo con tal imprudencia, cuando se avistó con el general Bolívar, que éste conoció el plan y lo descabellado del proyecto. Yo llegué seis horas después; me lo refirió todo el Libertador, y me dió el nombramiento de jefe de Estado mayor general, previniéndome que me ocupase en organizar el ejército.»

Examinemos esta gravísima acusación. Córdova no podía saber si el Libertador le confería o no el mando del ejército del Sur sino cuando llegase a Quito, y si no estaba resuelto a obrar sino en el caso de que no obtuviese aquel mando, ¿cómo supone Mosquera proyectos de revolución, asechanzas contra el Libertador, anteriores a la llegada de Córdova a Quito? No es menos inverosímil lo que dice Mosquera de que al avistarse Córdova con el Libertador se condujese de manera que en pocas horas descubriera Bolívar todo el plan. Si Córdova esperaba obtener el mando del ejército del Sur, ¿podía, al momento mismo de llegarse al hombre de quien

esperaba aquella muestra de confianza, obrar del modo que
la hiciera imposible?

De todas estas inculpaciones no hay de prodable sino que
la aguda enfermedad que sufrió el Libertador alarmó a sus
amigos, según el mismo Mosquera, que Córdova que lo era
más leal y más desinteresado que ningún otro se inquieta-
ría, y que como todos lo hacían en el ejército y en todas partes, hablaría algo sobre lo que se debiera hacer en el caso de
que Bolívar muriese. Esto era natural y patriótico, y es posible que a pesar del poco caso que hacía de Mosquera, y
Espinar hubiese tenido con ellos alguna conversación sobre
el particular, y de aquí sacaría Mosquera sus acusaciones
para arruinar y perder a un general granadino que le hacía
sombra, y a quien miraba como un obstáculo para su
futura elevación. ¿Qué sería hoy de él si Córdova viviese?

El señor Restrepo en su Historia de Colombia, hablando
de las sospechas que infundía Córdova, dice que en un viaje que éste hizo al cuartel general satisfizo al Libertador diciéndole «que él (Córdova) tenía sus planes, que descubriría
con su acostumbrada franqueza, los que eran para después
de sus días (los de Bolívar). El Libertador (continúa Restrepo) no hizo novedad en la confianza que antes le había manifestado.» Esto si es verosímil. Y debe tenerse presente que
el señor Restrepo era ministro de lo interior, amigo de Bolívar, con quien estaba en constante correspondencia, por lo
que su testimonio sobre el particular es irrecusable. En cuanto a las sospechan que minaban a Córdova, ya se ha visto
cómo nacieron, qué hombres las propagaban y el objeto de
los que se aprovechaban de ello para sacrificar al noble joven
cuya gloria no los dejaba dormir.

¡Infeliz Córdova! él tenía noticia de las hablillas que contra él corrían; sabía que se procuraba inspirar desconfianza
al Libertador contra su lealtad; pero no se inquietaba, porque el Libertador, como dice el señor Restrepo con exactitud, no variaba para con él y le manifestaba la predilección

de siempre. Córdova se dormía sin caer en cuenta del daño
que puede hacer la perseverancia en una sorda persecución.
Que a pesar de todo lo que se hacía para alarmar al Libertador contra Cordova, no desmereció éste en su concepto, se
deduce de lo que el mismo Mosquera dice con referencia a
unos informes que asegura dió Obando al Libertador contra
algunos de sus compañeros a quienes culpaba de haberlo
arrastrado a la revolución. Hable el mismo Mosquera. «El
Libertador (dice) me lo refirió todo el 9 de marzo que llegué
a Pasto con la retaguardia de la división cuyo mando me
había confiado S. E.; estaba admirado de la perversidad de
Obando y me dijo: «es necesario que usted tenga mucha vigilancia con la división y que observe usted la conducta de
este guerrillero, porque no ha entregado todas las armas.
Córdova confía demasiado en su valor, y en las guerras civiles se necesita más tacto político que coraje» (1). Se ve por
esto que todavía no habían logrado hacer sospechoso a Córdova para con Bolívar, porque éste no temía sino que Córdova por su impetuoso carácter cometiera alguna imprudencia
con Obando. En lo que el general Mosquera comete precisamente error, es en suponer que el Libertador estuviera alarmado porque Obando no hubiera *entregado todas las armas*,
cuando por el decreto de amnistía o sea el convenio de sometimiento, podía conservar todas las que necesitara y las
conservó en efecto sin faltar en nada. El general Mosquera
publicó su libro en 1843, y así no es extraño que se hubiera
olvidado de esta circunstancia, porque en catorce años se
olvidan muchas cosas. El Libertador pudo llevarse a Obando con cualquier pretexto, y lejos de esto lo dejó de comandante de armas de Pasto, lo que probaba una gran confianza en él; ¿cómo pues, puede creerse que encargara a Mosquera la supervigilancia de un hombre sobre quien no podía
ejercerla sino por unos pocos días, dejándole después en el

(1) *Examen crítico.*

centro de su poder, con todos los elementos para hacer uso de él? Yo no quiero exponer mi concepto sobre el particular el lector juzgará lo que su criterio le sugiera.

La inmensa confianza que el Libertador hizo de Córdova, dándole el mando de las tropas destinadas a someter a Obando y a López, tapó por algunos días la boca a los habladores y lo tranquilizó a él. Pero las tremendas inculpaciones que posteriormente le hacía Mosquera eran de diferente carácter y debían tener y tuvieron en efecto otras consecuencias, pues sin embargo de su inverosimilitud, el Libertador, debilitada su mente, enfermo más del alma que del cuerpo, llegó al fin a preocuparse y a desconfiar de su más leal amigo, a quien descubriendo no solo con palabras sino con hechos esta desconfianza, ofendió, irritó y precipitó deplorablemente a la rebelión y a la muerte.

Me es penoso tener que usar este lenguaje al tratar de hechos de tanta magnitud, que no han sido bien conocidos ni debidamente calificados; pero la tarea que me he impuesto, que me va llevando más lejos de lo que al emprenderla pensé, y el criterio analítico, imprescindible en el que toma el buril de la Historia en la mano, me obligan a ello, aunque este libro sea mi sentencia de muerte.

II

El general José María Córdova, de una respetable familia de Ríonegro en la provincia (hoy Estado) de Antioquia, recibió en su niñez la educación primaria que se daba en aquellos tiempos a los niños decentes; alcanzando apenas a los primeros días de la adolecencia, con las ilusiones risueñas de aquella edad, abrazó con ardor la carrera de las armas en las filas de los patriotas contra el poder español; por consecuencia de los desastres de 1815 y 1816 siguió a Casanare y de allí a Venezuela con los restos de las tropas republicanas que de Nueva Granada pudieron ir a ayudar a los indomables patriotas venezolanos que, justicia sea hecha a quien la merece, ocupan el lugar más eminente en la guerra de la independencia hispano-americana; allá a las órdenes de los jefes de más nombradía, y entre los llaneros de Apure, sirvió en toda la época de la guerra a muerte, distinguiéndose entre tantos valientes, lo que es mucho decir; habiendo sido hecho teniente coronel en la más gloriosa y transcendental de todas las batallas de la guerra de la Independencia (Boyacá), apareció en la Nueva Granada con una fama que no podía menos de lisonjear a un joven de diez y nueve años; inmediatamente después de ocupada esta capital por el ejército libertador, como se llamaba al puñado de valientes vencedores de Boyacá, le destinó Bolívar a libertar la provincia de Antioquía, dándole sólo 100 hombres, y por la fragosa montaña de Sonsón se introdujo en dicha provincia llegando apenas con 60 hombres; aquello bastó para que las autoridades españolas y los ciudanos realistas abandonaran la provincia, pronunciándose todos los pueblos en favor de la Independencia.

En Antioquía formó un batallón de 1.000 hombres, pasó al bajo Magdalena, siguió a Mompos y de allí a la acción de Tenerife, que mandó en jefe, obrando con su batallón por tierra, y el comandante Maza (después general) por el río, con la flotilla formada en Mompos; acción por la cual fué ascendido a coronel, de Tenerife pasó al sitio de Cartagena con el mismo batallón, que era de los mejores que tuviera Colombia, y rendida la plaza, siguió a la campaña del Sur a las órdenes del general Sucre, distinguiéndose en ella, como en todas partes; fué ascendido a general de brigada, despues de la batalla de Pichincha a los veinte y tres años de su edad; luego acompañó al general Sucre a la campaña del Sur, y en la batalla de Ayacucho, haciéndose admirar, recibió el ascenso a general de división sobre el mismo campo de batalla. A su regreso de Bolivia a fines 1827 permaneció en esta capital, donde tuve con él íntima amistad y pude conocerle a fondo. Córdova no era solo un soldado valeroso: te-

nía mucho talento natural, era estudioso, aprendió a tradu-
cir bastante bien el francés, su lectura favorita, que muchas
veces hacía conmigo, era la de las «Vidas de los hombres
ilustres» de Plutarco; también estudiaba geometría con Carujo, y esto dió más asidero a las malignas hablillas de que
he hecho referencia, por su equivocación en la noche del
25 de setiembre.

Córdova, pues, no era un hombre vulgar, no era un estúpido, no era un idiota, que todo esto junto debería haber
sido para concebir el extravagante, el insensato proyecto de
que le acusa el general Mosquera. Que fuera arrebatado, que
fuera un poco engreído con su elegante figura y algo petulan-
te, no puede negarse, y en cierta manera disculpable en un
general de división de veintinueve años de edad, admirado
de todos, estimado de Sucre, y predilecto de Bolívar, de
quien era el Efestión; pero que la emulación, la envidia, la
vanidad de los que no podían allegársele lo miraron tortíce-
ramente, sacando partido de sus defectos, que sin sus otras
cualidades y su excelso mérito tenían algunos de ellos en demasía, también se muestra evidentemente.

Las contradicciones palpables en que incurre el general
Mosquera al acusar a Córdova de conspirador, y su inverosimilitud, no pueden dejar de haber sido percibidas por el lector atento. Empero, yo tengo el deber de hacerlas notar a
los que acaso no lo sean tanto como conviniera, para que
juzguen si es o no admisible la acusación.

¿Cómo puede destituirse del mando supremo al jefe del
Estado por medio de una revolución, sin faltarle al respeto?
¿No es esta una proposición absurda y por consiguiente inadmisible? Y si Córdova habló sólo a Mosquera de que debían pensar en segregar la Nueva Granada de Venezuela separando del mando a Bolívar «sin faltarle al respeto» porque estaba muy enfermo, ¿de dónde dedujo Mosquera que
corría peligro la vida del Libertador, para justificar los pasos
que él mismo confiesa haber dado con los jefes de los Cuer-

pós, relajando la disciplina y deshonrando a su general? ¿Qué asechanza temía Mosquera de Córdova contra el Liber‑ tador? ¿El asesinato? ¿Se puede querer asesinar a un hombre a quien no se quisiera ni faltarle al respeto? Si Córdova hu‑ biera tenido realmente la idea más remota de hacer una re‑ volución al Libertador, seduciendo los Cuerpos de la divi‑ sión, ¿habría ido a hablar de preferencia a Mosquera y Es‑ pinar, el uno jefe interino de Estado Mayor general, y el otro secretario de Bolívar, ambos sus asiduos familiares, y por consiguiente sospechosos para una empresa semejante? ¿Qué influencia, qué ascendiente, qué respetabilidad podía tener Mosquera, recien derrotado, sobre unas tropas que no cono‑ cía, y de las cuales no era conocido sino desde pocos días antes, para que Córdova se empeñase en contar con él? ¿Cómo es que Córdova no habló con ninguno de los jefes, con ninguno de los oficiales de los Cuerpos, sin los que no podía llevar a cabo su supuesta empresa, y habló con dos que para nada podían servirle? ¿Se ocultaría a Córdova, por estúpido que lo suponga Mosquera, que unos jefes, unos oficiales, unos soldados como los que mandaba, todos entu‑ siastas bolivianos, que habían sofocado la revolucion del 25 de setiembre, que adoraban a Bolívar, no eran elementos con que pudiera contar jamás, para semejante arriesgadísima y disparatada intentona? ¿Estaba Córdova ciego o en com‑ pleto estado de enajenación mental, para no ver a los gene‑ rales Sucre y Flórez con un ejército vencedor en el Sur; al general Montilla en los departamentos del Atlántico; al ge‑ neral Urdaneta y al general Herran en Cundinamarca; al ge‑ neral Páez en Venezuela, y a tantos otros generales, jefes, oficiales y soldados veteranos en toda la República, que lo habrían pulverizado, al menor paso que diera en el sentido que Mosquera indica? ¿Qué principio proclamaría Córdova? ¿Una abolición de la dictadura? Pero ¿qué fuerza tendrían sus palabras habiendo sido él uno de los que la promovieron más decididamente? El coronel Espinar (después general) fué un simple practicante de cirugía en el arrabal de Panamá, lugar de su nacimiento. A fines de 1822 ó principios de 1823 siguió al Perú y allá ascendió a coronel; después vino a ser secretario del Libertador, a falta de otro, en esos últimos tiempos del eclipse de Bolívar y sólo para afirmar lo que Bolívar dictaba. El ejército no lo alcanzaba a ver, o no lo miraba sino como un allegado a la casa oficial del Libertador, y como tal era conocido por uno de los más entusiastas bolivianos. ¿Es, pues, verosímil que Córdova se hubiera dirigido a Espinar para invitarle a entrar en una revolución militar en la que nada podía influir semejante coronel? ¿Cómo puede pretenderse que se crea tanta obcecación en un hombre como Córdova, que fuera a depositar su terrible secreto, admitiendo en gracia de discusión que lo tuviera, precisamente en los dos hombres de quienes más debía precaverse? ¿Qué fruto podía esperar Córdova de una revolución como la que se supone? ¿El mando? Pero Córdova debía conocer que aunque su gloria militar era más refulgente que la del general Santander, en caso de constituirse la Nueva Granada independiente, no podía absolutamente rivalizar a aquel general, ni disputarle el primer puesto a que Santander era llamado por sus talentos administrativos, por su prestigio en política y por ser el jefe del partido enemigo del Libertador. ¿Pensaba, pues, Córdova cambiar a Bolívar por Santander? ¡Jamás!—Se dirá que poco tiempo después hizo Córdova la revolución de Antioquia. Sí; la hizo pero la hizo empujado, agraviado y despreciado: la hizo ofendido en su orgullo militar, la hizo con un pretexto nuevo, la hizo, en fin, para vengarse y casi forzado, pues la persecución de sus enemigos le siguió a Popayán de una manera terrible, como lo explicaré al tratar de aquel episodio sangriento de nuestras locuras.

Es preciso también que se sepa que Mosquera y Espinar fueron siempre intimos amigos; que pretendían ser ascendidos a generales, y se necesitaban el uno al otro para apoyarse recíprocamente, aprovechando aquellos momentos favorables que la naturaleza de sus destinos les proporcionaba en el acceso frecuente que tenían con el Libertador; que ámbos querían sobreponerse a Obando y López, pues como se ha visto en lo que se refiere el mismo Mosquera, no admitía que *por ningún motivo* fueran aquellos dos coroneles reconocidos como generales. Y esto sabido, la simple razón natural, sin ningún esfuerzo, persuade que teniendo Mosquera la pretensión de ser conservado en el destino de jefe del Estado mayor general libertador, que obtenía en interinidad, al que Córdova era llamado naturalmente, contase con Espinar para lograrlo, y por consiguiente que Espinar le ayudaría en sus manejos, para arrancar del corazón de Bolívar el afecto que profesaba a su favorito, e inspirándole desconfianza para que lo alejara de su lado. Además el amor propio de Mosquera herido por el trato agrio de Córdova para con él ¿no es un motivo indicante de que en la guerra sorda, que por sus propias palabras se ve que le hacía, se mancomunaban el interes con la venganza? No creo yo que este sea un juicio temerario: lo emito sin pasión porque la lógica me obliga a emitirlo. El lector es juez; falle él.

Hay puerilidades de que no debiera ocuparse la Historia, pero cumo yo escribo mas bien para los que viven que para la posteridad, quiero decir cuatro palabras sobre estas otras cuatro de Mosquera que ya se han visto y que repetiré: «Temí, dice, que la falta de ocupaciones marciales pudiera traer una revolución capitaneada por el General, y para evitarlo dispuse que se prepararan los cuerpos para una revista de inspección; lo comuniqué al General, que tenía un carácter muy militar, y le pareció bien...» ¿No resalta de una manera tangible todo el ridículo de esta proposición? ¡Una revista de inspección para precaver una revolución militar acaudillada por un general como Córdova! El general Mosquera a pesar de su incontestable talento tiene tonterías indefinibles.

Lo que juzgo por extremo grave es lo que asegura Mosquera y que parece fué cierto: que escribió a los generales Sucre y Tórres a Quito para que influyesen con el Libertador a fin de que «llamase a Córdova a su cuartel general para evitar una revolución en la división.» Esto ya es demasiado: ¿Cómo podía temerse, repetiré cien veces, una revolución hecha por un general en su división, en la que no contaba, ni podía contar, con un solo jefe, con un solo oficial, con un solo soldado, ni siquiera con los coroneles Mosquera y Espinar?

Si el Libertador hubiera tomado el partido de escribir una circular recomendando a todos suma vigilancia «porque sabía que se conspiraba,» medida que no podía ocultarse a Córdova, habría abortado la revolución, como abortó la del 25 de setiembre, suponiendo también cierto que Córdova la proyectase, y que tuviera medios y cómplices para realizarla. Y ¿cómo, si esto había, no dió Córdova la menor muestra de inquietud, y fué como siempre con la mayor confianza a presentarse al Libertador? Y ¿como puede suponerse que sabiendo éste que Córdova conspiraba contra él, tomara la medida de avisarlo por circular a los jefes de la división que Córdova mandaba, como para que lo supiera inmediatamente, se precaviese y obrara con mas cordura en la prosecución de sus planes? Yo sin pretender ser infalible, declaro que no creo que el Libertador diera un paso tan desacertado.

El general Mosquera debió estar en mala hora o muy deprisa al escribir estas acusaciones, sin caer en cuenta, que solo la inverosimilitud las destruía. Pero el Libertador había quedado tan impresionado con el suceso del 25 de setiembre, que veía conspiradores por todas partes, y cualquiera acusación en este sentido lo alarmaba. En otra época habría instruído él mismo a Córdova delante de Mosquera y de Espinar de lo que contra el se le informaba, y los que conocieron a Córdova pueden calcular cuál habría sido el resultado.

Todavía es más incomprensible lo que dice Mosquera, qué Córdova volvió a hablarle y le dijo que si el Libertador no le daba el mando de todo el ejército del Sur, *estaba' resuelto à obrar*, y que él (Mosquera) le contestó secamente: «No cuente usted conmigo.» ¿Cómo puede, diré otra vez, creerse esto? ¿qué clase de hombre se supone a Córdova? El general Flóres, también general de división, tenía desde mucho antes el mando en jefe de aquel ejército que había formado y que acababa de triunfar con él: ¿podía, pues, Córdova pretender que se le destituyera? ¡No! Lo que Córdova debía esperar, y tenía derecho a esperar, era ser nombrado Jefe del Estado mayor general libertador, como se titulaba el estado mayor que dependía de Bolívar y se entendía con el gobierno de Bogotá, con los generales y autoridades militares de toda la República, destino que siempre obtuvo un general de los mas distinguidos: los beneméritos generales Soublette, Sucre, Salom, lo fúeron en diferentes épocas; pero Córdova no lo obtubo. ¿Quién lo obtubo pues? Véamoslo. Dice Mosquera: «Pocos días después de estar encargado del Estado mayor general me mandó reconocer el Libertador como inspector general del ejército que Su Excelencia dirigía en persona desde el departamento del Cauca al de Guayaquil, y previno al Estado mayor residente cerca del Poder ejecutivo que limitase su acción sobre los otros departamentos de Colombia. Esta confianza, cuando había en el ejército que Su Excelencia mandaba, generales capaces y distinguidos, me honraba demasiado, siendo yo solamente coronel primer ayudante general del Estado mayor.» (1) Por *nota* expresa nominalmente los generales que había en el ejército, sin contar al general Sucre ni al general en jefe (Flóres), encabezando la lista por el general Córdova, lisojeándose de que todos habían sido pospuestos por él, en ambos destinos.

Con solo esto, me parece a mi, queda resuelto el proble-

---

(1) *Exámen crítico.*

ma y despejada la incógnita; y así era natural que sucediera, porque ya se ha visto que Mosquera, según él, salvó al Libertador de las asechanzas de Córdova, y Bolívar, como agradecido, recompensó tan gran servicio, colmando los deseos de su salvador y lastimando a su mejor amigo.

El general Córdova fué destinado a Popayán y allí recibió el nombramiento de secretario de Estado en el despacho de Marina, que es lo mismo que nombrar a un oficial de caballería capitán de un buque de vapor. Su misión en Popayán era la de acelerar la marcha de los cuerpos que seguían para el ejército, por no haber el mariscal Lamar cumplido la capitulación, y resistirse a hacer la entrega de Guayaquil. Se separaba, pues, al bravo de los bravos de Colombia de un servicio activo en campaña para emplearlo en un servicio pasivo que absolutamente no podía desempeñar, y esto se hacía cuando se temía la continuación de la guerra por largo tiempo para recobrar a Guayaquil. Córdova bramó como un toro furioso con semejante ultraje, un cáncer roedor se le formó en el corazón, se quejó amargamente al Libertador, y desdeñado por el hombre de su adoración, se separó de él y de sus compañeros con la furia de la desesperación. En los hombres del temple de Córdova no se sale de estos paroxismos sino para precipitarse a la venganza; y Córdova se cegó y se precipitó, y la Nueva Granada perdió uno de sus hijos más excelsos.

CAPITULO XVII

I

Para la devolución de Guayaquil, de los buques y demás elementos de guerra que se entregaron en depósito a los peruanos al tiempo de la capitulación de aquella ciudad, nombró el mariscal Sucre dos generales colombianos que recibieran todo, conforme al Convenio de Jirón, y el mariscal Lamar nombró un coronel, su primer ayudante, llevando al jefe de la plaza la orden pública para la entrega, y otra reservada para negarla; así fué que llegados los tres comisionados a Guayaquil, fueron los dos generales colombianos detenidos en un buque de guerra, y el comandante peruano de la plaza contestó que no podía hacer la entrega mientras no recibiera órdenes directas de su Gobierno residente en Lima, y proponiendo un armisticio de cuarenta días para dar tiempo a que se le contestase de Lima la consulta que hacía. Puede calcularse el clamor que se levantaría contra el «demasiado bueno» general Sucre, que se había dejado engañar. Sucre imperturbable en su convicción de que había obrado bien, no se inquietaba, conociendo que la perfidia en un hombre que con ella compromete el honor de su país, o de su causa, o de su partido, y el suyo propio, lo mata moralmente; que cuantos hombres se estimen en algo, se separan del pérfido abandonándole a su propia suerte, quien indudablemente debería sucumbir bajo el peso dé la reprobación general. La muerte moral del culpable de felonía, en estos casos es infalible.

En el entretanto, el ejército peruano continuaba retirándose, y cuando se encontraba fuera del alcance de nuestras tropas, se le ocurrió al general Lamar pasar una nota al general Sucre (17 de marzo) quejándose de los términos en que estaba concebido el parte de Sucre a su Gobierno sobre la batalla de Tarqui, que decía era injurioso a las armas del Perú; también se quejaba de algunos actos reprobables ejecutados en el campo de batalla y de asesinatos de algunos oficiales prisioneros. Tengo la pena de confesar que en esto era justa la queja del mariscal Lamar, pues es sabido, y no admite duda, que sin el conocimiento de los generales Sucre y Flores se dió muerte a unos oficiales ya rendidos, en represalia del asesinato cometido por un escuadrón de caballería peruano en los comandantes Camacaro y Vallarino, que fueron alanceados después de rendidos, ejecutándose este acto con ferocidad; pero el derecho de Lamar era el de exigir el condigno castigo del culpable, o culpables, no el de romper la capitulación. Estos asesinatos, por inícuos que sean, suceden en casos semejantes sin conocimiento de los principales jefes de las tropas, que no pueden estar en todas partes. Pero la queja más esforzada que el general percano presentó, fué la de que la columna decretada por Sucre en el campo de Tarqui era en extremo deshonrosa al Perú. En su virtud decía que había dado órdenes para que se suspendiese la revolución de Guayaquil y al cumplimiento del convenio de Jirón, pues que si no se quitaba ese monumento de infamia para el Perú, se vería en la necesidad de continuar la guerra; pero se olvidaba que ese decreto lo dictó Sucre antes de la celebración de dicho convenio.

En efecto, llegado Lamar a la provincia peruana de Piura con menos de 3.000 hombres, expidió las órdenes más terminantes para aumentar el ejército; puso en movimiento las tropas de diferentes puntos de la República hacia Piura; pidió a Lima dinero, y tomó otras medidas para continuar la guerra, o, por lo menos, para conservar a Guayaquil.

Este grande e inesperado accidente consternó al Libertador, que, salvado el honor y la integridad de la República por el Convenio de Jirón, deseaba la paz sinceramente. Fuéle, pues, preciso dar órdenes para que las tropas, cuya marcha se había suspendido, la continuasen, y pidió al Consejo de Ministros en esta capital el envío de dinero, que era lo que hacía más falta, y que como se usa entre nosotros, no había ni allá ni aquí. Ya se sabe cómo se remedia esto: tres fusilados y un decreto de empréstito forzoso en seguida, proveen de cuantos recursos se necesiten; y, desgraciadamente, no se olvidará la lección en lo futuro, pues ya es un principio admitido que el que no fusila es «demasiado bueno», y no sirve para nada.

El mariscal de Ayacucho, apenas llegó el Libertador a Quito, se retiró al seno de su familia; ya él no tenía misión en lo que quedaba por por hacer, pues Bolívar reasumía la dirección de la guerra. Esta fué una desgracia, pues Sucre, al lado de Bolívar, hubiera hecho muchos bienes y evitado muchos males. El estado de debilidad en todo sentido en que se encontraba el Libertador, no era lo que más convenía el que los coroneles Mosquera y Espinar fueran sus allegados más familiares.

El Libertador cometió un error fatal, que se ha cometido después en otras partes, y fué el de abrir operaciones sobre Guayaquil a fines de mayo en la estación lluviosa, en un terreno anegadizo, cortado por ríos fuera de madre, inundado, lleno de esteros, cenagales y caños invadeables; y todo dominado por los buques mayores y menores enemigos; así fué que nada pudo adelantar, y perdió como 3.000 hombres sepultados en aquellas mefíticas orillas, por la fiebre y la disentería, y el mismo Bolívar sufrió una enfermedad tan grave, que todos los que le rodeaban y los médicos que le asistían, temieron por su vida. Este error no lo habría cometido Bolíbar si Sucre hubiera estado a su lado. El mismo Mosquera dice: «El Libertador respetaba tanto a Sucre que cuando tenían una divergencia de opiniones, casi siempre cedía aquél;

de lo único que se quejaba era de que lo abandonaba cuando más lo necesitaba» (1).

II

El partido *liberal*, desde que tuvo noticia de que el Convenio de Jirón no se cumplía por el general Lamar, concibió esperanzas, que se aumentaron con el estado en que se encontraba el ejército colombino.

Es cierto que el sometimiento de los coroneles Obando y López y los triunfos de Saraguro y Tarqui habían dado golpes mortales a sus proyectos; pero todo ponía repararse todavía, y mas muriendo Bolívar, como lo esperaban, según las noticias que corrieron sobre su enfermedad. Dios no quiso que por entonces se cumplieran sus deseos.

El coronel Obando, que sabía que «la cara del hombre hace milagros», y que tenía derecho a esperar el cumplimiento de la promesa que le hiciera Bolívar de ascenderlo, había solicitado con instancia ser llamado al ejército a combatir a los «pérfidos de la tierra» sus antiguos aliados, y habiendo el Libertador accedido a su solicitud, fué nombrado subjefe de Estado Mayor del ejército del Sur, y algún tiempo después ascendido a general, porque el noble Bolívar cumplía siempre lo que ofrecía; y además, tenía por Obando tan marcada simpatia desde que dejó el servicio de los realistas y se pasó a los patriotas a fines de 1822, que con ella excitaba los celas de los envidiosos y de los intrigantes de Palacio.

Este general levantó una polvareda terrible en el ejército. Mosquera y Espinar se desesperaron hasta el extremo de exponerse gravemente para obtener el despacho de general con mayor antigüedad que el de su rival odiado, y lo hicieron de una manera que Obando refiere en sus Apuntamientos y que yo no puiero repetir. El coronel José Hilario López, más meritorio que cada uno de los tres, y que todos tres juntos, fué

_____

(1) *Examen crítico.*

o:vidado, sirviendo esto de algún consuelo al coronel Mosquera, que como se ha visto no admitía que *por ningún motivo* fueran Obando y López hechos generales. No fué sino en 1830 que el señor Joaquín Mosquera, nombrado presidente de Colombia, y más justo que su hermano, ofreció a López el ascenso que tenía bien merecido. Llegado a esta capital, vió el señor Mosquera que no estaba en sus facultades concederlo, pues necesitaba el consentimiento del Senado. Mas ocurriós: a un medio que no sé si sea lícito o no, y fué que el general Domingo Caicedo, vicepresidente nombrado por al Congreso, que acababa de ser presidente del Consejo de Ministros y que estuvo encargado del Poder ejecutivo como tal, con facultades extraordinarias, expidiese el despacho con fecha atrasada, de manera que no sólo Mosquera, Espinar y otros, sino Obando y López, fueron hechos generales por el poder dictatorial que estos últimos combatieron. Para esto sí es bueno el poder dictatorial.

III

Perdida la esperanza de que por parte de. Perú se cumpliera con el Convenio de Jirón, habiendo sido la resolución del Gobierno de Lima análoga a lo resuelto por Lamar, todo hacía temer que una guerra desastrosa para ambos pueblos fuese a continuar con más encarnizamiento que en su principio. El fundamento de dicho Gobierno para justificar tan injustificable resolución, era que Lamar no había podido celebrar el Convenio, porque aunque presidente de aquella República, sólo era general en jefe en la campaña, y una negociación como esa debía ser aprobada por el Congreso; pretexto baladí, cuando por el decreto del Congreso del 28 de mayo de 1828, estaba Lamar autorizado para retener el mando político, cuando se encontrase al frente del ejército; y cuando no un sólo jefe de la nación, sino un simple oficial, puede y debe capitular cuando se lo exige una grande e inevitable necesidad; y las capitulaciones que surten sus efectos inmediatamente no son revocables sin faltar a la buena fe.

En tal situación sufrió el general Lamar una pérdida irreparable: la de la fragata «Presidente», de 44 cañones, que se incendió en la vía de Guayaquil.

El Libertador, forzado a continuar una guerra que deseaba terminar sin humillación de un pueblo hermano; teniendo necesidad de instruir a los colombianos de su situación y de que no dependía de él que cesasen los sacrificios que la guerra exigía, había expedido una proclama manifestando a los pueblos que a pesar de todo, reintegrado que fuera el territorio colombiano por la ocupación de Guayaquil, pediría la paz a los vencidos y añadía: «Tan moderada conducta desmentirá a la faz del universo los proyectos de conquista, y la ambición que nos suponen. Y si después de estos rasgos de noble desinterés y de desprendimiento absoluto, nos combaten todavía, nos calumnian y nos quieren oprimir con la opinión del mundo, responderemos en el campo de batalla con nuestro valor, y en las negociaciones con nuestro derecho.»

Continuó en efecto solicitando en vano la paz y preparándose para continuar la guerra, pues que se le obligaba a ello cuando uno de esos incidentes providenciales que el hombre no podrá nunca explicarse, vino repentinamente a cambiar la situación, y a dar el triunfo a la razón y a la justicia. La guerra era y fué impopular en el Perú desde el principio. Santacruz antes, y después Lamar, el uno natural de Bolívia y el otro de Colombia, la promovieron por miras de interés personal. Una opinión popular fuerte y honrosísima para aquel pueblo, se pronunció en favor del convenio de Jirón, y la consecuencia fué que una revolución militar cayendo como un rayo sobre el general Lamar, lo aniquiló instantáneamente: la 3.ª división del ejército peruano destinada a Guayaquil, mandada por el general don Antonio Gutiérrez de Lafuente se pronunció en la quinta Magdalena, cerca de

Lima, declarando que Lamar no era presidente legítimo porque no era peruano de nacimiento, cosa que se sabía antes de nombrarlo; que su gobierno sin prestigio, sin respeto y sin sistema, no prometía ninguna esperanza; y concluyendo con la protesta acostumbrada en todas las revoluciones buenas o malas de que estaban resueltos a salvar el país a cualquiera costa. No hay países más repetidamente salvados que esta repúblicas hispano-americanas, y la frecuencia del remedio aflige, porque prueba la pertinacia de la enfermedad. ¿Provendrá esto de los hombres, o de las instituciones, o de los unos y las otras?

En consecuencia de su *pronunciamiento*, los jefes y oficiales de la división representaron al general Lafuente los males que sufría la patria por causa de la guerra injusta en que se había comprometido a la nación, y excitándolo a que se resolviese a asumir el mando político y militar de la república, y a convocar inmediatamente la representación nacional para que eligiese el magistrado que debía encargarse del Poder ejecutivo. El general Lafuente *accedió* a la excitación de sus conmilitones se declaró jefe supremo provisorio, habiendo el vicepresidente constitucional hecho su renuncia ante la diputación permanente del Congreso que por supuesto la admitió (5 de junio de 1829.)

Una coincidencia singular es de notarse en esta revolución militar que parecía circunscrita a la 3.ª división, y es que por el mismo tiempo (7 de junio) el mariscal Gamarra, general en jefe del ejército estacionario en Piura, escribió al presidente Lamar a Guayaquil una carta *amistosa*, *aconsejándole* que dejara voluntariamente el mando, porque el Perú estaba resuelto a no sufrir por más tiempo el ultraje de su constitución, que prevenía que presidiese la nación un peruano de nacimiento, y porque la república marchaba a una completa ruina por los desaciertos de su gobierno. Estos *consejos*, dados por el jefe de las tropas, coincidiendo con el pronunciamiento de la 3.ª división y el cambio de gobierno en Lima, obligaron al mariscal Lamar a resignarse a su suerte, pues no habiendo vencido en Tarqui no podía ser peruano de nacimiento, y en el Perú se había caído en cuenta después de aquella batalla, de que su elección era inconstitucional. En consecuencia consignó el mando superior de las armas al mismo Gamarra, quien lo forzó a embarcarse a los dos días para Costa Rica, en Centro-América, donde murió de pesar poco tiempo después. Se pretendió entonces que Lamar, que había servido en su juventud en las tropas españolas hasta llegar al alto' grado de mariscal de campo, era un agente realista y que obraba en este sentido; yo no encuentro absolutamente motivo que justifique esta sospecha indigna, que no atribuyo sino a esta tendencia vil que tenemos a calificar de traiciones premeditadas los errores verdaderos y los que se suponen tales sin serlo, tendencia que es general en todas partes. En nuestra América lo es más todavía; y más todavía en nuestra Nueva Granada. Y, no sólo los errores, sino los actos más benéficos, si no gustan, si chocan con las pasiones dominantes, se califican de traición premeditada, interesada, se designan cómplices, minando la reputación más dignamente adquirida, y privando a la patria de los buenos servicios que podrían prestarle los hombres calumniados, a quienes la desconfianza aparta de las colocaciones en que mejor pudieran servirla, a veces posponiéndolos con premeditación para lastimarlos.

IV

La caída del partido de Lamar alejó de los puestos civiles y militares a sus partidarios, y la opinión pública del Perú hizo justicia a Colombia y al Libertador. El general Lafuente, en su proclama de inauguración dijo; Una guerra insensata y fratricida provocada artificiosamente con *depravados designios*; una invasión al territorio extranjero ejecutada con la más insigne indiscreción; la campaña, que dirigida por las máximas obvias del arte militar hubiera de producir laureles a nuestros bravos guerreros, terminada con desdichas e inmerecido oprobio, los valientes salvados de las primeras consecuencias de la ineptitud condenados después a perecer lastimosamente (1) ¡el nombre peruano sin mancilla en medio de los reveses de la fortuna, ahora pronunciado con desprecio por las naciones, y con baldón por un pueblo hermano; la Constitución y las leyes holladas por satisfacer privados e innobles resentimientos, y, para arrancar a la indigencia contribuciones onerosas destinadas a fomentar la funesta lucha; los campos yermos, las familias desoladas, cegados todos los manantiales de la prosperidad pública... hé. aquí el bosquejo, el triste y espantoso cuadro que presenta el Perú cuando debía ya saborear la paz, la alegría y los goces de la abundancia y de la dicha.!

La consecuencia natural de este cambiamento fué entrar en comunicación el jefe de las tropas peruanas con el Libertador y acordar una suspensión de hostilidades por tres meses, mientras se reunía el Congreso y se podía celebrar el tratado definitivo, para verificar la devolución de Guayaquil.

El 21 de agosto se reunió el Congreso peruano y nombró presidente provisorio al gran mariscal Gamarra, y vicepresidente al general Lafuente. Este, en su mensaje inaugural, se expresó respecto a Colombia y a la guerra que se le había hecho, en los términos siguientes: «Una guerra suscitada con el único y esencial objeto de saciar odios y venganzas individuales, ARREBATANDO A UNA REPÚBLICA AMIGA Y HERMANA LA PORCIÓN MÁS QUERIDA DE SUS POSESIONES, había expuesto a la nuestra a ser el despojo del extranjero. Ni los reveses de nuestros bravos en la jornada del Portete ni los últimos sacrificios

---

(1) El ejército peruano en su retirada de Tarqui a Guayaquil y a Piura, tuvo una mortandad espantosa causada por las enfermedades, como sucedió al nuestro en las inmediaciones de Guayaquil. En estos países de tan diversas temperaturas, de tantos desiertos. de páramos, de ríos, ciénagas, lodazales, puede calcularse que por cada hombre que muere en los combates, perecen ciento de enfermedades. Así es que la guerra en Sur-América es mucho más desastrosa que en Europa.

arrancados a nuestra espirante patria bastaron a calmar el furor y encono de la facción opresora: guerra y exterminio eran su divisa».

He aquí confesado por los mismos peruanos que la invasión de nuestro territorio por el general Lamar no tenía el carácter de intervención auxiliar de ningún partido, sino de conquista; y con esto queda probado que el partido *liberal* que la apoyó con su influjo, y de hecho con el pronunciamiento armado de Obando y López, cometió el delito de alta traición.

Por aquel tiempo fué cuando ocurrió la gravísima enfermedad del Libertador de que he hecho mención. El magnánimo Bolívar sintiéndose morir, dolorosamente afectado por la suerte que le esperaoa a Colombia, deseando vivir siquiera hasta dejar instalado el Congreso que había convocado para el 2 de enero del año inmediato; queriendo ilustrarse él mismo, e ilustrar al Congreso, sobre la opinión que tuvieran los pueblos respecto a las instituciones que hubieran de adoptarse a fin de asegurar la duración de un Gobierno que llenase las condiciones indispensables para mantener el orden en la libertad; queriendo, en fin, llevar al sepulcro ese consuelo, ese complemento de su gloria, esa su única ambición, la más noble de todas las ambiciones de los hombres públicos, dió de buena fe un paso falso que lo perdió todo, acelerando la disolución de Colombia que temía.

Dominado por la idea que siempre tuvo, y que se le avivaba con la convicción de que se acercaba su fin material, tomó una medida que, mal interpretada por la malignidad, vino a ser, dice la Historia, un tósigo mortal en lugar de un remedio para la república. La medida fué dictar una circular (13 de agosto) excitando a los pueblos a que emitiesen sus opiniones por la imprenta, o de cualquier otro modo legal, sobre la forma de Gobierno y sobre la constitución que debiera adoptar el próximo Congreso constituyente, y acerca del jefe de la administración que hubiera de elegir. En ella

manifestaba lealmente que él no tenía ninguna mira personal relativa a la naturaleza del Gobierno, ni respecto del magistrado que debía presidirlo; así que, todas las opiniones
por exageradas que pareciesen, serían igualmente bien aco-
gidas, con tal que se emitieran con moderada franqueza y no
fueran contrarias a las garantías individuales o a la independencia nacional; es decir, a la verdadera libertad.

Iniciar una discusión desapasionada sobre las reformas
que conviniera acordar para constituir de nuevo el país al
tiempo de reunirse el Congreso encargado de ello, hacer este
llamamiento a la opinión pública, en una época de transi-
ción cuando unos decían: integridad de la República; otros
disolución; otros centralismo; otros federación; y unos pocos
monarquía constitucional, fué un paso, aunque erróneo,
sinceramente patriótico. Pero en Venezuela, tanto como en
Nueva Granada, el partido *liberal* lo consideró de otro modo,
y siguiendo su sistema de calumniar *hasta las intenciones*,
gritó que se trataba de establecer la monarquía y que Bolívar
quería ceñirse una diadema imperial. Y esto no sólo lo digo
yo, lo dice también el Hércules literario del siglo. Veámoslo:
hablando de Bolívar dice: «A principios de 1830 renunció la
presidencia y resolvió expatriarse. Sus adversarios pretendie-
ron que esta renuncia era aparente para hacer que se le de-
volvieran los poderes; *¡pero feliz el hombre de quien no se
pueden calumniar sino las intenciones!* Las preocupaciones de
la Historia no saben ver ambición sino en los que aspiran al
trono; pero los grandes hombres pueden tener una mucho
más noble, y un cetro no habría ilustrado a Bolívar tanto
como lo ilustró la espada con que diera libertad a un continente.» (1) Este es, pues, el juicio de la Historia, y este debe
ser indudablemente el juicio del mundo ilustrado imparcial
sobre el más digno, el más grande, el más ilustre de los suramericanos, cuya vida acibaró la ingratitud de sus concluda-

_____

(1)   César Cantú, *Historia Universal.*

danos, y cuya memoria persiguen todavía las malas pasiones heredadas o transmitidas por el espíritu de partido.

V

Nombrados por el nuevo Gobierno del Perú y por el Libertador comisionados para negociar el tratado de paz, abrieron inmediatamente las conferencias y quedó en efecto firmado el tratado definitivo el 22 de setiembre de 1829.

En este importante documento, después de las promesas acostumbradas de paz y amistad perpétuas, se estipulaba que los límites de las dos repúblicas serían los mismos que tenían los virreinatos de Nueva Granada y el Perú antes de su independencia, con las solas variaciones que juzgaran conveniente acordar entre sí, haciéndose recíprocamente cesión de aquellos territorios que contribuyeran a que la línea divisoria fuera la más natural, exacta y capaz de evitar competencias. Para conseguirlo, acordóse que cada parte nombraría una comisión compuesta de dos individuos, la que debía comenzar sus trabajos dentro de los cuarenta días después de la ratificación del tratado. Estipulóse también que otra comisión compuesta de dos ciudadanos por cada parte, liquidaría en Lima la deuda que el Perú contrajo con Colombia por los auxilios que ésta le prestó para conseguir su independencia. La misma comisión debía fijar y establecer los plazos y términos en que se había de realizar el pago de las cantidades que se liquidasen; y se convino en otros puntos importantes que no es de mi incumbencia tratar aquí, y en que cualquiera disputa que pudiera ocurrir en lo venidero entre Colombia y el Perú acerca de los límites y de la deuda se decidiera por el arbitramento de una nación amiga, acordándose que fuera la república de Chile. Este honor hacen todos a Chile: ¿por qué será? porque en Chile gobierna el partido conservador. Si la demagogia turbulenta se entroniza en aquel bello país, nadie volverá a acordarse de él en semejantes casos. ¡Dios lo proteja y lo salve de tamaña desgracial El ministro de Colombia, después de firmar el tratado, declaró que su gobierno estaba pronto a revocar en términos satisfactorios el decreto que expidió el gran Mariscal de Ayacucho en el Portete de Tarquí el 27 de febrero, luego que llegara a su noticia que el Perú había hecho lo mismo, restituyendo al Libertador presidente y al ejército colombiano los honores y distinciones que le habían conferido legalmente por sus servicios pasados.

Queriendo el Libertador demostrar que no tenía la ambición que le atribuían sus enemigos y que había olvidado enteramente su primera idea de confederación de las tres repúblicas, que tantas amarguras le habían causado, y apesar de ser grandiosa y eminentemente útil, si no la hicieran impoble las ambiciones miserables, aprobó sin hacer la menor objeción ni aditamiento lo convenido por los negociadores.

Baralt y Díaz hacen a Bolívar por ésto un cargo mucho más injusto que el que le hicieron por la *transacción* con Obando y López, diciendo: «para ganarse (Bolívar) la buena voluntad del pueblo y de los magistrados del Perú, termina la guerra por el convenio de Guayaquil, por el cual abandonó después de la Victoria las reclamaciones que dieron origen a las hostilidades y concedió a los enemigos más aún de de lo que pidieran antes de romperlas».

No concibo cómo escritores de tanto mérito, cómo unos historiadores tan exactos, en lo general, hayan podido trazar estas líneas. ¿Cuáles fueron las exigencias de Colombia que originaron la guerra y que Bolívar abandonó después de la victoria? Ya hemos visto en el mensaje del general Lafuente al Congreso que dice terminantemente: «Una guerra suscitada con el único y esencial objeto de saciar odios y venganzas, *arrebatando a una República amiga y hermana la porción máscara de sus posesiones*». Ya hemos también visto que después de la victoria de Tarqui y de la capitulación de Jirón, insistió el general Lamar una vez salvados los restos de su ejército, en la cesión al Perú del importantísimo departamento de Guayaquil. ¿Cómo puede, pues, decirse por colombianos lo que no decían los mismos peruanos, de que reclamaciones de Colombia dieran origen a la guerra? La única reclamación constante de Colombia fué, y es todavía por parte de la república del Ecuador, la devolución de las provincias de Jaén y Mainas, de que el Perú está en posesión; y no sólo el Ecuador, aunque más interesado, sino la Nueva Granada y Venezuela, tienen también el derecho de reclamar sobre las cesiones que se han hecho recíprocamente el Brasil y el Perú de porciones valiosísimas de territorio perteneciente a estas repúblicas en la hoya del *Amazónas*, fijándose límites a su arbitrio en tierra ajena, contra el principio natural y legítimo adoptando en toda la América, de respetar entre sí las nuevas repúblicas el *uti possidetis* de 1810 para evitarse usurpaciones y guerras, mas el tratado de Guayaquil ocurrió al único recurso digno y justo de verificar estos arreglos: *el de la negociación por medio de comisionados*, cuyos trabajos debían empezar cuatenta días después, para en vista de ellos, celebrar un tratado definitivo de límites. Hizo, pues, Bolívar lo mejor, lo único que podía en las circunstancias en que se hallaba. Si aquello no se realizó no fué culpa de Bolívar: los acontecimiento posteriores que disolviendo a Colombia le hicieron perder su respetabilidad y su fuerza, y las eternas guerras civiles en que se ven envueltas las tres repúbliquetas formadas de aquella, son la causa de que unas negociaciones tan importantes no se hayan terminado satisfactoriamente. Pero esa difícil cuestión de límites la hace mas complicada de lo que fuera ántes entre Colombia y el Perú, la dificultad de conciliar las pretenciones de las tres repúblicas de orígen colombiano sobre diferentes porciones de territorio del Amazónas y de sus numerosos afluentes.

Los señores Manuel Ancízar, Antonio Leocadio Guzman y Pedro Moncayo, ministros de Nueva Granada, Venezuela y el Ecuador, en la memoria que publicaron en Lima en 1854 explican este negociado en toda su extensión sin dejar nada que desear. Yo, que solo trato de él por incidencia no debo ocuparme de sus pormenores. Sin embargo, quiero llamar la atención de mis lectores al pasaje siguiente de dicha memoria: «Si el Brasil y el Perú avanzan con tan audaz sistema y enérgica perseverancia usurpando territorios y derechos colombianos, *la necesidad de una pronta defensa del interés, del derecho y del honor* de los pueblos perjudicados no puede ser más evidente, más indispensable, más premiosa y grande...»

Esto es cierto ¿pero tienen medios las tres repúblicas colombianas para defender por la guerra sus derechos si no obtienen justicia por la razón? ¡No! La flaqueza en que han caido estos países, los imposibilita para todo; y luego sus pretensiones recíprocas producirían otras dificultades, si las primeras se allanasen. No hay remedio: siguiendo como vamos, lo perderemos todo, pues que hemos perdido el derecho al respeto y no nos entendemos nosotros mismos.

VI

En cuanto al tratado de Guayaquil, debe considerarse que en cierto modo era obligatorio para Bolívar, pues haciendo exigencias inadmisibles por el Perú, que era bastante fuerte para sostener la guerra defensiva, habría tenido Colombia que hacerle la ofensiva, lo que era imposible en aquellas circunstancias, sin recursos de ninguna clase para ello, y amenazándola una conflagración general en el interior. Los sentimientos que dominaban en el corazón de Bolívar en aquella ocasión los expresó en la siguiente carta:

«Señor general Antonio Gutiérrez de Lafuente.

Guayaquil, 22 de setiembre de 1829.

»Mi estimado general: Mucho hemos celebrado aquí la llegada del señor Larrea por haber sabido la instalación del

Congreso, el nombramiento de presidente y vicepresidente y las disposiciones pacíficas del Gobierno y pueblo peruanos. Doy a usted la enhorabuena por el desenlace feliz que va tomando el gran paso que usted dió para el establecimiento de la paz entre nosotros. Ya hemos concluído un tratado en el cual abundan la moderación y la justicia sin menoscabo del honor de las partes. Yo no he podido hacer más en obsequio de la reconcíliación y la armonía entre las dos Repúblicas, como puede decirlo a usted el señor Larrea. Hemos procurado precaver por cuantos medios han estado a nuestro alcance, aun en los casos remotos, la ruptura de nuevas hostilidades, sometiendo nuestras diferencias, en caso de haberlas, a un Gobierno extraño y amigo de ustedes.

»Yo le aseguro a usted, mi querido general, que estamos muy distantes de pretender el menor daño a esa República, y por mi parte no aspiro a otra cosa que a separarme del servicio público. Los que me suponen otras miras no me han conocido nunca. Muchos se han equivocado atribuyéndome una intención que sería insensata si yo la abrigase.

»El general Santacruz y todos los ministros de aquel tiempo saben muy bien que yo les escribí manifestándoles que no volvería más al Perú. Lo he jurado en el fondo de mi corazón y lo cumpliré como lo he jurado. Hago a usted esta explicación para que tenga usted la bondad de desengañar a los que otra cosa piensan. Mi único anhelo es establecer la amistad más sincera entre estos dos países, a fin de que ambos sean dichosos, pues de lo contrario, sin la confianza recíproca, es imposible que estos pobres pueblos puedan respirar después de tantos desastres. Ruego a usted, mi querido general, que acoja con bondad la confianza que le hago de estos sentimientos y se persuada de que mi amistad hacia usted es la misma que antes le profesaba, renovada ahora por esos magníficos documentos que usted ha publicado contra nuestros enemigos y, por consiguiente, favorables a mi gloria y al honor de Colombia.

»Reciba usted por esto la expresión de mi más sincera gratitud y perfecta consideración y aprecio.

Bolívar.»

Nada más concluyente, nada más digno. Para mí, el modo y términos en que se concedió la paz al Perú, son más honrosos para Bolívar y más gloriosos para Colombia que las victorias obtenidos en el campo de batalla. Colombia salvó su honor y su territorio, y el Perú no quedó ofendido: esto era lo que convenía se lograra y lo que se logró.

Prescindiendo de la cuestíón de límites, nunca tuvo Colombia otra queja del Perú que las suscitadas, la primera por el mariscal Santa Cruz y la segunda por el mariscal Lamar, de los cuales, como ya se ha dicho, ninguno era peruano de nacimiento. En todo lo demás ha sido siempre el Perú munífico con los colombianos; cumplió religiosamente con las recompensas que les ofreció; los que se encontraron en las batallas de Junin y Ayacucho y han permanecido en su territorio, o si vuelven a él, gozan de la pensión del sueldo íntegro de la clase que tenían entonces.

Después dió el Perú una gran prueba de moralidad rehusando la admisión del general Obando como ministro de la Nueva Granada, por estar acusado como inmediato responsable del asesinato del general Sucre; y antes, cuando este general fué proscrito, encontró en el Perú, en calidad de desgraciado, generosa hospitalidad, a pesar del general Mosquera, que fué a perseguirlo hasta allá, reclamándolo como reo prófugo. El general Flórez, que no estuvo en Junin ni en Ayacucho, fué al Perú en su desgracia, y por ser un ilustre guerrero de la Independencia colombiana, tuvo la más cordial acogida, se le asignó una fuerte pensión y mereció atenciones del Gobierno y de los ciudadanos.

El señor Torres, actual obispo de Popayán, buscó también asiló en el Perú en 1851, cuando principió la persecución religiosa, y en el acto de su llegada fué recibido en el palacio arzobispal; le asignó el Gobierno 200 pesos de pensión, y se le prodigaron más atenciones que las que acá, en su impía patria, podía esperar.

En fin, todos los colombianos que las convulsiones políticas llevan al Perú, encuentran allí un amparo, una hospitalidad que difícilmente encontrarían en otra parte.

Firmado el Tratado de Paz, el Libertador, por complacer al ya general Tomás C. Mosquera, le nombró ministro plenipotenciario cerca del Gobierno del Perú, encargándole al mismo tiempo la liquidación de la deuda en favor de Colombia. Por este empleo tan honroso y lucrativo estuvieron a punto de romper sus íntimas relaciones Mosquera y Espinar, pues éste también quería ir al Perú, mas Espinar no podía competir con Mosquera como negociador, y sus intereses y compromisos anteriores los obligaron a conservar su buena armonía. También organizó el Libertador la comisión de límites, y le dió instrucciones a fin de que principiaran sus trabajos sin demora. ¿Qué más podía hacer? No quedándole, pues, nada que hacer, regresó a Quito, para de allí venir a esta ciudad a preparar la reunión del Congreso.

CAPITULO XVIII

I

En un discurso inaugural al Congreso de los Estados Unidos anglo-americanos, pronunciado por el presidente Wáshington, modelo de los verdaderos liberales, dijo estas notables palabras: «Si hubiese entre nosotros alguno que opinase que la Monarquía es la forma de gobierno más conveniente en los Estados, él tiene la misma libertad para publicar su opinión que nosotros para contradecirle, porque en un país libre como el nuestro, *no es la libertad la propiedad de un partido sino la de todos los ciudadanos.*»

En Londres he oído yo a un orador radical perorar en una plaza pública contra la Monarquía en los términos más exagerados, llamándola institución decrépita, tiránica, absurda. Lo silbaban los muchachos, y la policía ponia orden en los turbulentos, diciendo. «está en su derecho, no infrige la ley.» Sucedióle en la tribuna un orador tory, y probó de la manera más concluyente que aquel hombre era un loco rematado; que una gran nación que tenía en su mano el tridente de Neptuno, que era al cetro del universo; que gobernaba en Europa, en Asia, en Africa y en las islas americanas la cuarta parte de la población del globo, civilizando con la tolerancia y la libertad pueblos salvajes, y haciendo de ellos ciudadanos ingleses, es decir hombres libres; que una nación en fin, cuyo peso en la balanza de todas las demás era decisivo, no podía ser una República; que el ensayo que hizo la Inglaterra de aquel sistema de gobierno en el siglo XVII no pudo ser más funesto, derramándose a torren-

tes la sangre inglesa hasta que el poder real pudo estancarla;
que la Historia probaba desde los tiempos de Roma y Cartago, de Atenas y Esparta, de la Italia moderna y de Hispano-
América (se dignó acordarse de nosotros), que las Repúblicas no eran sino gobiernos de facciones en perpetua lucha;
que el ejemplar que se citaba de los Estados anglo-americanos era una excepción transitoria de la regla general, a que
más tarde o más temprano estaba sujeto aquel país que hasta entonces se había salvado por razones independientes del
sistema y a pesar del sistema; y acabó su discurso con aquella tesis lacónica y terminante de Lord Byrón: «Democracy
is the aristocracy of the mob.»

Un orador whig tomó en seguida la palabra y fijó, a mi
modo de ver, la cuestión: dijo que los extremos eran igualmente perniciosos en todas las cosas; que la más difícil de
las ciencias era la de gobernar a los hombres; que ciertamente *no se podía gobernar de abajo para arriba,* ni se podía
aprender la ciencia del hombre de estado en las zapaterías y
talabarterías; pero que dejando al mérito abierta la puerta
del Capitolio, todo se conciliaba, siempre que se cuidase de
que fuese al mérito verdadero, y no al fraude ni a la inmoralidad; que la Inglaterra respetando todos los derechos civiles, haciendo inviolable el fruto del trabajo y de la industria, es decir la propiedad, tolerando todas las creencias,
protegiéndolas para que no se choquen trastornando el orden público, y asegurando estos inestimables bienes con un
trono respetable y respetado, absoluto para hacer el bien, impotente para hacer el mal, había encontrado el medio *de poner límites a la ambición,* la que, por exagerada que fuese no
podía pasar del asiento en la primera grada de su pedestal;
instituciones a las cuales, decía, era deudora la Inglaterra de
su inmenso poderío, que le daba el dominio del Universo,
no como el que tuvieron los republicanos romanos con el
hierro y el fuego reduciendo a la esclavitud a pueblos y naciones, sino llevando a todas partes su industria, sus máqui-

nas, sus periódicos, sus ciencias, sus artes útiles, poniendo en comunicación con su comercio y buques correos, a todos los pueblos de la tierra, y ejerciendo en todas las naciones una influencia benéfica a la libertad. Convenía el whig inglés en que todavía aquejaban a Inglaterra algunos males crónicos que le quedaban de las enfermedades agudas que sufrió en la Edad Media: la propiedad de las tierras en pocas familias, y, sobre todo, el pago de diezmos de las sectas disidentes para mantener un culto que no es el suyo, que es la úlcera que corroe a la Irlanda; eran en su concepto dos cancros que los legisladores ingleses tenían que ver como curaban poco a poco, con prudencia, sin pretender arrancarlos empleando el escalpelo, lo que frecuentemente no cura el mal y produce la muerte.

Otros oradores se sucedieron extendiendo, reproduciendo o combatiendo las ideas de los tres principales. La discusión versaba sobre la elección de diputados para la Cámara de los comunes, y llegando la tarde se disolvió la reunión pacíficamente. Los antagonistas más acalorados en la discusión se retiraron dándose el brazo, como amigos, y fueron a comer juntos en la mejor armonía. ¿Dónde se ve esto? Esto no se ve sino en los países donde se habla la lengua inglesa.

Como entre nosotros no se habla sino un mal castellano, algunos incautos, creyendo que la palabra *libertad* tenía en Colombia valor intrínseco como en Inglaterra y los Estados Unidos, autorizados por la circular del Libertador para que todos emitieran sus opiniones sobre la forma de gobierno que conviniera, se reunieron y acordaron indicar al Congreso la MONARQUÍA CONSTITUCIONAL, llamando al trono un príncipe de la familia de Orleans ¿Qué se hacía con Bolívar, supuesta la posibilidad de realizar semejante idea? Bolívar, según el proyecto, debía continuar gobernando en calidad de Libertador-presidente, hasta su muerte, que no podía tardar y en el entretanto el Príncipe real sería su presunto sucesor.

Para realizar semejante delirio, era menester contar con el

Libertador y con los generales de más poder e influencia, y se les consultó, esperando con ansiedad la repuesta, principmente la del primero.

Fueron los miembros del Consejo de ministros los que principalmente adoptaron el proyecto y lo sometieron a la discusión pública por la imprenta. Sólo un ilustrado cartagenero (García del Río), lo sostuvo en las «Meditaciones Colombianas», que llamaron la atención pútlica por la lucidez de su lenguaje, vigor de estilo y novedad de ideas. Véamos algo de este interesante escrito, trascri biendo algunos trozos de la 4.ª *Meditación* que dedicó al Congreso constituyente.

II

«En el cuadro que desarrollamos (dice) a los ojos de nuestros conciudadanos (en las tres meditaciones anteriores) de las desgracias y triunfos, de los errores y aciertos, de los vicios y virtudes de Colombia, hemos notado que la revolución política que nos agita veinte años ha y formará un episodio interesante en la historia del continente americano, aún no ha dado los frutos que de ella se prometían sus autores y que aguardaba el mundo. Han corrido torrentes de sangre; se han acumulado montones de osamentas; hemos comprado la independencia a más caro precio que cuanto recuerdan los anales de los pueblos; pero sólo está hecho lo más fácil de los trabajos de un pueblo que se regenera; está libertado el suelo patrio. Falta ahora que la sangre colombiana, vertida con tanta profusión para vivificar las simientes de la libertad, no sea perdida; falta establecer el reinado del orden y de las leyes, renunciando a nuestras pasadas ilusiones y tomando por guía principios ilustrados que la experiencia de los siglos haya sancionado. La cadena social que Colombia se impuso, se ha ido corroyendo pieza a pieza. Trátase de recomponer ahora esta cadena, y es necesario hacerlo conforme a lo que aconseja la civilización; la civilización, que va siempre extendiendo el círculo de las luces, de las relaciones, de los intereses y de los goces; la civilización que no es otra cosa que el bienestar de todos, fundado en el mejor acuerdo entre el Gobierno y los derechos de los gobernados.

»Ardua es, sin duda, la empresa que tiene que acometer el Congreso constituyente, porque no se cambia fácilmente en un día la dirección que por mucho tiempo han tenido los hábitos y las ideas. Pero lo difícil no es lo imposible. Llamados a establecer la gran convención social de Colombia, paréceme que los depositarios del poder nacional pueden facilltar su obra y aun darle cierto grado de perfección, si recogen cuanto la marcha del tiempo ha desenvuelto en los períodos sucesivos de la Historia, e interrogan también la nuestra. Evocando así el espíritu de los tiempos que fueron, no menos que el espíritu del tiempo que corre; consultando juiciosamente las causas de nuestras dolencias pasadas, como también la actual condición de aquestos pueblos; reuniendo de este modo el socorro de la razón y de los hechos, espero que se conocerán nuestras verdaderas necesidades y podremos d·rnos instituciones y leyes que aseguren la felicidad del país.

»La circunstancia que va a ofrecerse de poner término a la ansiedad e incertidumbre en que vivimos es importante; puede quizás ser ya la única. Ahora que han desaparecido tantos códigos y perecido tantos ídolos, los pueblos que les dieron su fe comienzan a estar disgustados de lo presente; tienen inquietud por lo porvenir, y solicitan el premio de tantos cruentos sacrificios y de los trabajos de tantos hombres ilustres. Tiempo es ya, justo es que aparezca al fin una nueva creencia política que asegure nuestra tranquilidad y nuestra dicha: ¿hasta cuándo ha de diferirse la época de adoptar ideas permanentes, principios fijos, alrededor de los cuales se sucedan los accidentes y los progresos de la civilización en un orden constante?...

»Diversas ideas han predominado alternativamente en Co-

lombia; varios sistemas de gobierno han combatido entre sí.
La federación fué que adoptó nuestra infancia; un centralismo más concentrado y sin embargo bastante débil, fué el ídolo de nuestra juventud; ahora que ya hemos llegado a la edad
viril, opino que debemos buscar un sistema político en que
las prerrogativas del magistrado sean respetadas a par de los
derechos del ciudadano; en el cual perfeccionada nuestra organización social, esté desembarazada de obstáculos la acción
del poder, al mismo tiempo que se den más sólidas garantías
a los pueblos; es preciso, en suma, y lo diré mirando la cuestión desde la altura a que puedo remontarme, O ADOPTAR LA
MONARQUÍA CONSTITUCIONAL O ACERCARNOS A ESTA FORMA CUAN-
TO NOS SEA DABLE.

»Ya está pronunciada esta terrible palabra a cuyo solo
nombre se asustan muchas personas de buena fe que no han
examinado a fondo la cuestión, y de la cual se aprovechan
otras, *no con igual sinceridad*, para alarmar las pasiones de la
multitud o más bien para halagar las suyas propias. Ya se
me condena quizá por haber tenido la osadía o la franqueza
de enunciar semejante opinión. Pero como por una parte yo
no pretendo que mi dictamen valga más que aquello en que
quiera estimarlo la razón nacional; y como por otra, tan sólo
hago uso del derecho imprescriptible de pensar y expresar
mi pensamiento inocente, procuraré fundar mi opinión sin
temor de que me proscriban por ello los que se titulan liberales, pues que esto se hallaría en contradicción con los
principios de libertad y tolerancia que para sí propios reclaman.

»Mucho se ha disputado en el viejo y en el nuevo continente acerca de si debe darse la preferencia al sistema monárquico o al republicano. Los disturbios y las catástrofes de las
repúblicas, los juicios inicuos del pueblo, su ingratitud para
con los mejores ciudadanos, la versatilidad de las leyes, las
facciones siempre renacientes han favorecido la opinión de
los partidarios de la monarquía. Los abusos y la corrupción

de las Cortes, la larga cadena de opresión y de vejaciones que ejercen los depositarios del poder desde el soberado hasta el último empleado, ia miseria y las calamidades de los pueblos, la degradación del hombre bajo el gobierno despótico, han dado armas poderosas a los defensores de la república. Pero al fin, el buen sentido ha acabado por triunfar de las orgullosas pretensiones de la filosofía. Las eternas discusiones sobre el Gobierno y su forma han tenido que abandonar el primer puesto entre los principios políticos, y cederle a otras consideraciones que son más esenciales a la naturaleza y al objeto de la sociedad. Los espíritus libres de preocupaciones están persuadidos hoy día de que LA BONDAD DE TODOS LOS ESTABLECIMIENTOS POLÍTICOS CONSISTE EN COMBINAR EN JUSTAS PROPORCIONES EL ORDEN Y LA LIBERTAD, La cuestión de la forma de Gobierno es ya para ellos cuestión de voces. Poco importa, en efecto, que se llame monárquico, aristocrático o democrático: en la naturaleza, en la división y en la distribución de los poderes, es donde debe buscarse la verdadera diferencia, y los medios de fundar una libertad sabia y duradera: el despotismo existe en donde quiera que todos los poderes estén acumulados. Así pues, lo que merece atención es las garantías verdaderas que existan para la seguridad de las personas y de las propiedades, para la mejor administración de la cosa pública. Lo que interesa es que bajo cualquiera forma no domine la fuerza física a la voz nacional, que el despotismo o la anarquía no ocupen el lugar de la libertad; que el reinado del sable no se sustituya a los beneficios de una constitución durable y a las esperanzas de la civilización.

«Juzgo ocioso hablar de las repúblicas de la antigüedad y de la edad media porque, presumo que ni aun los más ardientes partidarios del sistema republicano querrían ver a su patria en la condición política de Atenas o Esparta, de Roma o Cartago, de Florencia o Venecia. ¿Qué es en verdad lo que encontramos en la historia de aquellos estados? Todas las pasiones del hombre inflamadas por grandes intereses, dis-

turbios, guerras continuas, la muchedumbre dando la ley
en las plazas públicas, la fuerza creando la mayoría, los demagogos dominando los sufragios, o los ambiciosos enseño-
reándose del Estado a fuerza de artificios.» Jamás hubo verdadera libertad en unos ni en otros a causa de la acumulación de los poderes; no podía existir en cierto grado, sino
por excepción, es decir, por la sabiduría de los hombres, con
la cual no se debe contar nunca. Los poderes se encontraban
sucesivamente en manos de partidos diferentes; pero como
esta acumulación viciosa continuaba siempre subsistente, se
veía reproducir la misma tiranía agravada por todas las venganzas del vencedor con los vencidos. Cada cual era a su vez
tirano o esclavo, opresor u oprimido, siendo esta perpetua
lucha causa de nobles esfuerzos y de horribles catástrofes...»

«Aunque los antiguos tenían idea de la monarquía mixta,
los pueblos modernos son los que han encontrado el sistema
representativo, o por mejor decir, delegativo, y ya nadie
pone en duda que esta forma de gobierno es la única donde
puede existir orden y regularidad; la única en donde cada
cual tiene o puede tener su lugar merecido y sus atribuciones definidas. Por el gobierno delegativo (dice un célebre publicista) se ha resuelto el problema en cuya investigación ha
consumido el éspíritu humano tantos siglos; el que determi-
na el orden en que goza mejor el hombre de los tres grandes
objetos que le hicieron abjurar su independencia natal para
aceptar el yugo de la sociedad, a saber: la libertad, la seguridad, la propiedad. El gobierno delegativo ha puesto término
a la tutela harto larga del género humano. Si el gobierno absoluto es propio de los pueblos que se hallan en la infancia,
el gobierno delegativo lo es de las naciones que han llegado
a la virilidad. En los sistemas puramente democráticos, todo
es agitación e inestabilidad; bajo el régimen absoluto, todo es
silencio v sueño; el gobierno delegativo ha colocado al hombre entre estos dos extremos: él ocupa el centro determinado por la razón: ni está muy lejos ni muy cerca del poder:

se halla a igual distancia de la servidumbre, que se somete
a todo yugo, y de la independencia, que desecha todo freno.
Por él han desaparecido o se han borrado todas las deformi-
dades del orden social.

«A la cabeza de los pueblos que felizmente han adoptado
esta forma de gobierno, debemos colocar a la Gran Bretaña,
los Estados Unidos de América, los Países bajos y la Francia. Haciendo algunas excepciones en esta última potencia,
a causa de haber entrado recientemente en la carrera delega-
tiva, y de conservar ciertos restos de las pasadas agitaciones,
por lo demás se disfruta de igual libertad en todos aquellos
pueblos. Yo no solo he estudiado algo sus instituciones sino
que he residido en ellos. He pasado de Londres al Haya, del
Haya a París y de París a Washington; he viajado por varias
provincias de los cuatro estados, y he encontrado que tenían
en ellos toda latitud la seguridad individual, la libertad civil,
la política, la de industria, la de cultos y la de expresar el
pensamiento. ¿Negará el amante más exaltado de las instituciones liberales que estas son cuantas garantías requiere el
hombre para vivir feliz en sociedad? ¿Y cuál es la diferencia
sustancial que se encuentra en las instituciones de aquellos
países? Tomemos por punto de comparació la Gran Bretaña y los Estados Unidos de América.

¿En qué estriba la libertad individual en Norte-América?
Sobre los mismos fundamentos que la libertad inglesa: en
el *Habeas corpus* y el juicio por jurados. Asistid a las sesiones del Congreso, y a las legislaturas de los Estados particulares; atended a las discusiones al formarse las leyes nacionales: ¿de dónde se toman sus citas, sus analogías, sus ejemplos?... de las leyes inglesas, de los usos de la Gran Bretaña,
de las reglas del parlamento. Entrad en los tribunales de
justicia: ¿qué autoridades se citan?.., los estatutos, los juicios, las decisiones de los tribunales ingleses. En vano parece que los nombres de monarquía y de república colocan
entre los dos gobiernos distinciones que no es permido con-

fundir: es claro para todo el hombre que examine a fondo
sus ideas, que en la Constitución representativa de Inglaterra hay algo de republicano, así como hay algo de monárquico en el Poder ejecutivo de los americanos,» ¿Quiere saber el lector quién es el que se ha expresado en estos términos? Es un hombre que ha residido en los Estados Unidos,
uno de los observadores más sagaces que quizás hayan exis-
tido; uno de los hombres de estado más distinguidos de
nuestro siglo: Talleyrand, en fin.

«El derecho de elección, de representar los intereses del
pueblo de supervigilar a la administración o de participar del
gobierno, de conceder o negar subsidios al Poder ejecutivo,
de aprobar o rechazar los tratados de paz, todos cuantos derechos puede y debe ejercer el ciudadano, todas cuantas trabas conviene oponer a los abusos de la autoridad, existen
igualmente bajo la monarquía constitucional de la Gran
Bretaña y bajo la república de los Estados Unidos de Amé-
rca. Lo único en que se distinguen es en la permanencia y
en la sucesión hereditaria de la primera magistratura, y en
la composición y modo de ser de la alta cámara. Veamos
cuál de los dos gobiernos, el monárquico o el republicano,
hace ventajas al otro a este respeto.

«Aunque se llama monarca al primer magistrado de la
Gran Bretaña, no puede hacer más daño, en el ejercicio de
las funciones que le están cometidas por la Constitución,
que el presidente de los Estados Unidos. Aquel es inviolable,
es verdad, y éste no lo es; pero el ministerio que tiene la dirección del poder, y que constituye en realidad el gobierno
es responsable a la nación de todos sus actos. «La voluntad
del monarca es nada en su consejo; él no ejerce su poder
sino por la elección que hace de sus ministros; fuera de esto,
no teniendo responsabilidad, tampoco tiene acción. Esta
responsabilidad ha cambiado las relaciones de los ministros
constitucionales comparativamente con los ministros de los
gobiernos absolutos. En estos el monarca cubre a su siervo;

en aquellos el súbdito cubre al monarca; en otros es independiente de ella. Los ingleses que han entendido admirablemente esta parte de su establecimiento, llaman a sus ministros *servidores de la corona*, y estos se glorifica de semejante título.

Si ellos no fueran más que ministros del rey, podrían ceder a veces a las voluntades del hombre; empero al acordardarse de su glorioso titulo de servidores de la corona, son llevados continuamente hacia una cosa que no puede tener ni pasión ni interés: sirven a un sujeto inmutable, incorruptible, en vez de servir a una persona que puede participar de las fragilidades que son el dote común de la humanidad. Desde su elevado puesto mandan, por decirlo así, al príncipe mismo; se exponen a desagradar al hombre para servir al rey, y defienden a un tiempo el trono, el estado y su propia cabeza.» Siendo esto así, ¿cuál es la diferencia sustancial que que la inviolabilidad del monarca inglés y la responsabilidad del presidente americano ofrecen entre sí?

«Si miramos la cuestión bajo otro aspecto, el de las ventajas o inconvenientes que trae consigo la duración y sucesión hereditaria, o la mutación periódica de los primeros magistrados de una nación, hallaremos que bajo este respecto se quedan muy atrás los gobiernos democráticos. Los poderes del rey o poder ejecutivo, no son menos conocidos ni están peor definidos en Inglaterra o en Francia que en los Estados Unidos, y no hay más riesgo de que se traspasen allá que acá. Bajo la monarquía constitucional hereditaria, el gobierno delegativo abre un vasto campo a todas las empresas, las fomenta unas por otras, desde los intereses de una aldea hasta las más elevadas concepciones de la política; presenta el admirable conjunto de la fijeza en los jefes del poder y de la movilidad en sus agentes. Una familia inamovible y hereditaria no deja flanco a las pasiones ni deseo o posibilidad de mudanza, porque la única acceión de que pudiera haber queja respecto de ella; es atacable y movible en la existencia de los ministros a quienes está confiada la autoridad, y que son responsable de ésta.

El imperio de ley, y la establecida reverencia que se tributa a la real majestad, forman una completa barrera, oponen un obstáculo poderoso a todo grande hombre que quiera hacerse dominador, a todo ambicioso que aspire a trastornar las instituciones recibidas, o a sobreponerse al orden establecido. «Está así el poder real al abrigo de todo ataque de las clases elevadas, de toda rebelión de los pueblos: la suprema potestad, colocada así fuera de los intereses y de las quejas, conserva todo su esplendor aun habiendo perdido su arbitrariedad.» En la Europa moderna, en el espacio de muchos siglos, una sola monarquía ha perdido su existencia y ha sido rayada del número de los estados independientes, a saber la monarquía *electiva* de Polonia; y este hecho observado por un escritor, está calculado para llamar la atención. En Francia o en la Gran Bretaña fallece el rey, y sin el menor sacudimiento, sin que se advierta el menor movimiento social ocupa su lugar el sucesor designado por las leyes. En los Estados Unidos también sucede tranquilamente el presidente recien electo al que cesa en sus funciones conforme a lo prescrito en la constitución; pero aun en aquel pueblo *moral e inteligente*, el ejercicio de un derecho tan importante como la elección del primer magistrado turba el cuerpo político en todas sus relaciones. ¡Qué agitación! ¡qué lucha de todos los intereses! ¡qué pugna de todas las pasiones! ¡Con qué desenfreno, con cuánta malignidad y cuánto escándalo ataca la licencia hasta la santidad de la vida privada! Y se concibe lo desagradable del estado de una sociedad donde cada cuatro años se pone la mitad de ella en guerra abierta con la otra mitad, y derrama a manos llenas una sobre otra el ultraje y aun la calumnia! Pero no se crea que esto sucede únicamente en los casos de la elección de presidente y vicepresidente: a cada renovación del gobierno y legislatura de los diferentes estados, se ve a la nación devorada de la misma fiebre política, con igual escándalo de la moral y con detrimento de la prosperidad pública, por la suspensión de los trabajos industriales y científicos...

«Además de la sucesión hereditaria y de la inviolabilidad del jefe del Estado, hay otra diferencia esencial entre las monarquías y las democracias, que es una consecuencia precisa de aquellas, y que también me parece ser en ventaja de las primeras: hablo de la herencia de los miembros de la alta Cámara.

El pueblo, o sea, los que llevan la voz por él; no tienen menos inclinación a usurpar facultades y a extender su influencia y dominación, que los encargados del poder; y es, por tanto, necesario que haya un cuerpo intermedio ilustrado, independiente por su posición, que sirva de árbitro y regulador del orden público. En los gobiernos democráticos los miembros del Senado, como los de la Cámara baja, son nombrados por el pueblo, salen del pueblo y vuelven a él; tienen en suma los mismos intereses que el pueblo. No sucede así en los estados monárquicos. Los Pares, o lo son por sucesión, o por la voluntad del monarca que los crea, las más veces en recompensa de servicios señalados; se representan a sí propios, son del todo independientes. Como la muchedumbre tiene más fuerza y fogosidad que el trono, la Cámara de los Pares a fin de compensar esta desigualdad, debe tener una inclinación natural hacia aquel. Esta Cámara es en su destino, el escudo respectivo del trono contra el pueblo, y el pueblo contra el trono: deben los Pares considerarse como moderadores e ilustres mediadores entre rivales, y destinados a disminuir el efecto de los golpes que éstos pudieran darse mútuamente. Llamados desde su nacimiento los primogénitos de sus miembros a la alta función de legisladores, reciben una educación superior. El hábito de los negocios después, la constante ocupación de grandes relaciones y de grandes ideas, la necesidad de ser actores de importantes acontecimientos, el sentimiento de que pertenecen a una cosa pública y de que tienen elevados intereses que defender y sublimes deberes que desempeñar, los hacen capaces de llenar con honor los primeros puestos del Estado y de prestar eminentes servicios a la patria.

«Otra de las ventajas que hacen las monarquías constitucionales a los gobiernos populares es que, como todo Estado tiene precisión de mantener en pie una fuerza armada más o menos considerable, por más o menos tiempo, son menores los riesgos con que ella amenaza la libertad en aquellas.

«Las repúblicas han sido destruidas por los ejércitos permanentes, porque éstos han asistido a sus jefes a establecer una dictadura perpetua y a derribar los Senados y las leyes en favor de un despotismo militar.» La forma monárquica, satisfaciendo o reprimiendo todas las ambiciones, previene semejante mal.

»La democracia por su número, y por sus necesidades siempre renacientes, cuenta sin cesar muchos brazos prontos a herir, y muchas bocas que piden que las llenen. Aún no pueden jactarse los Estados Unidos (dice lord Russell) de ser por sus intenciones más felices que Inglaterra. Han estado poco expuestos a los peligros internos que nacen de una guerra extranjera. Han tenido un continente en qué extenderse, y vastos desiertos para ocupar a la parte inquieta de su población.

Los Estados se han gobernado sin dificultad; el Congreso ha hecho la guerra, ha negociado la paz sin la menor aprehensión de conquista. Cuando la república cansada de paz y de prosperidad mida sus nuevas fuerzas y suspire por grandeza y gloria; cuando la voluntad de la opinión haya creado una deuda nacional y un ejército nacional, *cuando Méjico sea un imperio rival*; cuando se levanten generales de talentos más brillantes y de carácter menos virtuoso que Wáshington, cuando el amor del poder y del dominio corrompa a sus presidentes y hombres de estado, entonces se decidirá si las instituciones de los Estados Unidos son más sabias que la de Inglaterra (1).»

«Si resulta, pues, que el Gobierno monárquico constitucional, en vez de ser inferior al republicano, le hace algunas ventajas; si él es la idea dominante del siglo, el producto de la más alta civilización, el fruto de la más dilatada experiencia, veamos si es adaptable a la situación de Colombia, y capaz de hacer nuestra felicidad.

»Por más que se haya dicho frecuentemente que las instituciones forman los pueblos, yo opino por el contrario, que el estado social debe ser y es un resultado del estado moral. Por haber desconocido esta verdad, por haber querido darnos instituciones calculadas para otras sociedades más bien que para la nuestra y más digna de Salento que de Colombia, ni el Gobierno se cimentó sobre bases convenientes, ni la autoridad tuvo jamás la fuerza o el apoyo necesario, ni se respetó con la religiosidad debida el pacto político, ni se conservaron abiertas y puras las fuentes de nuestra prosperidad. Registrando la atmósfera social en que vivimos; recorriendo las escenas que han afligido al país; examinando las causas que hicieron desmoronarse nuestras instituciones, hemos encontrado que nuestra sojuzgación primero, y después nuestros desórdenes, instabilidad, flaqueza y parálisis adentro y nuestra falta de consideración afuera, han provenido de que pretendíamos luchar contra la naturaleza y esencia de las cosas. Ni nuestra dilatada esclavitud, ni lo vicioso de la educación que recibimos, se prestan al establecimiento del régimen republicano en Colombia.

»Cuando la cosa pública ha vagado tantos años entre las teorías y los desastres; cuando hemos visto el deseo de inno-

---

(1)   A nuestro ilustrado compatriota Florentino González le oí decir en una animada conversación sobre el particular que el poder, la prosperidad, la libertad, la seguridad, la grandeza de Inglaterra venían de que «Inglaterra era monarquía en la cabeza y república en los pies». No se puede dar una definición más exacta de aquella nación admirable.

varlo todo, y que los ensayos hechos bajo el sistema democrático no han producido más que males; cuando hemos sido
testigos de que, aun clamando constantemente a la libertad,
los abusos, las pequeñas tiranías y las agitaciones han pulu-
lado en toda la superficie de la República, sin que las instituciones y las autoridades fuesen bastantes a reprimirlos;
cuando hasta hoy día, a pesar de las amargas lecciones de la
experiencia, vemos el Estado convertido en el teatro que es-
coge para hacer su papel trágico *la ambición o el descontento
del primer jefe militar que se siente con arrojo o con presunción suficiente para efectuar un alzamiento criminal*; cuando
lo pasado y lo presente concuerdan para suministrarnos instrucción, y señalarnos a cada momento los escollos que debemos evitar en lo futuro, ¿no sería el colmo de la demencia
y de la obstinación el empeñarnos en continuar marchando
por la misma ruta donde antes nos extraviamos, y que nos
condujo junto con la patria hasta el borde de la ruina? ¿No
sería necedad el dar por bases a nuestra nueva existencia las
bases de nuestra desgraciada existencia anterior? ¿No es, por
el contrario, un deber del legislador buscar en un sistema
opuesto del que se ha seguido hasta aquí, los bienes que aún
no hemos podido hallar? Creo que así lo dicta la razon y lo
aconseja la experiencia.

»Duro es, pero es necesario; proferir una verdad humillan-
te. Donde la masa del pueblo no es capaz de juzgar por sí;
donde por su falta de virtudes y de conocimientos es casi in-
sensible a las ventajas de una constitución libre; donde es indiferente a todo cuanto concierne a la cosa pública; donde
no conoce ni sus derechos *ni sus deberes;* donde está inclina-
da o dispuesta a continuar sumida en la ignorancia y la degradación; la frecuencia de elecciones para las primeras ma-
gistraturas y funciones del Estado es un semillero de males;
y el sistema republicano es un instrumento en manos de
cualquier perturbador osado y diestro. En semejante sociedad, es necesario impedir que los ambiciosos y los demago-

gos puedan poner en movimiento a la ciega y brutal multitud, y se valgan de sus brazos para invadirlo o trastornarlo todo en beneficio propio con ruina de la prosperidad general y bajo la capa de la libertad nacional. Pero al mismo tiempo que se les quiten las armas que ponen en sus manos la inestabilidad y la continua variación de los primeros destinos del Estado; al mismo tiempo que se establezca una autoridad cuya fuerza sea proporcionada a la magnitud de los desórdenes que deben remediar, a la extensión del territorio y al número de individuos que tenga obligación de proteger, es necesario también que se den a la nación instituciones favorables a la libertad y a la riqueza que se observen de buena fe y por todos y que capten, por consiguiente, la confianza universal; es preciso que el poder que se cimente no proceda jamás sino conforme a leyes fijas, inexorables, fundadas en principios dignos del siglo, y que se asegure a los ciudadanos la seguridad; la libertad, el reposo, el orden. Estos bienes seducen a todo sér humano; y los pueblos, que no raciocinan pero que sí sienten, vivirán en la abundancia, vivirán contentos y permanecerán tranquilos, sin cuidarse de que su primer magistrado se denomine presidente o monarca. Como posean la libertad, y tengan las garantías que necesitan para sus personas, sus intereses y su industria, poco les importará vivir bajo esta o aquella forma de gobierno. Como haya estabilidad habrá trabajo, y en habiendo trabajo el reposo no es fácilmente turbado. El amor propio, la ambición, la envidia, entran poco en las ideas del hombre sencillo y ocupado. El espíritu de partido y la intriga no son el móvil de sus acciones. Los pueblos no son instrumentos de los facciosos sino cuando sufren o son oprimidos.

«Cuando al salir de una revolución, todo tiende a reconstituirse sobre bases nuevas, una oscilación largo tiempo prolongada procede al reposo. En este intervalo, los espíritus movidos por una actividad prodigiosa, se empeñan en mil y mil rutas diversas, abrazando las opiniones mas opuestas, y

ensayándolas todas antes de ponerse de acuerdo sobre ninguna.» Tal ha sido hasta aquí la situación de Colombia: por
una diferencia inevitable de principios y de ideas ha nabido
entre nosotros diversos partidos, que si bien fueron de honroso orígen, han llegado al término injustificable de animosidad personal y de encono profundo. Mas el tiempo, en su
marcha silenciosa, y los acontecimientos se han combinado
para preparar una revolución pacífica. Los hábitos han reco-
brado gradualmente su imperio, las opiniones se han ido
ilustrando, la necesidad de fijeza y de reposo se ha hecho
sentir, y el contraste que se nota entre el órden político cual
ha subsistido hasta aquí y el estado social, entre la forma de
gobierno y las necesidades del pueblo. ha producido una
completa mudanza. De las desgracias de la cosa pública ha
nacido la experiencia; del choque de las ideas se ha formado
una opinión ilustrada; y si bien existen todavía ilusos que se
resistan a ver la luz, aspirantes que cierran los oidos a la voz
de la razón, ambiciosos y proletarios que no quieren ni pueden vivir sino de desórdenes y de ánarquía; la parte sensata
de la nación colombiana, la parte influyente, la que tiene
que conservar, la que está interesada en que se abran nuevas fuentes de producción y en que cada cual pueda gozar
tranquilamente, y con plena seguridad, de los frutos de su
industria, siente la necesidad de un órden de cosas estable,
lo apetece, desea que se sufoquen todos los resentimientos,
que se acaben todas las disensiones, que se ponga término a
la lucha política, y se apague el volcan revolucionario; anhe-
la en fin porque *se establezca una monarquía constitucional
lo mas pronto posible...*

«El primer principio de nuestra constitución debe ser sin
duda que la soberanía emana de la nación. Empero hay que
hacer una distinción importante entre la soberanía primitiva
o radical, que en todos tiempos reside en la masa general de
aquella, y la actual o de ejercicio, que reside respectivamen-
te en los diversos mandatarios o magistrados encargados de

cualquier ramo del poder. La diferencia de soberanía de la nación a la soberanía constituída de los gobiernos libres, consiste en que, en la primera no hay mas que personas y voluntades; en la segunda derechos e intereses. Las individualidades desaparecen entónces; todo se eleva de lo particular a lo general; la sociedad ha pasado toda entera a su gobierno. Allí, y allí solo, reside la soberanía, y porque allí y solo allí tienen los intereses sus órganos y los derechos su salvaguardia.» Todo lo que sea desviarse de este principio, reclamar derechos o cometer actos que no estén en consonancia con él, atentar al órden legal, es crimen de lesa-patria y debe castigarse como tal.

Cuando se establece un nuevo órden de cosas, es necesario cimentarlo sobre las bases de la eterna justicia, como que es de tanta importancia que las primeras impresiones sean favorables y duraderas, y nunca pueden dejar de serlo las que produzca aquella virtud, que ocupa el primer lugar entre todas las sociales y políticas. El amor a la libertad es inberente a la naturaleza humana, y es tanto mas apetecible su ejercicio en la sociedad, cuanto que por él se corrige la falta de aquella de que se despojara cada uno de los asociados en beneficio propio y de la comunidad. La libertad, dice un célebre escritor, es la sola gloria del órden social. La Historia no tiene otro ornamento que las virtudes de los pueblos libres, los únicos hombres que resuenan de siglo en siglo en el fondo de todas las almas generosas, son los hombres de aquellos que amaron la libertad. Pero para que la libertad sea la madre del comercio, la madre de la riqueza, la madre del saber, la madre de todas las virtudes, debe entenderse por esta palabra, *no aquel deseo desenfrenado de poder que impele al demagogo o al ambicioso a trastornar lo existente y sobreponerse a todo, aun cuando sea a costa de la ruina del edificio social; no aquel furor democrático que aspira a nivelarlo y a innovarlo todo; no aquella vocería que denigra y calumnia infundada, escandalosa y malignamente a todo magis-*

t͟ado, *y aun a cualquier ciudadano que opone un dique al to-*
rrente desvastador de la licencia pupular, y a las aspiraciones
y a los disturibos: sino aquella facultad de hacer todo cuanto no perjudique a otro, todo lo que no esté prohibido por
las leyes; aquel derecho de participar del gobierno o de vigi-
lar lo que concedan las mismas leyes; aquella completa seguridad que en toda sociedad bien o rganizada debe disfru-
tar el mas ínfimo ciudadano, en su individuo, en su industria en su pensamiento, que no reconoce otro amo que el
mismo Dios, y cuya seguridad ha de ser acompañada, además, de la plena convicción de que existe. La perfección del
órden social consiste, *no en un nivel quimérico de clases y*
fortunas, no en el principio antisocial de las leyes agrarias,
sino en la imparcialidad de la ley y en el goce igual para todos de los derechos civiles. Esto es lo que se llama libertad;
lo demás es licencia; esto es lo que desea todo hombre racional y de bien; lo demás tan solo lo apetece un insensato *o*
un malvado.

»No hay tiranía donde cada cual goza individualmente de
la libertad que puede acordarse con el órden general; donde
cada cual puede colocarse en este órden general en razón de
la utilidad de que da prueba; donde puede hacer uso del
mas noble privilegio de la especie humana, que consiste en
pensar y en expresar sin temor, de palabra o por escrito *sus*
ideas inocentes; donde hay facultad de producir y de disfru-
tar tranquilamente del fruto de la industria legal; donde
puede cada uno adorar al Criador del modo que su conciencia le dicte, sin tener que responder a otro que a ÉL de sus
opiniones o actos religiosos, en cuanto no traspasen los límites señalados por una ley de tolerancia ilustrada; donde el
súbdito no puede ser desterrado o en manera alguna molestado, sea en su persona o en sus efectos, de otro modo que
por juicio de sus iguales, y conforme a la ley de la tierra;»
donde existe una delegación nacional, sin cuyo consentimiento no se puedan levantar contribuciones; donde haya

derecho de petición; donde sábias instituciones, en fin, impidan que el depositario del poder legal abuse de su autoridad y tenga facultad de interpretar las leyes; donde todo esto existe, repito, no hay tiranía. He aquí lo que se comprende bajo las denominaciones de libertad, igualdad, seguridad. Tales son los elementos de que debe componerse nuestro código, para afianzar los derechos de los colombianos...

. . . .

«El amor a la patria, el respeto a sus leyes, es el principio más elevado, más sagrado que deben aclamar los hombres; y ciertamente no lo aplican en el interés de su libertad y de de su felicidad los que, ultrajando la majestad de las leyes, hollándolas y apellidando a la rebelión en nombre de la libertad, dilaceran su seno, contribuyen a su descrédito y oponen obstáculos a su reorganización pacífica.»

III

Consideradas estas doctrinas en abstracto, ¿pueden calificarse de serviles, absolutistas, traidores, al eminente escritor que con tanta valentía las proclamó, y a los hombres honorables que tan de buena fe las adoptaron? Las malas pasiones de la época así los llamaron, pero yo apelo al fallo de los verdaderos liberales del mundo civilizado y me conformaré con él.

Que no fueran apreciadas en Colombia, que fuesen rechazadas, era natural. Yo mismo no las acepté, no porque las condenase, sino porque ví claro, al ser enunciadas, que no serían exequibles y que serían anatematizadas. De repente no pueden cambiarse las instituciones de un pueblo, al que por muchos años se le han estado inculcando principios enteramente contrarios. Haberse olvidado de esto fué el error de los patriotas que el proyecto indicaron, y que no sirvió sino para hacer más fuertes a sus enemigos.

CAPITULO XIX

I

Era yo el año de 1829 gobernador de la provincia de Mariquita, y tuve el honor de recibir y tener en mi casa por cuatro días al conde de Bresson y al duque de Montebello mientras les preparaba lo necesario para seguir su viaje. Con tal motivo tuve relaciones de amistad con dichos caballeros franceses, y cuando vine a esta capital los traté más de cerca y con más intimidad. El señor de Bresson traía la misión de examinar el estado de las nuevas Repúblicas con que la América Española alborotaba al mundo, para ver si la realidad correspondía a la bulla y para juzgar y decidir si la rama mayor de la casa de Borbón, reinante en Francia, podía entrar sin desdoro en relaciones diplomáticas con unos pueblos sobre los que la rama menor de la familia, reinante en España, no había renunciado sus derechos de soberanía. Con este motivo el señor de Bresson había estado en Venezuela, y su juicio en aquella parte de la República no fué favorable, o, a lo menos, era vacilante.

El duque, muy joven todavía, hijo del mariscal Lannes, muerto en la batalla de Esling en 1809, no traía misión ninguna. Después de la rectauración de los Borbones en 1814, el rey Luis XVIII, filósofo, y el más instruído de los reyes de su tiempo, tuvo por las familias de los hombres ilustres de la Francia, cualesquiera que hubiesen sido sus compromisos en la revolución y en el imperio, las mayores consideraciones, exceptuando a los regicidas manchados con la sangre de su hermano Luis XVI (1). Sin embargo, de que el general Lannes era hijo de un simple mozo de cuadra, y él mismo de oficio tintorero, en su primera juventud; de que abrazó con ardor los principios de la revolución francesa, y de que con Bonaparte hizo la campaña de Italia, le acompañó después a Egipto, regresó con él y se distinguió en Montebello, en Marengo, en Austerlitz, en Jena, en Eylau, en Friedland; sin embargo, digo, de estos recuerdos tan terribles para los Borbones, el sabio y tolerante rey conservó a la familia del héroe plebeyo el título y honores que tuviera en tiempo del imperio, y nombró a su hijo mayor *Par de Francia*, para que tomase asiento en la Cámara cuando cumpliese la edad requerida por la Consiitución *(la charte)*. Ese joven de educación esmerada, de carácter dulce, simpático a primera vista, que es uno de los más preciosos dones que Dios puede hacer a los hombres, instruído, sin pretensiones, accesible para con todos, fué el que estuvo aquí con el señor de Bresson, viajando por vía de instrucción práctica, y tuve también con él buenas relaciones de amistad.

Yo merecí el alto honor de ser nombrado diputado a aquel Congreso de 1830 llamado *admirable* por el Libertador. Por consiguiente desde mucho antes de la reunión del Congreso, apenas fuí elegido se me inició en los misterios del proyecto de que trato, y así puedo hablar sobre él con perfecto conocimiento de todos sus antecedentes.

En su discurso de recepción hizo el señor Bresson un

---

(1) En 1815, después de la segunda restauración, tuvo aquel rey que ceder a las exigencias de la Razón de Estado, nombrando ministro de Policía a Fouchet, rejicida y traidor a todos. La duquesa de Angulema, hija de Luis XVI, de quien decía Napoleón que era el único hombre de la familia, no quiso admitir a su presencia al *montañés* feroz manchado con la sangre de sus padres. A semejante resistencia de la martir del Temple, tuvo el rey que someterse, y Fouchet cayó del ministerio, cesando el escándalo que su presencia en el palacio de los hijos de San Luis causaba. Después de una larga revolución hay que aceptar en una restauración muchos hechos consumados, y no rechazar los hombres de mérito, los servidores del país; pero jamás con los malvados ha de transigirse: la esponja no debe pasar sobre la sangre.

magnífico elogio de las virtudes cívicas y de los talentos militares y políticos del Libertador, manifestando que los votos de su gobierno eran: «por la tranquilidad de Colombia, por su prosperidad, por el desarrollo de sus inmensos recursos, y por el restablecimiento y consolidación de instituciones libres y fuertes pue dieran a la Europa garantías de que el orden público se conservase.»

De este discurso se dedujo que el noble francés indicaba la monarquía constitucional, y bajo este concepto se le informó del proyecto, consultándole confidencialmente si en caso de que el pueblo colombiano, el Congreso constituyente que iba a reunirse y el Libertador lo acogiesen, aceptaría el gobierno del rey Carlos X la idea de exaltar al trono de Colombia a un príncipe de su familia, de la casa de Orleans. El señor Bresson contestó que no tenía instrucciones para satisfacer a semejante consulta, que aunque privada, podía comprometerlo; que él; por su parte, consideraba aquel pensamiento como la tabla de salvación, no solo de Colombia sino de los demás estados hispano-americanos que lo adoptasen, y que lo apoyaría con su influjo personal por cuantos medios estuviesen a su alcace.

Pero en las conferencias oficiales que tuvo con nuestro ministro de Relaciones Exteriores, señor Estanislao Vergara, uno de los más ardientes promotores de aquel proyecto, se abstuvo de pronunciar una sola palabra sobre el particular y dijo explícitamente que el objeto de su misión era manifestar al Gobierno de Colombia que S. M. cristianísima no había podido reconocer la independencia de las repúblicas hispano-americanas, por las relaciones íntimas de alianza y de sangre que lo ligaban con la familia reinante en España, principalmente en circunstancias en que las tropas francesas ocupaban el territorio español; que sin embargo de las consideraciones políticas a que estas circunstancias obligaban a la Francia, ésta había siempre dado buenos consejos a la España para que hiciera terminar los sufrimientos de la

América; que el Gobierno de S. M. se inclinaba a reconocer la independencia de Colombia y establecer relaciones políticas con su gobierno, paso que se retardaba por el estado interior del país que esperaba se fijaría por el Congreso constituyente; que la falta de garantías, de orden, de estabilidad y de paz, que las continuas turbulencias de estas repúblicas hacían palpable a las naciones, era lo que había retenido a la Francia para entrar en relaciones con los nuevos estados hispano-americanos; que sin embargo, era Colombia una excepción; por los esfuerzos que siempre había hecho el Libertador para consolidar las instituciones en la República. «El Libertador presidente, añadió Bresson, es a nuestros ojos el hombre de gobierno y de buen orden; nosotros sabemos apreciar sus talentos y su firmeza; él es la más fuerte garantía de lo presente y de lo porvenir...»

¡Bolívar! Tú eras el faro más resplandeciente del continente hispano-americano: el mundo no veía sino tu brillante resplandor; las pasiones contemporáneas lo apagaron, no comprendiéndote; fuiste calumniado y moriste al rigor de los dolores morales. Pero la Historia te vindicará y te ensalzará, porque tus previsiones proféticas las realizan los pueblos que quisiste salvar, y que son hoy la piedra de escándalo del universo. Sí, serás justificado en la posteridad, a pesar de tu único error: ¡el de 1826!

II

Se ha visto que el proyecto de establecer una monarquía en Colombia fué adoptado por el Consejo de ministros y algunos ciudadanos de Bogotá sin consultarlo previamente con el Libertador. La América española era un vasto campo de anarquía turbulenta que entristecía y espantaba a los hombres de alguna previsión. En Méjico se batían los partidos en las calles, y en el entretanto los *léperos*, saqueaban las principales casas, cometiendo toda clase de excesos. Centro-América se despedazaba, trayendo consigo la federación los desastres que le son consiguientes y que concluyeron con la república fraccionándola en republiquetas enemigas haciéndose eterna guerra. He referido cómo fué militarmente destituído de la presidencia del Perú, e ignominiosamente deportado el general Lamar. En Buenos Aires, todavía peor que en las otras repúblicas, habían sido asesinados los presidentes Dorrego y Blanco, derramándose con profusión espantosa la sangre de los ciudadanos. En Chile a la sazón, los partidos, *Pipiolos* y *Pelucones*, se mataban en feroz guerra civil acusándose mutuamente de haber violado las leyes y de haber faltado a la buena fe en las elecciones de presinente de la República. Bolivia después de la separación del filántropo Sucre, se sacudía para zafarse de las garras del Perú, a fin de que entregada a su propia suerte, pudiera entrar a figurar mejor en el drama de desórdenes sangrientos del continente de que hacía parte. Colombia cavaba la fosa en que había de sepultarse con su gloria, con su respetabilidadad, con sus esperanzas, y en que se sepultó, no mucho después, legando a sus tres hijas una herencia de anarquía, de sangre y devastación. En fin, en todas partes entonces, como antes desde los primeros días de la revolución, como después, como ahora, se veían, como ahora vemos: «Los partidos armarse unos contra otros proclamando los mismos principios, invocando la misma justicia, quejándose de las mismas violencias, asesinándose con los mismos pretextos y escandalizando al mundo con las mismas calumnias. El que vence tiene la razón mientras le llega su turno de ser vencido. La fuerza o la traición, y casi siempre la mala fe son las que consiguen dar a cada país de éstos algunos meses de sosiego; pero muy pronto los nuevos intereses que se crían, las nuevas ambiciones que se forman, los descontentos que nacen de la misma falta de principios, dividen al partido vencedor, y salen de éste los nuevos ejércitos que deben continuar la devastación de los infelices pueblos.»

Este cuadro sombrío, lúgubre, terrífico, que en tan pocas

palabras resume la historia del medio siglo que llevamos de independencia, y que adulterando la lengua, ultrajando la verdad y haciendo escarnio del buen sentido, llamamos de *libertad*, entristecía a los hombres reflexivos, presentándoles el porvenir en toda su espantosa realidad. En su desconsuelo, creyeron aquellos hombres venerables encontrar el remedio en la variación del sistema que consideraban origen del mal, y este fué su inocente pecado.

Los miembros del Consejo de ministros eran el señor José María Castillo Rada, presidente del Consejo; el general en jefe (capitán general) Rafael Urdaneta, ministro de Guerra y Marina; el señor José Manuel Restrepo, ministro de lo interior; el señor Estanislao Vergara, ministro de Relaciones exteriores; el señor Nicolás Tanco, ministro de Hacienda; todos patriotas distinguidos desde 1810, próceres de la Independencia, eminentes ciudadanos en toda la extensión de la palabra; que podían errar de buena fe, porque el error es el patrimonio más cierto de la humanidad, pero jamás hacer traición a la patria, por la que habían expuesto su vida, sufrido prisiones y destierros, y por la que habían visto perecer o el hermano, o el deudo, o el amigo en el patíbulo realista.

III

Establecer una monarquía constitucional en Colombia era, lo repito, una idea irrealizable, imposible, pero nacida del más puro patriotismo en los que sinceramente deseaban evitar su disolución y establecer un Gobierno que, en su concepto, aseguraba la libertad civil, la libertad verdadera de que goza el pueblo más poderoso de la tierra. El tiempo dirá si el pensamiento era moralmente execrable aunque fuera prácticamente inadmisible; y quiera Dios que no llegue el día en que en lo hondo del pecho, aunque no con los labios, digan todos: EL CONSEJO DE MINISTROS DE 1829 TENÍA RAZÓN!

Algunos hipócritas afectan espantarse de la palabra *Monarquía* como si fuera sinónima de *Tiranía*, y al mismo tiempo aceptan las violentas tiranías que abortan las revoluciones que ellos mismos hacen para ejercerla sin freno y sin pudor, y sin más que cambiar los nombres de las cosas. ¡Y esta falacia la llaman patriotismo! Lo que hay de cierto es que no hay Gobiernos absolutamente buenos ni absolutamente malos: el abuso es el malo y nada puede justificarlo. Los Gobiernos son buenos o malos relativamente, como lo son todas las cosas de este mundo, según el estado intelectual y moral de los pueblos, y según sus hábitos y las ideas que dominan en ellos. Que por siglos sea republicana casi toda la América, es una necesidad que reconozco, porque está en la naturaleza de las cosas; que un Gobierno republicano, si no se exageran los principios, si las virtudes sociales lo apoyan, logre existir y llenar el objeto de todo Gobierno, que es proteger y hacer respetar los derechos legítimos de sus súbditos, es posible en pequeños Estados; pero que la república democrática lo sea en las grandes naciones, rodeadas de otras grandes y fuertes, lo niego absolutamente.

Los Estados Unidos anglo-americanos, cuyo ejemplar es único desde la creación del mundo, se citan siempre, sin examinar las causas que los hacen una excepción, mientras les llega su época, porque la cuestión es de tiempo, y ya han entrado en la vía que los conducirá infaliblemente a la disolución. Aquella gran república, digo, ha tenido muchas causas, muchas circunstancias favorables y exclusivas para haber prosperado y para haberse sostenido; causas y circunstancias de que carecemos eternamente los hispano-americanos. Un país inmenso, sin naciones fronterizas que le impongan o amenacen, gozando de las cuatro estaciones de la zona templada, el más cercano a la Europa de todo el continente americano; un país singular en todo, con unas ocho a diez mil leguas de navegación interior por ríos caudalosos, lagos que son mares de agua dulce, y canales artificiales; un país cuyos habitantes en su mayor parte son de la *raza* de Japhet, que tenían al tiempo de su independencia hábitos de orden

y práctica del Gobierno municipal de que tan latamente gozan las colonias británicas; un país donde todos saben leer y
escribir y comen a la mesa con cubierto; un pais, en fin, donde la tolerancia religiosa es la única religión del Gobierno,
llamando con sola esta palabra a todos los pueblos de la tierra a gozar tranquilos de la más preciosa de las libertades, la
de adorar a Dios según la propia conciencia; ese país, digo,
¿puede compararse en algo con los nuestros? Y todavía hay que
observar que esa prosperidad sorprendente que en tan corto
tiempo de emancipación ha hecho subir al décuplo su población, y centuplicado su riqueza, no proviene únicamente de
las circunstancias que le favorecen directamente, sino también
de otras que se olvidan: las terribles guerras continentales que
desolaron la Europa a fines del último siglo y a principios
del presente, por consecuencia de la revolución francesa, em
pujaron a la nueva y pacífica república corrientes de emigrados de todas las naciones, llevando sus capitales, sus ciencias, su industria: y por último, la lengua, el clima, la tolerancia, y la protección del Gobierno y de Ias leyes de que gozan los emigrados a los Estados Unidos, hacen que la Irlanda sea para ellos un criadero de proletarios trabajadores que
con sus brazos robustos manejan el arado de sus campos,
escavan sus canales, nivelan el terreno de sus caminos de
rueda y de sus caminos de hierro, sacan el carbón mineral
de las entrañas de la tierra, tripulan sus numerosos buques
de alta mar, y sus innumerables de los ríos, y han formado
hasta hace poco tiempo, casi exclusivamente los soldados vo-
luntarios de su ejército.

La Alemania derrama también anualmente en aquel país
singular el sobrante de su población, enviándole por millares
familias religiosas, trabajadoras, de austera moral, como son
casi todas en Alemania, las que al poner el pie en tierra encuentran el mismo clima, los mismos alimentos, las mismas
costumbres, la preponderancia de su raza, todo, en fin, igual
a lo que en su patria dejaron; y además SEGURIDAD que es la

gran necesidad del hombre civilizado. ¿Podremos nosotros ofrecer iguales ventajas a una inmigración extranjera aúnque fuera de otentotes o mandigas?

Sin pensar en nada de esto, sin examen de las causas que producían los efectos que admiraban en aquélla *su república modelo*, los primeros patriotas desde Chile hasta los confines de Méjico, dijeron: «La Federación es la divinidad que obra tan portentosos milagros», y doblaron la rodilla ante el ídolo monstruoso y le eligieron estatuas en todas partes. Error fatal, origen de los espantosos desastres de Hispano-América. ¡Calamidad funesta que ha hecho de tan hermosos países vastos cementerios, osarios profundos, y de sus ciudades catacumbas, y de sus campos desiertos y de sus apacibles habitantes, tigres feroces!...

IV

En el entretanto, el Brasil, única nación monárquica que se encuentra en el continente americano, no ha tenido más oscilación política desde que en 1822 se declaró independiente de la corona de Portugal, que la de 1831 para obligar a don Pedro I a abdicar en favor de su hijo don Pedro II, nacido en el país.

Desde entonces, el imperio organizado constitucionalmente según los principios liberales, marcha por sí mismo con una regularidad que no era de esperarse en un estado nuevo y rodeado de repúblicas turbulentas. Sus progresos en todos los ramos son notables; cada día adquiere más respetabilidad en la familia de las naciones; sus producciones aumentan, su comercio crece en proporción, su marina de guerra es considerable, y sus inquietos vecinos lo respetan. Tiene, sin embargo, aquel bello país una llaga: la esclavitud. Pero esta úlcera cancerosa es común a la *República modelo* y a otras Repúblicas. La monarquía inglesa la curó en sus colonias indemnizando previamente a los propietarios, y declarando en sus dominios a los libertos así como a toda la raza africana, antes deprimida, los mismos derechos de que gozan en ellos los demás ciudadanos, derechos de que no gozan en los Estados Unidos de América ni aun en los Estados del Norte. Esto prueba que hay dolencias sociales que no dependen de la forma de gobierno, sino de abusos antiguos, de las ideas dominantes en el país donde se arraigan, y de preocupaciones heredadas. Bendigamos nosotros a los legisladores de Cúcuta de 1821 que fueron los que con la sabia ley de manumisión, hallaron el medio de cortar el mal sin violencia: a ellos toca esa gloria que treinta años después han pretendido arrebatarles otros, por haber extinguido, sin inconvenientes, los restos de la esclavitud, cuando ya no quedaban casi esclavos, lo que no habría podido hacerse sin la ley primera, a menos de conmover todo el estado social, estancar de golpe la producción agrícola, arruinar miles de familias y causar un casi cataclismo.

CAPITULO XX

I

Desde que el Libertador tuvo noticia de que el mariscal Lamar rompía el Convenio de Jirón, no entregaba el departamento de Guayaquil y se preparaba para la guerra, previno el Consejo de Ministros que privada y confidencialmente manifestasen a los ministros de Inglaterra y los Estados Unidos, las pocas esperanzas que había de que los nuevos Estados hispanoamericanos pudieran consolidar un Gobierno tolerable, que las probabilidades eran que se despedazasen unos con otros en guerras civiles por revoluciones intestinas si una nación poderosa no intervenía en sus diferencias o los tomaba bajo su protección; que según el resultado de la conferencia privada, podrían dirigirse oficialmente a dichos ministros, siempre que hubiera probabilidades de buen suceso; pero que principalmente se dirigieran al ministro de los Estados Unidos respecto a obtener la mediación de su Gobierno en la guerra con el Perú, como que fué la nación invocada por el general Lamar al tiempo del Convenio de Jirón. La protección—decía la nota—es más propia de una potencia europea.

El Consejo de Ministros consideró que semejante conferencia y propuestas a los dos ministros extranjeros mencionados, serían incongruentes por varias razones, y lo manifestó así al Libertador, sin dar un paso en la negociación. Empero el Libertador insistió.

II

Razones de dignidad, de conveniencia e imposibilidad, retrajeron al Consejo de iniciar la negociación, a pesar de los deseos de Bolívar; su rechazo por la potencia solicitada habría sido desdoroso, y Colombia no podía tampoco hablar sino en su nombre y no en el de la América española toda. Pero inició el Consejo, por su propia cuenta, con el señor de Bresson y con el ministro de Inglaterra, la del proyecto de monarquía, no sin aprensiones sobre la contestación que el Libertador diera a la consulta que sobre el particular se le había hecho.

Algunos de los generales a quienes se les consultó sobre el particular dieron respuestas evasivas, que no eran ni de aprobación ni de rechazo. El general Páez envió un mensajero cerca del Libertador reservándose responder al Consejo hasta que supiese la resolución de Bolívar al regreso de su mensajero. El general Montilla escribió al general Urdaneta más terminantemente, diciéndole: que aunque el proyecto fuera bueno, lo consideraba impracticable y arriesgado.

En el entretanto, el partido *liberal* se aprovechaba de este incidente que tanta apariencia de justicia daba a sus declamaciones, para hacer al Libertador una guerra cruel, no sólo en Colombia, sino en toda América. Con el ministro de los Estados Unidos y con el de Méjico, tuvieron íntimas relaciones los prohombres del aquel partido, persuadiéndoles que el plan de establecer una monarquía era de Bolívar, no siendo el Consejo más que su instrumento. El ministro mejicano, dice el señor Restrepo «no se ocupaba sino en dirigir a su gobierno chismes oficiales contra el Libertador, a quien suponía la intención de querer soguzgar a Méjico para dominar en la América española.» Calumnia estúpida que, sin embargo, de su absurdidad, fué acogida por el ministro Poinsett de los Estados Unidos en Méjico, y por el gobierno de aquella República.

Los hechos comprobados del ministro mejicano, sus relaciones sospechosas con los enemigos del gobierno existente en Colombia, autorizaban para haberlo despedido: pero el gobierno se contentó con solicitar del de Méjico su retiro,

III

Un violento partido de oposición que se levantaba en los cuatro departamentos de Venezuela, vino a dar un apoyo más eficaz que el anterior a los *liberales* de Nueva Granada. Vimos ya la organización política y militar que dió el Libertador a aquellos departamentos en 1827, la cual en cierto modo los constituyó independientes del gobierno nacional; y es preciso confesar que si aquella organización bajo la autoridad ¡casi absoluta de un jefe superior, fué útil para mantener el orden público y evitar el progreso de las numerosas y fuertes partidas realistas que amenazaron seriamente la causa de la independencia, tuvo inconvenientes que produjeron un grande y justo descontento. El jefe snperior dictó varios decretos que excitaron amarga censura: uno de ellos el que estancaba en la provincia de Caracas la venta de la carne de res mayor, en el que la maledicencia le atribuía interés personal, porque así podría vender mejor los novillos de sus hatos; otro, estableciendo una policía urbana y rural, presidida por el general Arizmendi, hombre de carácter violento, uno de los más crueles de los generales de la Independencia, y servida por una gavilla de hombres del pueblo bajo, que cometían excesos irritantes principalmente en las parroquias y caseríos lejanos, exigiendo arbitrariamente el cumplimiento de prescripciones impracticables para la cría de ganados y de otros animales domésticos. Pero mayormente los que el mismo Libertador dictara, restableciendo el derecho de alcabala y el de aranceles para las Aduanas, ambos obra de su secretario, señor José Rafael Revenga, causaron un general descontento en los comerciantes y en los hacendados, por las numerosas trabas que imponían al comercio por mayor y menor. Se pensó con aquellos decretos aumentar las rentas públicas, y se hizo el daño sin conseguir el objeto: lo que sucederá siempre que se falseen los principios de la economía política, ciencia exacta de la que en aquella época apenas empezaba a oirse hablar.

Otros decretos benéficos dictó el Libertador en dicha época. A la Universidad de Caracas, dicen Baralt y Diaz «dió unos buenos estatutos, la dotó con rentas suficientes y aumentó con varias sumas las que servían al único establecimiento destinado en aquella ciudad a la educación de las niñas.» Es de notarse que Bolívar, aun en las épocas más calamitosas de la guerra, jamás perdía de vista la instrucción de la juventud.

Pero los pueblos no se fijan en esta clase de beneficios, de que se aprovechan pocos, y sienten y se exasperan con los actos que lastiman su bienestar y sus intereses materiales; así es que los decretos anteriores del Libertador, y aun los dictados por el general Páez, a los que se atribuía la situación forzada en que se encontraba Venezuela por la decadencia del comercio, despopularizaron completamente a Bolívar, y en semejante situación, el proyecto de establecer una monarquía no podía ser más importuno, poniendo en manos de la oposición que allí se levantaba imponente, una arma formidable contra el gobierno. En tal situación la idea de complementar la Independencia de hecho, en que realmente se encontraba Venezuela, por la independencia absoluta, rompiendo la unión colombiana, se aceptó por hombres de respetabilidad y se hizo popular. Los venezolanos se olvidaban de que los males de que se quejaban traían su origen de su infausta revolución de 1826 que destruyó el régimen constitucional, y se olvidaban de que el proyecto de establecer una monarquía en Colombia fué venezolano desde 1825, patrocinado por el general Páez, por el señor Guzmán y por otros hombres notables de su país, y rechazado por Bolívar. Y olvidándose de todo esto levantaron el grito hasta la nubes, y jamás, ni entonces ni después, en ninguna otra parte, fué el Libertador ultrajado como lo fué en Venezuela. Lo particular es que el partido que se levantó allí en este sentido, se llamó *liberal*, y su caudillo fué el mismo general Páez; y el partido constitucional de 1826 que no admitía la separación, se llamó *boliviano;* y más particular es todavía que consumada después la disolución de Colombia, muerto el Libertador, erigida en República independiente Venezuela, bajo un gobierno civil, el partido boliviano, centralista, viniera a ser *liberal* y fedelista, acaudillado por el señor Guzmán; y el *liberal* de entonces que había roto la unión y destruído el poder del Libertador, fuese calificado de oligarca, retrógado, conservador. Vengan, pues, todos los estadistas del mundo a desembrollar el caos de la política militante de estas llamadas repúblicas en Hispano-América.

IV

El partido *liberal* de la Nueva Granada, con la fuerza que le daba el malhadado proyecto de monarquía, aumentaba sus filas, y se aliaba con el que en Venezuela se pronunciaba en contra de tamaña innovación y en favor de la división de la Gran República, no importándole nada que ese partido fuese el mismo de la nunca bastantemente maldecida revolución de 1826, y el mismo que tan cruda guerra hiciera al general Santander calumniándolo.

El partido llamado boliviano, fijo en sus principios de mantener la integridad de la república y el régimen central, sin aceptar la monarquía, deseaba el mantenimiento del Libertador en el poder, como una garantía de unión, y por esto era acriminado suponiéndosele monarquista, apesar de sus protestas en contra; porque ya no había más cuestión para los *liberales* granadinos sino la de romper la unión para que volviera el general Santander al mando, para que regresaran los conspiradores del 25 de setiembre, y se destituyera a los servidores públicos, cualquiera que fuera su mérito, para repartirse ellos los empleos. ¡Siempre lo mismo!

V

En el entretanto los ministros del consejo no recibiendo respuesta del Libertador sobre un proyecto que la opinión pública, o mejor dicho, todos los partidos rechazaban, estaban en la mayor inquietud. Dejémosles purgar su error en su augustia que ya no disimulaban, para remover las cenizas del héroe granadino, víctima de las intrigas de sus émulos, a quienes su gloria tanto atormentaba.

Los sucesores de Alejandro no pensaron en repartirse el imperio hasta después de su muerte, que no esperaban tan pronto: los de Bolívar contaban sus días, espiaban sus quejidos dolorosos, observaban su agonía, ponían oído a los latidos de su corazón, y se preparaban, empujando a los más dignos a la muerte, para el momento que veían cercano de que el gigante moribundo exhalando el último suspiro. Córdova y Sucre debían morir a los golpes de manos cobardes, y murieron: Córdova precipitado a la rebelión, y cayendo arrepentido en el campo de batalla; Sucre asesinado en celada alevosa.

FIN DEL TOMO I

Lightning Source UK Ltd.
Milton Keynes UK
UKHW040626231118
332756UK00011B/1433/P